Nach der Regierungsbildung – vor den Reformen im Krankenhaus- und
Arzneimittelbereich

ALLOKATION IM MARKTWIRTSCHAFTLICHEN SYSTEM

Herausgegeben von
Heinz König (†), Hans-Heinrich Nachtkamp (†),
Ulrich Schlieper, Eberhard Wille

Band 75

Eberhard Wille (Hrsg.)

NACH DER REGIERUNGSBILDUNG –

VOR DEN REFORMEN IM KRANKENHAUS- UND ARZNEIMITTELBEREICH

23. Bad Orber Gespräche über kontroverse Themen im Gesundheitswesen

Bibliografische Information der Deutschen Nationalbibliothek
Die Deutsche Nationalbibliothek verzeichnet diese Publikation
in der Deutschen Nationalbibliografie; detaillierte bibliografische
Daten sind im Internet über http://dnb.d-nb.de abrufbar.

ISSN 0939-7728
ISBN 978-3-631-80430-8 (Print)
E-ISBN 978-3-631-80557-2 (E-PDF)
E-ISBN 978-3-631-80558-9 (EPUB)
E-ISBN 978-3-631-80559-6 (MOBI)
DOI 10.3726/b16296

© Peter Lang GmbH
Internationaler Verlag der Wissenschaften
Berlin 2019
Alle Rechte vorbehalten.
PL Academic Research ist ein Imprint der Peter Lang GmbH.

Peter Lang – Berlin · Bern · Bruxelles · New York ·
Oxford · Warszawa · Wien

Das Werk einschließlich aller seiner Teile ist urheberrechtlich
geschützt. Jede Verwertung außerhalb der engen Grenzen des
Urheberrechtsgesetzes ist ohne Zustimmung des Verlages
unzulässig und strafbar. Das gilt insbesondere für
Vervielfältigungen, Übersetzungen, Mikroverfilmungen und die
Einspeicherung und Verarbeitung in elektronischen Systemen.

Diese Publikation wurde begutachtet
www.peterlang.com

Inhaltsverzeichnis

Frank Schöning
Begrüßungsansprache „Bad Orber Gespräche 2018" 7

Karin Maag
Flächendeckende Gesundheitsversorgung sicherstellen: Vorhaben aus
dem Koalitionsvertrag konsequent umsetzen 11

Josef Hecken
Der Innovationsfonds – Impulsgeber für eine bessere Versorgung 21

Jonas Schreyögg
Die Weiterentwicklung der Krankenhausfinanzierung in Deutschland 29

Martin Litsch
Zeit zum Aufbruch – bedarfsgerechte Krankenhausstrukturen sind
möglich 41

Eberhard Wille und Gregor Thüsing
Demographische Kriterien versus vertragsärztliche
Behandlungsdiagnosen – Hinweise zur Gewichtung der Faktoren nach
§ 87a Abs. 4 S. 3 SGB V 57

*Jürgen Wasem, Susanne Staudt, Sonja Schillo, Florian Buchner und
Gerald Lux*
Arzneimitteltherapie und Morbi-RSA: Neuere Entwicklungen 97

Volker Ulrich und Dieter Cassel
Das AMNOG nach acht Jahren: Aktuelle Entwicklungen und
Reformoptionen 109

Wolfgang Axel-Dreyden
Arztinformationssysteme 125

*Johann-Magnus v. Stackelberg, Dr. Anja Tebinka-Olbrich und
Dr. Kerstin Pietsch*
Aktuelle Herausforderungen für die Arzneimittelversorgung 129

Markus Frick
Innovationskraft stärken, um die Gesundheitsversorgung zu verbessern 153

Verzeichnis der Autoren 165

Frank Schöning

Begrüßungsansprache „Bad Orber Gespräche 2018"

Sehr geehrte Damen und Herren,

im Namen von Bayer begrüße ich Sie herzlich zu den 23. Bad Orber Gesprächen.
Vorab gebührt mein besonderer Dank all denen, die sich bereit erklärt haben, Ihre Impulse und Anregungen mit uns zu teilen. Auch wenn die „Bad Orber Gespräche" nun schon 23 Jahre auf dem Buckel haben, so ist diese „reife" Gesprächsreihe noch immer streitbar, offen und jedes Jahr neu anregend. Dass über mehr als 20 Jahre bewahrt zu haben, spricht vor allem für die Qualität und das Engagement der Teilnehmerinnen und Teilnehmer.

Natürlich darf an dieser Stelle nicht der Dank an Professor Eberhard Wille fehlen, der als langjähriger „Chairman" die Veranstaltung inhaltlich gestaltet und durchgängig begleitet. Ihm gelingt es jedes Jahr Experten aus dem deutschen Gesundheitssystem für Vorträge zu gewinnen. Dafür sind wir Ihnen, lieber Herr Professor Wille, zu besonderem Dank verpflichtet.

In diesem Jahr fallen die Bad Orber Gespräche in eine Phase emsigen Abarbeitens vieler gesundheitspolitischer Aufgaben, die der Koalitionsvertrag aufgegeben hat. Der erst im März diesen Jahres berufene Gesundheitsminister Jens Spahn drückt aufs Tempo: bei der Pflege, bei schnelleren Arzt-Terminen, beim Mega-Thema Digitalisierung oder bei der Organspende. Und spätestens seit dem Apothekertag Mitte Oktober wissen wir: Der Minister macht nun auch bei Arzneimittel ernst.

Grundsätzlich ist das erst einmal positiv. Denn Vieles ist in den Monaten der zähen Regierungsbildung liegen geblieben. Als forschender Arzneimittelhersteller erhoffen wir uns von den geplanten gesetzlichen und untergesetzlichen Regelungen, dass sie zu einer weiteren Verbesserung der Versorgung mit innovativen und neuartigen Arzneimitteln führen. Und zwar flächendeckend und in allen Bundesländern. Und so, dass zum Beispiel Nutzenbeschlüsse des Gemeinsamen Bundesausschusses in den Regionen ihren Weg in die Versorgung finden.

Auch wenn Jens Spahn nun ins Rennen um den Parteivorsitz der CDU eingestiegen ist, gehen wir fest davon aus, dass in Bundesregierung und Bundestag weitere Herausforderungen bei den Gesundheitsthemen beherzt angepackt und diese – was klug wäre – mit den betroffenen Akteuren beraten und weiter entwickelt werden. Allen Experten im System ist klar: es gibt nach wie vor Handlungsbedarf, ob bei der Qualität der flächendeckenden Versorgung, beim Morbi-RSA, bei der Digitalisierung oder bei der immer komplexer werdenden Arzneimittelregulierung. Zu einigen dieser Themen werden wir in den nächsten knapp eineinhalb Tagen Positionen und Meinungen hören.

Der Zeitpunkt für Veränderungen im Gesundheitssystem ist jedenfalls günstig: Mehr als 20 Milliarden Euro Finanzausstattung bei den Krankenkassen sind ein gutes Polster, um die Versorgung der Patientinnen und Patienten in Deutschland zukunftsfähig zu gestalten. Wann hatte eine Regierung schon einmal eine derart komfortable Ausgangsposition?

Wenn es um Zukunftsthemen geht, möchte ich den Pharma-Dialog der Bundesregierung ansprechen, der vor zwei Wochen mit ein paar Nebengeräuschen gestartet ist. Denn dass zeitgleich ein alle Dialogpartner betreffendes Gesetz vorgestellt wird, war eine „Überraschung".

Als forschendes Pharmaunternehmen haben wir jedenfalls einige Erwartungen, was die Stärkung von Forschung, Entwicklung und Produktion in Deutschland angeht. Stichworte wie Präzisionsmedizin und neuartige Therapieverfahren stehen ebenfalls auf der Agenda – das ist ermutigend!

Denn dort tut sich Einiges: Die größten Fortschritte in der Krebsbehandlung werden derzeit in der Personalisierten Medizin erreicht. Sie verspricht eine zielgenaue Behandlung, die sich an den individuellen molekularen Merkmalen des Tumors orientiert und dem Patienten eine maßgeschneiderte Therapie ermöglicht. Solche Therapien beschreiben mit ihren Mechanismen einen Paradigmenwechsel in der Krebstherapie: weg von indikationsspezifischer Tumorbekämpfung hin zu mutationsspezifischer, indikationsübergreifender Therapie. Das heißt, vereinfacht gesagt, dass es in Zukunft Medikamente gibt, die gezielt den Treiber einer Tumors ausschalten und damit möglicherweise in ganz unterschiedlichen Organen wie etwa Lunge, Leber oder Niere wirken. Mit speziellen Tests können dann mit höchster Wahrscheinlichkeit diejenigen Patienten gefunden werden, die von der Behandlung profitieren. Wunderbarer Nebeneffekt: Auf diese Weise werden auch weniger zielgerichtete Behandlungen mit entsprechenden Nebenwirkungen reduziert.

Immer kleinteiligere Forschung auf der molekulargenetischen Ebene ermöglicht oftmals nur noch Studiendesigns, die weniger Evidenz liefern.

Obwohl wir uns als Hersteller sehr bemühen und darauf ausgerichtet sind, in unserer Forschung und Entwicklung den Anforderungen der evidenzbasierten Medizin zu genügen, ist es uns oftmals nicht möglich, den Anforderungen evidenzbasierter Medizin zu 100% zu genügen. Warum? Zum Beispiel weil die Patientenzahlen sehr, sehr gering sind oder weil auf Grund von dramatischen

Effekten bei einzelnen Patienten eine vergleichende Studie ethisch nicht mehr vertretbar wäre.

Wir sind froh, dass der G-BA und Sie, Herr Hecken hier durchaus bemüht sind, Brücken zu bauen und Lösungen zu finden, vor allem wenn der Innovationscharakter solcher Therapien gesehen wird. Im Interesse der Patienten sollten wir mutig sein, auch solchen Therapien durch den Formalismus hindurch einen Weg in die Versorgung zu ermöglichen.

In diesem Sinne: ich wünsche uns allen eine schwungvolle Veranstaltung mit munteren Debatten und vielen neuen Einsichten. Vielen Dank für Ihre Aufmerksamkeit!

Karin Maag

Flächendeckende Gesundheitsversorgung sicherstellen: Vorhaben aus dem Koalitionsvertrag konsequent umsetzen

Unser Versprechen an die Patienten und Versicherten aus dem Koalitionsvertrag heißt: „Wir werden sicherstellen, dass alle Bürger auch zukünftig eine gute, flächendeckende medizinische und pflegerische Versorgung von Beginn bis zum Ende ihres Lebens erhalten, unabhängig von ihrem Einkommen und Wohnort".

Hier ist es mir besonders wichtig klarzustellen, dass wir uns für die Umsetzung dieser Vorgaben eingesetzt haben, ohne dabei unser bewährtes duales Krankenversicherungssystem in Frage zu stellen. Für mich heißt das vor allem auch, dass Versicherte zwischen einer guten gesetzlichen Krankenversicherung (GKV) und einer guten privaten Krankenversicherung (PKV) wählen können.

Was ich niemals akzeptieren werde ist, dass wir dieses Versprechen derzeit nur für die 90 Prozent der gesetzlich Versicherten abgeben können, weil zumindest Teile des ansonsten sehr geschätzten Koalitionspartners jedwede sicher notwendige Reform der PKV kategorisch ausschließen. Da haben wir noch dringenden Handlungsbedarf und wir mahnen das Thema in jedem Koalitionsgespräch an.

Was sind also die übergreifenden gesundheitspolitischen Ziele in den kommenden Jahren?

Es geht um die Sicherung der Gesundheitsversorgung auch in den strukturschwachen Gebieten, vor allem im ländlichen Raum, den Ausbau einer sektorenüberwindenden Versorgung sowie um einen Schub für die Digitalisierung insbesondere im Gesundheitswesen. Zu den Zielen zählen zudem eine auskömmliche Finanzierung unter Ausschöpfung vorhandener Wirtschaftlichkeitsreserven, u. a. durch eine Stärkung eines qualitätsbasierten Wettbewerbs in der GKV, sowie die Förderung von innovativen Arzneimittelmitteln und Behandlungsmethoden.

Dafür wollen und müssen wir die Rahmenbedingungen schaffen und haben mit den zuletzt abgeschlossen Gesetzen schon viel vorgelegt:

Zum Pflegepersonal-Stärkungsgesetz (PpSG):

Auch wenn der Sachverständigenrat zur Begutachtung der gesamtwirtschaftlichen Entwicklung zu Recht einmal wieder eine Strukturbereinigung im Krankenhausbereich fordert, lässt sich festhalten: Wir lösen die fehlgeleitete Krankenhausplanung der Länder jedenfalls nicht auf dem Rücken der Pflegekräfte.

Richtig ist sicher, dass die Tatsache, dass leistungsschwächere Krankenhäuser gerade in Ballungsgebieten nicht stärker aus dem Markt ausscheiden vor allem auch daran liegt, dass die Kassen verpflichtet sind, die stationäre Behandlung in jedem Krankenhaus zu vergüten, das in einen Landeskrankenhausplan aufgenommen wurde. Das gilt selbst, wenn Qualitätsmängel vorliegen. Deshalb ist für mich persönlich die Schärfung der Qualitätsfrage als Wettbewerbsmerkmal ein ganz wichtiges Regulierungselement – wir planen mit Qualität.

Gute Rahmenbedingungen für die Pflege ist in einer alternden Gesellschaft eine der zentralen Herausforderung für die Gesundheits- und Pflegepolitik. Ich bin deswegen froh, dass wir dieses Sofortprogramm Pflege an den Anfang unserer Agenda gestellt haben.

Mit dem PpSG wird jede neue Pflegestelle am Krankenhausbett vollständig finanziert, ebenso die Tarifsteigerungen. Durch das Pflegebudget werden künftig Pflegepersonalkosten gesondert außerhalb der DRGs vergütet. Das schafft nicht nur mehr Transparenz, sondern verdeutlicht auch die Wertschätzung für unser Pflegepersonal. Wir kommen endlich weg vom Kostenfaktor Pflege hin zu Pflege als ein entscheidender Teil der Wertschöpfungskette im Krankenhaus.

In Altenpflegeeinrichtungen sind als Sofortmaßnahmen für eine bessere Personalausstattung 13.000 neue Fachkraftstellen für medizinische Behandlungspflege vorgesehen. Hinzu kommen Zuschüsse für die Digitalisierung, welche die Pflegekräfte entlastet und Maßnahmen zur besseren Vereinbarkeit von Familie und Beruf.

Dass überdies die tarifgerechte Bezahlung in der ambulanten Pflege nicht mehr als unwirtschaftlich von den Kassen zurückgewiesen werden kann, war schon lange überfällig. Natürlich müssen wir an dieser Stelle festhalten: Das Sofortprogramm Pflege ist nur der Auftakt und es bleibt noch viel zu tun.

Neben der Konzertierten Aktion Pflege wollen wir den Ausbau der Kurzzeitpflege voranbringen und uns den Reha- Bereich näher ansehen. Hier kommen Aspekte wie die Dominanz der Kassen in den Verhandlungen, die Zahlen werden noch erhoben (Anbindung an die Grundlohnsumme eliminieren) und Sogwirkungen bei der Pflege hin zu den Krankenhäusern in Betracht.

Im Jahr 2019 werden wir deshalb ein weiteres Pflegegesetz auf den Weg bringen. Die Verbesserungen für Pflegebedürftige und ihre Familien aus der letzten Legislaturperiode sind natürlich nicht zum Nulltarif zu haben. Auch weitere, im Koalitionsvertrag vereinbarte Maßnahmen, wie die kontinuierliche Anpassung der Sachleistungsbeträge in der Pflegeversicherung an die Personalentwicklung und die weitere Entlastung pflegender Angehöriger, müssen noch umgesetzt werden. Daher werden wir als Basis für die entsprechende Finanzierung den Beitragssatz in der Pflegeversicherung um einen halben Prozentpunkt auf 3,05 Prozent bzw. auf 3,3 Prozent (ohne Kinder) anheben.

Mir ist bewusst, dass wir mit dem Pflegebudget und den weiteren Maßnahmen aus dem PpSG natürlich in hohem Maße in die Krankenhausfinanzierung eingegriffen haben. Die krankenhausindividuelle Vergütung schafft aber Transparenz. Im Rahmen der dualen Finanzierung haben die Länder 2017 insgesamt 2,8 Milliarden Euro investiert, wobei die Investitionen der Länder stark variieren. Die GKV hat über Betriebskosten 75 Milliarden Euro, die PKV 7,4 Milliarde Euro vergütet. Kurz: das Gros liegt bei der GKV.

Zudem haben wir das Bundesministerium für Gesundheit (BMG) ermächtigt Pflegepersonaluntergrenzen zu bestimmen (Grenzwerte in der Intensivmedizin, in der Geriatrie Kardiologie und Unfallchirurgie). Das heißt, ab dem 1.1.2019 wird vorgeben, wie viele Patienten eine Pflegekraft betreuen darf. Diese Untergrenze ist die „rote Linie" und darf nicht unterschritten werden.

Eine ausreichende Pflegepersonalausstattung ist aber nicht nur in den pflegesensitiven Abteilungen wichtig, sondern generell für alle Krankenhausbereiche. Ergänzend regeln wir deshalb ab 1.1.2020 die Betrachtung auf Gesamthausebene mit dem Pflegequotient, dem Verhältnis der gesamten Pflegekräfte eines Hauses zum Pflegeaufwand.

Wir werden aber nun nicht das DRG System abschaffen und zum Selbstkostendeckungsprinzip zurückkehren – weitere gesonderte Budgets stehen nicht im Raum. Im Gegenteil: Vor allem um Krankenhäusern Planungssicherheit zu geben, haben wir den bisherigen Pflegezuschlag nicht, wie ursprünglich vom Ministerium vorgesehen, komplett gestrichen, sondern den Landesbasisfallwert um insgesamt 200 Millionen Euro angehoben.

Weitere 50 Millionen Euro pro Jahr werden für bedarfsnotwendige Krankenhäuser in ländlichen Regionen zur Verfügung gestellt. Es geht um einen pauschalen Sicherstellungszuschlag konkret von 400.000 EUR pro Krankenhaus.

Im Rahmen des Pflegebudgets werden auch pflegeentlastende Maßnahmen durch die Kostenträger finanziert, z. B. wenn Krankenhäuser zur Verbesserung des Betriebsablaufs Aufgaben wie die Essensausgabe oder den Wäschedienst vom Pflegepersonal auf andere Personalgruppen übertragen.

Die durch diese Maßnahmen eingesparten Pflegepersonalkosten werden erhöhend im Pflegebudget berücksichtigt und zwar in Höhe von bis zu 3 Prozent des Pflegebudgets.

Um etwaige finanzielle Einbußen der Krankenhäuser bei der Umstellung auf das Pflegebudget abzufedern, werden ferner mögliche Budgetverluste für die Krankenhäuser im Jahr 2020 auf zwei Prozent und im Jahr 2021 auf vier Prozent begrenzt.

Schließlich werden die Ausbildungsvergütungen für alle im Krankenhausfinanzierungsgesetz genannten Ausbildungsberufe im ersten Ausbildungsjahr ab 2019 vollständig von den Kostenträgern refinanziert. Dies um einen deutlichen Anreiz zu schaffen, mehr auszubilden. Zudem werden über den Krankenhausstrukturfonds werden künftig auch Investitionen in Ausbildungsstätten gefördert.

Der Krankenhausstrukturfonds wird stärker darauf ausgerichtet, die Struktur der akutstationären Versorgung durch die Bildung von Zentren mit besonderer medizinischer Kompetenz für seltene oder schwerwiegende Erkrankungen, von zentralisierten Notfallstrukturen und von telemedizinischen Netzwerken zu verbessern.

Die Anreize, für die Versorgung nicht mehr benötigte Krankenhausbetten abzubauen, werden verstärkt. Die Strukturverbesserungen sollen auch dazu beitragen, dass das vorhandene Pflegepersonal effizienter eingesetzt werden kann.

Natürlich hat dieses Gesetz Ärgernis erzeugt. Wir haben die Verjährungsfristen angeglichen. Ich bin eine Anhängerin der gleichlangen Spieße – es geht konkret um die Verkürzung der Verjährungsfristen für Rückzahlungsansprüche der Kassen. Anlass war das Urteil des Bundessozialgerichtes zu den Schlaganfallfristen mit der Folge, dass viele Krankenhäuser in den eher strukturschwächeren ländlichen Gebieten diese Leistung, die sie ja tatsächlich erbracht haben, nicht mehr hätten abrechnen können. Auch zum Schutz der strukturschwächeren, ländlichen Gebiete war das Eingreifen geboten.

Jetzt werden die Krankenhäuser, bzw. deren Träger, von Klagen der Kassen, vor allem im Bereich der Schlaganfallpatienten, aber auch der Geriatrie, überrollt. Es geht dabei um Beträge deutschlandweit im dreistelligen Millionenbereich. Und mit der Aufrechnung werden Krankenhäuser, die seither unstreitig die Leistungen, z. B. im Schlaganfallbereich, erbracht haben, in Liquiditätsprobleme gebracht.

Zur Finanzierung und zum Kassenwettbewerb:

Rund 2,5 Milliarden Euro sind zuletzt u. a. über das Pflegestärkungsgesetz hin zu den Krankenhäusern geflossen. Auch in Zeiten der Verbeitragung von 13.

und 14. Bruttomonatsgehältern müssen wir die Finanzierung dringend im Auge behalten. Mit dem GKV-Versichertenentlastungsgesetz (GKV-VEG) haben wir erreicht, dass die Krankenversicherungsbeiträge und der Zusatzbeitrag künftig wieder paritätisch finanziert werden. Das stärkt die Versicherten und erhält den Wettbewerb zwischen den Krankenkassen.

An dieser Stelle ist hervorzuheben, dass die Reform des morbiditätsorientierten Risikostrukturausgleichs (Morbi-RSA) dringend vorgenommen werden muss. Wir haben im GKV-VEG ein fixes Datum gegeben, nämlich bis 2020. Der Morbi-RSA muss erst reformiert sein, bevor die Krankenkassen ihre Rücklagen an ihre Versicherten zurückzahlen müssen.

Persönlich ist mir wichtig, Modalitäten zu finden, die Aufsicht der Krankenkassen endlich zu vereinheitlichen, soweit das mit unserer Verfassung vereinbart werden kann. Das schafft beim Abschluss von Verträgen mit den Krankenkassen mehr Sicherheit für alle Akteure.

Mit der Sicherung von Gesundheitsversorgung in strukturschwachen Gebieten untrennbar verbunden ist die sektorenüberwindende Versorgung. Wir haben dazu im Koalitionsvertrag eine Bund-Länder-Kommission adressiert. Konkret geht es um gemeinsame Bedarfsplanung, eine Angleichung von Vergütung, Mengensteuerung, Dokumentation und Abrechnung sowie Qualitätssicherung.

Ich bedaure das, aber unsere bisherigen gesetzlichen Öffnungsvorschläge wurden mit sehr spitzen Fingern aufgegriffen. Ich denke z. B. an die ambulant-spezialfachärztliche Versorgung.

Baden-Württemberg hat in einem Modellprojekt Möglichkeiten für die sektorenübergreifende Versorgung ausgelotet. Die Erfahrungen werden in die Bund-Länder-Kommission einfließen.

Eine sektorenübergreifende Versorgung ist ohne die elektronische Patientenakte (ePA) nicht sinnvoll denkbar, deshalb braucht es auch an dieser Stelle eines dringenden Schubes. Die Digitalisierung des Gesundheitswesens, bzw. E-Health, findet ihren Niederschlag bereits in der aktuellen Gesetzgebung. Das E-Health Gesetz II, erwarten wir 2019.

Wo stehen wir nun?

Mit dem Ende 2015 in Kraft getretenen E-Health-Gesetz haben wir das Verfahren beschleunigt, leider mittels Fristen und Sanktionen. Das betrifft auch konkret den Roll-Out der Telematikinfrastruktur. Demnächst haben wir auch sogar vier Anbieter der Konnektoren. Seit Juli 2017 gibt es bereits das Interoperabilitätsverzeichnis „Vesta", das die von den verschiedenen IT Systemen im Gesundheitswesen verwendeten Standards transparent macht. Und um schneller und besser zu werden, hat der Gesundheitsminister eine eigene Abteilung für Digitalisierung im BMG eingerichtet.

Im zweiten Schritt reden wir von den Fahrzeugen auf der Autobahn, den Anwendungen. Zunächst geht es auch weiterhin um Anwendungen mit Hilfe der elektronischen Gesundheitskarte. Wir haben aber vor allem die Krankenkassen nunmehr im Entwurf des Terminservice- und Versorgungsgesetzes (TSVG) dazu verpflichtet, als sozusagen wichtigste Anwendung eine ePA nach §291a SGB V ab spätestens 2021 für ihre Versicherten zur Verfügung zu stellen.

Diese Akten werden in enger Abstimmung mit der Bundesbeauftragen für den Datenschutz und die Informationsfreiheit und dem Bundesamt für Sicherheit in der Informationstechnik spezifiziert. Sie müssen darüber hinaus von der Gesellschaft für Telematik (gematik) zugelassen und nach den Vorgaben des Bundesamtes für Sicherheit in der Informationstechnik sicherheitszertifiziert sein.

Die Regelung in § 68 SGB V ist hingegen eine reine Finanzierungsregelung. Mit ihr wurde den Krankenkassen die Möglichkeit gegeben, bereits im Vorfeld der Einführung der ePA nach § 291a SGB V ihren Versicherten am Markt angebotene Aktenlösungen zu finanzieren.

Unabhängig von der Verantwortung der Krankenkassen wirkt die Bundesregierung darauf hin, dass die gematik für die Gesundheitsakten der Kassen Übergangs- und Migrationsregelungen entwickelt, damit diese in eine von der gematik zu spezifizierende Akte nach § 291a SGB V überführt und somit zukünftig auch den hohen Sicherheitsstandards der Telematikinfrastruktur genügen werden.

Der Zugriff sowohl auf die elektronische Gesundheitskarte wie auch später bei der ePA auf die eigenen Daten wird übrigens zeitgemäß mittels Smartphone und Tablett (über App.) ermöglicht. Das Zweischlüsselprinzip fällt damit weg.

Mit der ePA steht dann eine sichere digitale Datenbank zur Verfügung. Für mich geht es vor allem auch darum, dass unterschiedliche Datenquellen vereint werden können (Daten der Kassen, Gesundheitsdaten der Leistungserbringer, Apps, eigene Wearables). Diese Daten sind dann erstmals strukturiert verwendbar, d.h. es wird z. B. eine Erinnerung an Impfungen möglich werden. Der Medikationsplan wird vervollständigt z. B. auch durch nichtverschreibungspflichtige Medikamente und mittels eines Barcodescanners über das Handy zu bedienen.

Bei diesen Entwicklungen ist es für mich zentral, dass die ePA eine für die Versicherten freiwillige Anwendung bleibt. Alle Dokumente dürfen nur mit Zustimmung der Versicherten/Patienten dort eingebracht werden. Und vor allem entscheidet der Patient selbst, welcher Leistungserbringer Einsicht in die ePA nehmen oder Dokumente erstellen darf.

Zur Digitalisierung gehört zwingend das Stichwort Telemedizin: Es gibt bereits heute viele gute und innovative Ansätze für eine vernetzte Behandlung über Entfernungen hinweg. Damit solche Ansätze flächendeckend Wirklichkeit werden können, brauchen wir die schnellstmögliche Integration sinnvoller telemedizinischer Leistungen in die Regelversorgung.

Telemedizin findet zwar noch überwiegend im selektivvertraglichen Bereich statt, dort besteht Raum für Erprobung. Im kollektivvertraglichen Bereich wurden aber erste telemedizinische Leistungen in den Einheitlichen Bewertungsmaßstab (EBM) aufgenommen und werden damit von den Kassen bezahlt.

Der Deutsche Ärztetag hat das Fernbehandlungsverbot deutlich gelockert. Hiernach kann künftig in Einzelfällen auch ausschließlich Fernbehandlung erlaubt sein. Gerade für immobile Menschen ein echter Zugewinn an Versorgung. Dazu gehören die Arbeitsunfähigkeitsbescheinigung und auch das elektronische Rezept, für das wir gerade die gesetzliche Grundlage beschließen, beides wird es ab 2021 geben.

Wir werden uns auch z. B. mit der Frage beschäftigen, wie digitale Medizinprodukte und Versorgungslösungen bewertet und in das Gesundheitssystem eingeführt werden – es gilt den Datenschutz zu gewährleisten und Innovation nicht zu verhindern.

Wir wollen die Selbstverwaltung bei der Umsetzung der Digitalisierungsvorhaben eng begleiten und ordnend, ggf. korrigierend, eingreifen. In diesem Zusammenhang begrüße ich den Letter Of Intent von KBV, KZV UND GKV Spitzenverband. Selbstverständlich liegt mir die Einbindung der weiteren Leistungserbringer am Herzen. Wir werden im Gesetzgebungsverfahren prüfen, ob auch hier noch Handlungsbedarf besteht.

Zum TSVG:

Derzeit beschäftigen wir uns ja nun mit dem TSVG. Mit dem TSVG, werden wir den Zugang zu niedergelassenen Ärzten für gesetzlich Versicherte verbessern. Oder kurz: unseren Preis für die Ablehnung der Bürgerversicherung bezahlen. Nichts destotrotz ist für uns entscheidend, dass wir Ärzte, die mehr leisten, auch dafür entsprechend bezahlen, z. B., wenn sie neue Patienten aufnehmen.

Wir nehmen auch in diesem Zusammenhang die ländlichen und strukturschwachen Bereiche in den Fokus, wenn wir Ärzten, die in diesen wirtschaftlich schwachen und unterversorgten ländlichen Räumen praktizieren, über regionale Zuschläge besonders unterstützen.

Das für mich persönliches spannendste Thema im TSVG ist das Thema der fremdfinanzierten oder besser Investor finanzierten MVZ, und die damit verbundene Frage, wie wir uns die Zukunft von Versorgung vorstellen.

Ausgangspunkt ist die Überlegung, dass MVZ die klassischen Niederlassungspraxen ergänzen und nicht ersetzen. Es geht um Angebote insbesondere für jüngere Ärztinnen und Ärzte, die nicht in die Niederlassung wollen und auch hier wieder um die Sicherung von Versorgung im ländlichen Raum.

Nicht nur, aber besonders im Bereich der zahnärztlichen MVZ drängen jetzt vermehrt Investoren auf den Markt. Im Entwurf des TSVG hat der Gesundheitsminister deshalb z. B. nun nichtärztlichen Dialysezentren untersagt, fachfremde MVZ zu gründen.

Die Ärzte, die Technik unterstützt arbeiten, die Radiologen, die Labormediziner können offenbar ohne private Investitionen nicht leben- die Zahnärzte, die niedergelassenen Nephrologen fühlen sich durch Private Equity unterstützte Unternehmen aus dem Markt gedrängt.

Für mich geht es vor allem auch um die Frage, was passiert, wenn sich die Renditeerwartungen in anderen Marktbereichen wieder verbessern. Was passiert, wenn sich die Kapitalinvestoren zurückziehen.

Zum Gesetz für mehr Sicherheit in der Arzneimittelversorgung (GSAV):

Die Arzneimittelversorgung spielt im Koalitionsvertrag eine untergeordnete Rolle. Hier waren die Stichworte: Versandhandelsverbot, Versorgungssicherheit und Pharmadialog. Jetzt haben sich doch mehr Themen angesammelt: aus der letzten Legislaturperiode das ArztInformationsSystem, Zytostatika, Impfen, die europäischen Entwicklungen zu HTA, SPC review und manufactoring weaver und die Skandale zu Valsartan, Lunapharm, den Apotheker in Bottrop oder auch die Diskussion um die Erstattungsfähigkeit homöopathischer Arzneimittel.

Der Pharmadialog ist mit den Stichworten Technologietransfer, Translation, Vernetzung, neuartige Therapieformen und personalisierte Medizin gestartet. Er wird sich ausführlich mit den Themen Versorgungssicherheit, steuerliche Forschungsförderung und der Regulierung im SGB V befassen.

Auch bei der Arzneimittelsicherheit gilt grundsätzlich, dass wir ein hohes Maß an Sicherheit und Schutz für die Patienten haben. Ich bin froh, dass wir einen Gesetzentwurf vorliegen haben, mit dem – nicht nur – aber eben auch an den richtigen Stellschrauben angesetzt wird, um hier nachzubessern. Das ist für mich vor allem die Ausweitung der Kompetenzen der Bundesoberbehörden bei Rückrufen aber auch bei Inspektionen in Drittstaaten. Für zentral erachte ich auch die Klarstellung, dass ein Regressanspruch bei den Kassen und Klarheit bei den Versichertenzuzahlungen besteht, wenn Produkte pharmazeutischer Unternehmen fehlerhaft waren. Auch bei den Zytostatika-herstellenden Apotheken wird – in Reaktion auf den Bottroper Kriminalfall – die Kontrolldichte erhöht. Wir ordnen die Zytostatikaversorgung neu vor allem mit dem festen Zuschlag für die Apotheker von 110 Euro pro applikationsfähiger Einheit.

Richtig ist, bei der Preisabstandsgrenze die 15 Euro Variante zu streichen, ab der nach Maßgabe des Rahmenvertrages ein preisgünstigeres importiertes Arzneimittel abzugeben ist. Da müssen deutlich höhere Einsparungen weiter gegeben werden.

Wie Sie sehen, haben wir bei der Abarbeitung des Koalitionsvertrags im Gesundheitsbereich das einzig Richtige, nämlich ein zügiges Tempo vorgelegt. So wollen wir auch weitermachen.

Josef Hecken

Der Innovationsfonds – Impulsgeber für eine bessere Versorgung

Der Innovationsfonds

- 4 Jahre je 300 Mio. € (225/75 Mio. €)
- Voraussichtlich:
  - **Verlängerung 4 Jahre je 200 Mio. € (150/50 Mio. €)**
- Wieso erforderlich:
  - **Keine Erkenntnisdefizite → eher Umsetzungsdefizite (z.B. AMTS)**
- Wieso nicht bei den Krankenkassen angesiedelt?
  - **Gefahr strategischer Selektion**

Der Innovationsausschuss

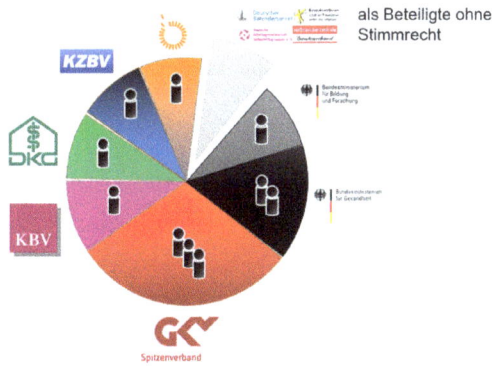

Allgemeine Reflektion

- Rahmenbedingungen und Prozesse des Innovationsfonds, der Geschäftsstelle und der Ausschüsse sind implementiert.
- Mehrere Förderbekanntmachungen und Bewertungen für Versorgungsforschung und neue Versorgungsformen sind abgeschlossen.
- Ausschreibungs-, Begutachtungs- und Förderprozesse sind implementiert.
- Förderbescheide für das Förderbudget 2016, 2017 und 2018 sind ergangen, 196 Projekte befinden sich derzeit in der Umsetzung.
- Anteil der Verwaltungsausgaben vom Förderbudget 2017 = 1,98% für Struktur und Verwaltung, Geschäftsstelle, DLR-Projektträger und Expertenbeirat.
- Der Innovationsfonds hat sich in der Deutschen Forschungslandschaft etabliert.
- Maßgebliche Impulse für die Weiterentwicklung der Versorgung von Versicherten und Patienten in der GKV konnten bereits durch die ersten zwei Förderjahre initiiert werden.
- Patientinnen und Patienten profitieren schon jetzt von neuartigen Kooperationen und unzähligen Projekten mit neuen Versorgungsideen.
- Erste Projekte werden schon in diesem Jahr ihre Projektlaufzeiten abschließen, im Anschluss werden Ergebnisse veröffentlicht.

Ziele der Projektförderung durch den Innovationsfonds

- Der Innovationsfonds fördert insbesondere Vorhaben,
  - **die die sektorenübergreifende Versorgung verbessern und**
  - **die ein Umsetzungspotenzial aufweisen sowie solche,**
  - **deren Ziel eine dauerhafte Weiterentwicklung der selektivvertraglichen Versorgung ist.**
- Die Vorhaben müssen auf geltender Rechtsgrundlage (insbesondere aufgrund von Selektivverträgen) erbracht werden.
- Der Innovationsfonds fördert keine Produktinnovationen.

Der Innovationsfonds

Welche Themenschwerpunkte wurden gesetzt?

Förderthemen im Bereich neuen Versorgungsformen (Auszug)

Versorgungsmodelle in strukturschwachen oder ländlichen Gebieten	Modelle zur Weiterentwicklung von Versorgungsstrukturen und -prozessen
Arzneimitteltherapie sowie Arzneimitteltherapiesicherheit	Versorgungsmodelle für Menschen mit Behinderungen
Telemedizin, Telematik, E-Health, elektronische Patientenakte	Sozialleistungsträgerübergreifende Versorgungsmodelle
spezielle Patientengruppen: • ältere Menschen • Menschen mit psychischen Erkrankungen • pflegebedürftige Menschen • Kinder Jugendliche • Menschen mit seltenen Erkrankungen	Versorgungsmodelle: • für spezifische Krankheiten und Krankheitsgruppen • für vulnerable Gruppen • mit übergreifender messbarer Ergebnis- und Prozessverantwortung
Modelle mit Delegation und Substitution von Leistungen	Krankheitsübergreifende Versorgungsmodelle
Verbesserung der Kommunikation mit Patientinnen/Patienten und Förderung der Gesundheitskompetenz	

Förderthemen im Bereich der Versorgungsforschung (Auszug)

Instrumenten zur Messung von Lebensqualität	Transfer neuer wissenschaftlicher Erkenntnisse, Diffusion des medizinischen Fortschritts in die Regelversorgung
Qualitätssicherung und Patientensicherheit in der Versorgung	Verbesserung der Messung der Ergebnisqualität
Patientensicherheit, Qualitätssicherung und -förderung: • Verbesserung der Patientensicherheit; • nachhaltige Qualitätsförderung; • bedarfsgerechte Versorgung	Entwicklung von Versorgungsstrukturen und -konzepten: • Zusammenarbeit von ärztlichem nicht-ärztlichem Gesundheitspersonal; • Modelle zur Stärkung der Krankenpflege; • Nutzbarkeit lernender Algorithmen; • Behandlungsoptionen bei Resistenzen
patientenorientierter Pflege unter besonderer Berücksichtigung der Arbeitsteilung der Schnittstellen und Integration ausländischer anerkannter Pflegefachkräfte	Besondere Versorgungssituationen: chronische Erkrankungen /oder Multimorbidität; von geriatrischen Patienten; von Menschen mit Behinderungen
Verbesserung der Bedarfsgerechtigkeit und oder Wirtschaftlichkeit der GKV-Versorgung	Evaluationen von Selektivverträgen
Ursachen, Umfang, Auswirkungen administrativer bürokratischer Anforderungen	Evaluation von Richtlinien zur SAPV und Hautkrebsscreening
Verknüpfung von Routinedaten zur Verbesserung der Versorgung	

Themen Bereich Neue Versorgungsformen, Förderbekanntmachung vom 19. Okt. 2018

Themenspezifischer Teil

- Versorgungsformen zur Weiterentwicklung einer sektorenunabhängigen Versorgung
- Innovative Modelle zur Stärkung der regionalen Gesundheitsversorgung
- Telemedizinische Kooperationsnetzwerke von stationären und ambulanten Einrichtungen zur Verbesserung der medizinischen Versorgung
- Versorgungsmodelle unter Nutzung der Telematikinfrastruktur

Themenoffener Teil

- Projekte, die nicht themenspezifisch adressiert werden

Einreichfrist für Anträge neue Versorgungsformen endet am 19. Februar 2019, 12 Uhr.

Themen Bereich Versorgungsforschung, Förderbekanntmachung vom 19. Okt. 2018

Themenspezifischer Teil

- Stärkung der gesundheitlichen Versorgung in der Pflege und Transparenz über die pflegerische Versorgungsqualität
- Barrierefreiheit und Verbesserung der Situation von Menschen mit Assistenzbedarf und deren Angehörigen in der Gesundheitsversorgung
- Aufbereitung und Verknüpfung von Gesundheitsdaten aus verschiedenen Quellen zur Verbesserung der Patientenversorgung
    - Verknüpfung von Gesundheitsdaten auf Ebene der Patientin/des Patienten
    - Verknüpfung von Gesundheitsdaten auf Populationsebene
- Einfluss evidenzbasierter Gesundheitsinformationen für Patientinnen und Patienten auf die Versorgung
- Umsetzung und Evaluation der Akten nach § 291a SGB V (ePA)

Themenoffener Teil

- Projekte, die nicht themenspezifisch adressiert werden

Evaluation und Auswertung von Selektivverträgen (EVAS)

Einreichfrist für Anträge Versorgungsforschung und EVAS endet am 19. Februar 2019, 12 Uhr.

Themen Bereich Versorgungsforschung, Förderbekanntmachung vom 23. Nov. 2018

Forschungsprojekte zur Weiterentwicklung und insbesondere Evaluation von Richtlinie(n) des Gemeinsamen Bundesausschusses gemäß § 92a Absatz 2 Satz 5 des Fünften Buches Sozialgesetzbuch (SGB V)
- Richtlinie des Gemeinsamen Bundesausschusses über die Durchführung der Psychotherapie (PT-RL)
- Richtlinie des Gemeinsamen Bundesausschusses über die ambulante spezialfachärztliche Versorgung nach § 116b SGB V (ASV-RL)

Einreichfrist für Anträge endet am 19. Februar 2019, 12 Uhr.

Die ersten Jahre in Zahlen

Der Innovationsfonds in administrativen Zahlen

	Innovationsausschuss Sitzungen / schriftliche Beschlussfassung, Sitzungen Arbeitsausschuss und Klausurtagungen Arbeitsausschuss	
	Sitzungstage	Reine Sitzungszeit in Stunden
2015	20	76
2016	38	159
2017	42	231
2018	31	166
Gesamt	131	632

Der **Expertenbeirat** hatte allein für die finale **Antragsberatungen** über 208 Sitzungsstunden erbracht.

(Alle Angaben verstehen sich ohne Vor- und Nachbereitungszeit der Sitzung, ohne Begutachtungszeit für die Anträge und ohne Telefonkonferenzen).

Neue Versorgungsformen
Förderbekanntmachungen: Gesamtübersicht Eingänge und Förderung

Förderbekannt-machung	Anzahl Anträge	Beantragte Fördermittel in Mio. €	Beschlussdatum	Geförderte Projekte	Fördermittel in Mio. €
NVF 2016 vom 8. April 2016	120	868	20. Okt. 2016	29	210,7
NVF 2016 vom 11. Mai 2016	107	485	16. März 2017	26	111,6
NVF 2017 vom 20. Februar 2017	69	260	19. Okt. 2017	26	101,1
NVF 2018 vom 20. Oktober 2017	93	439,8	18. Okt. 2018	39	196,2
Gesamt	**389**	**2.052,8**		**120**	**619,6**

Neue Versorgungsformen
Übersicht Förderung nach Themenfeldern

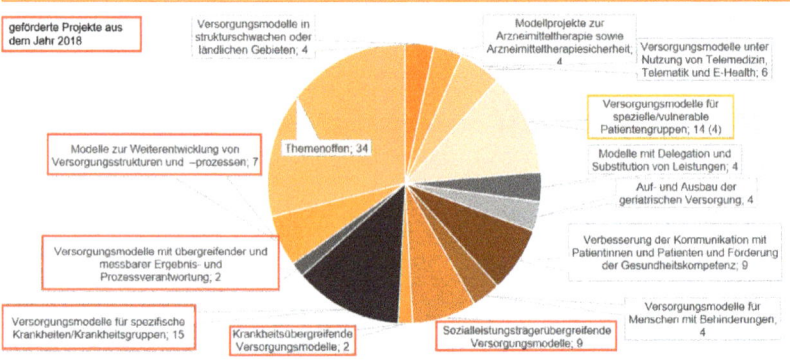

geförderte Projekte aus dem Jahr 2018

Versorgungsmodelle in strukturschwachen oder ländlichen Gebieten; 4

Modellprojekte zur Arzneimitteltherapie sowie Arzneimitteltherapiesicherheit; 4

Versorgungsmodelle unter Nutzung von Telemedizin, Telematik und E-Health; 6

Versorgungsmodelle für spezielle/vulnerable Patientengruppen; 14 (4)

Modelle zur Weiterentwicklung von Versorgungsstrukturen und -prozessen; 7

Themenoffen; 34

Modelle mit Delegation und Substitution von Leistungen; 4

Auf- und Ausbau der geriatrischen Versorgung; 4

Versorgungsmodelle mit übergreifender und messbarer Ergebnis- und Prozessverantwortung; 2

Verbesserung der Kommunikation mit Patientinnen und Patienten und Förderung der Gesundheitskompetenz; 9

Versorgungsmodelle für spezifische Krankheiten/Krankheitsgruppen; 15

Krankheitsübergreifende Versorgungsmodelle; 2

Sozialleistungsträgerübergreifende Versorgungsmodelle; 9

Versorgungsmodelle für Menschen mit Behinderungen; 4

Der Innovationsfonds 27

Versorgungsforschung
Förderbekanntmachungen: Gesamtübersicht Eingänge und Förderung

Förderbekanntmachung	Anzahl Anträge	Beantragte Fördermittel in Mio. €	Beschlussdatum	Geförderte Projekte	Fördermittel in Mio. €
VSF 2016 vom 8. April 2016	142	156,7	24. Nov. 2016	55	64,2
EVAS 2016 vom 8. April 2016	9	5,8	24. Nov. 2016	4	2,6
SAPV 2016 vom 8. April 2016	9	6	24. Nov. 2016	3	3,7
VSF 2017 vom 20. Februar 2017	159	242,8	2. Nov. 2017	50	66,1
EVAS 2017 vom 20. Februar 2017	5	4,6	2. Nov. 2017	4	3,2
VSF 2018 vom 20. Oktober 2017	200	301	16. Aug. 2018	53	69,1
EVAS 2018 vom 20. Oktober 2017	1	0,6	16. Aug. 2018	0	0
KFE 2018 vom 20. Oktober 2017	4	1,5	16. Aug. 2018	2	0,9
Gesamt	529	717,5		171	209,8

Versorgungsforschung
Übersicht Förderung nach Themenfeldern

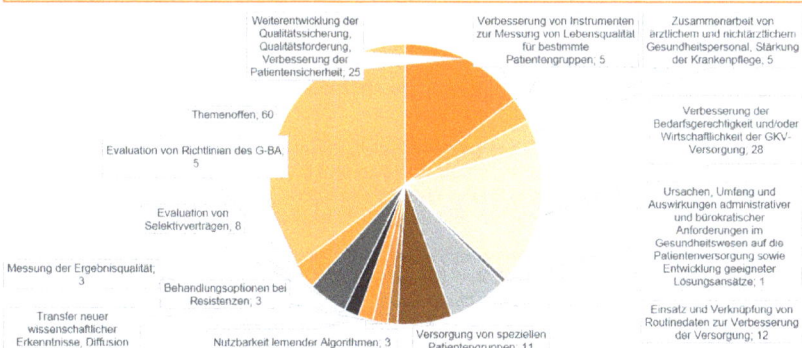

- Weiterentwicklung der Qualitätssicherung, Qualitätsförderung, Verbesserung der Patientensicherheit; 25
- Verbesserung von Instrumenten zur Messung von Lebensqualität für bestimmte Patientengruppen; 5
- Zusammenarbeit von ärztlichem und nichtärztlichem Gesundheitspersonal, Stärkung der Krankenpflege; 5
- Themenoffen; 60
- Verbesserung der Bedarfsgerechtigkeit und/oder Wirtschaftlichkeit der GKV-Versorgung; 28
- Evaluation von Richtlinien des G-BA; 5
- Ursachen, Umfang und Auswirkungen administrativer und bürokratischer Anforderungen im Gesundheitswesen auf die Patientenversorgung sowie Entwicklung geeigneter Lösungsansätze; 1
- Evaluation von Selektivverträgen; 8
- Messung der Ergebnisqualität; 3
- Behandlungsoptionen bei Resistenzen; 3
- Einsatz und Verknüpfung von Routinedaten zur Verbesserung der Versorgung; 12
- Transfer neuer wissenschaftlicher Erkenntnisse, Diffusion
- Nutzbarkeit lernender Algorithmen; 3
- Versorgung von speziellen Patientengruppen; 11

Der Innovationsfonds in administrativen Zahlen

Allgemeine Kennzahlen	
Neue Versorgungsformen und Versorgungsforschung	
Anzahl bearbeiteter Anträge	1.269 (Ablehnungen + Benachrichtigungen)
Telefonate zur Antragsberatung + laufenden Projekten (DLR ohne Gst.)	Mehr als 11.500
Webinare zur Antragstellung	7 mit über 1.300 Teilnehmenden
Webinare zu laufenden Projekten	2 mit über 400 Teilnehmenden
Anzahl Förderbekanntmachungen	20 → 8 (2016) + 7 (2017) + 5 (2018)
Statistik Website	
Downloads von der Website	161.756

Resümee

- Die riesige Bandbreite der Projekte beweist das hohe Innovationspotenzial.

- Die Zahl der Projektanträge belegt, dass bei den Leistungserbringern und Krankenkassen ein erhebliches Innovationspotenzial vorhanden und noch längst nicht ausgeschöpft ist.

- Anhand der Evaluationen, die zwingend für jedes Projekt vorgesehen sind, wird systematisch erfasst und geprüft, ob die Ansätze funktionieren, ggf. in strukturell vergleichbare Regionen oder auch auf andere Patientengruppen übertragen und letztlich in die Regelversorgung aufgenommen werden können.

- Die im Koalitionsvertrag vorgesehene Verlängerung des Innovationsfonds über die ursprünglich vorgesehenen vier Jahre hinaus ist für die Verbesserung der Gesundheitsversorgung in Deutschland insgesamt ein sehr wichtiger und zukunftsweisender Schritt.

Jonas Schreyögg

Die Weiterentwicklung der Krankenhausfinanzierung in Deutschland

1. Herausforderungen der Krankenhausfinanzierung in Deutschland

Die stationäre Versorgung in Deutschland und dabei insbesondere die Finanzierung stehen vor erheblichen Herausforderungen. Diese Herausforderungen seien im Folgenden kurz skizziert. Anschließend erfolgt eine Darstellung möglicher Lösungen zur nachhaltigen Finanzierung von Krankenhausleistungen.

Um die Problemlage der stationären Versorgung zu charakterisieren, ist es hilfreich, zunächst das deutsche Preis-Mengen Phänomen zu verstehen. Deutschland hat im internationalen Vergleich aller OECD Staaten die höchsten Fallzahlen in der akutstationären Versorgung. In den meisten anderen OECD Staaten sind die Fallzahlen seit vielen Jahren, auch aufgrund von Programmen zur Ambulantisierung z.B. in Frankreich und den Niederlanden, gefallen oder zumindest konstant geblieben. In Deutschland sind die stationären Krankenhausfälle demgegenüber seit dem Jahre 2005 stark angestiegen (Abb. 1).

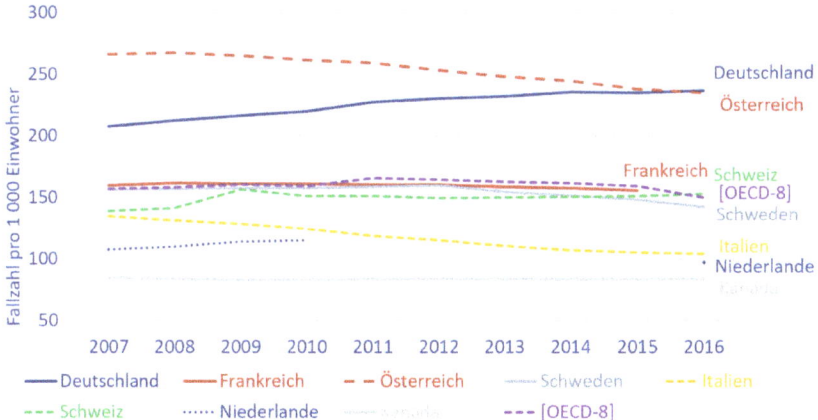

Abbildung 1: Stationäre Fallzahlen im internationalen Vergleich
Quelle: OECD Health Statistics 2018, Hospital aggregates, Curative (acute) care

In diesem Zusammenhang stellt sich die Frage, weshalb Deutschland trotz der OECD weit höchsten Fallzahlen bei den pro Kopf Krankenhausausgaben nur im oberen Mittelfeld der OECD Länder liegt (OECD, 2018). Dies hängt damit zusammen, dass Deutschland im Vergleich zu anderen OECD Ländern relativ geringe Preise pro Fall aufweist. Ländervergleiche in Bezug auf Preise für stationäre Leistungen bestätigen diese These regelmäßig (Koechlin et al., 2010; Koechlin et al., 2014). Eine OECD Studie von Koechlin et al. (2010) hat beispielsweise Preisunterschiede für 24 stationäre Leistungen in 14 Ländern ermittelt. Dabei gehören die Preise für Deutschland oftmals zu den geringsten. Das heißt, Deutschland hat offensichtlich eine andere Preis-Mengen-Kombination als andere Ländern. Dies sei im Vergleich zu Kanada veranschaulicht. In Kanada hat statistisch gesehen ca. jeder 12. Bürger einen Krankenhausaufenthalt, während in Deutschland jeder vierte einmal im Jahr im Krankenhaus ist (einige Bürger sind mehrfach pro Jahr im Krankenhaus). In Bezug auf die Preise ist es genau andersherum. Ein Krankenhausaufenthalt für einen PTCA kostet beispielsweise in Kanada rund das dreifache gegenüber einem Krankenhausaufenthalt in Deutschland. Deutschland hat demnach eine andere Preis-Mengen-Kombination als andere Länder. Durch den geringen Preis pro Leistung müssen auch die Kosten pro Leistung gering sein. Ein Großteil der Kosten für einen stationären Fall sind auf Personalkosten (Anzahl und Löhne) zurückzuführen. Es ist absehbar, dass die ohnehin im internationalen Vergleich nicht sehr hohen Löhne, z.B. für Pflegepersonal, in den nächsten Jahren steigen werden und gleichzeitig in vielen Krankenhäusern mehr Personal pro Fall benötigt wird, um einen Mindestqualitätsstandard zu gewährleisten. Folglich ist in den nächsten Jahren mit einem deutlichen Anstieg der Preise und mithin der Krankhauskosten in Deutschland zu rechnen. Im Umkehrschluss heißt dies, dass die stationären Fallzahlen durch geeignete Instrumente in den nächsten Jahren reduziert werden sollten, um diesen deutlichen Anstieg der Krankenhausausgaben entgegenzuwirken.

Gleichzeitig besteht die bekannte Problematik, dass die Fallzahlentwicklung der letzten Jahre Deutschland nur zu einem Teil durch nachfrageseitige Determinanten zu erklären ist. Eine aktuelle Studie von Krämer & Schreyögg (2019) quantifiziert die Einflussfaktoren der Nachfrageseite, d.h. insbesondere Bevölkerungsentwicklung und Morbidität, auf 21,5%. Demgegenüber ist ein Anteil von 78,5% des Anstiegs auf Anreize des Vergütungssystems sowie technologische Veränderungen zurückzuführen (Abb. 2).

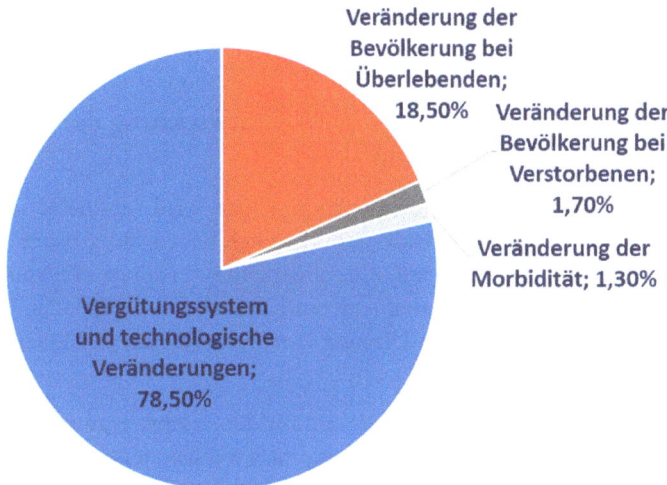

Abbildung 2: Einfluss von Determinanten auf die Fallzahlentwicklung (2008–2011)
Quelle: Krämer & Schreyögg (2019)

Obwohl der dem DRG-System zugrundeliegende Mechanismus der Ausrichtung an den empirischen Durchschnittskosten aus ökonomischer Sicht sinnvoll sind mit der derzeitigen Ausprägung des Systems einige zweifelhafte Anreize verbunden. So müssen Überschüsse realisiert werden, da sonst notwendige Investitionen nicht getätigt werden können, d.h. die Umsätze müssen schneller steigen als die Kosten. Die Umsätze können aber im Wesentlichen nur steigen, wenn die stationäre Fallmenge bzw. der Case-Mix ansteigt. Es erfolgt demnach eine starke Fokussierung auf die Fallmenge. Andere Vergütungskomponenten (z.B. Strukturzuschläge) als DRGs spielen demgegenüber in der deutschen Krankenhausvergütung keine wesentliche Rolle für den Umsatz. Hinzu kommt die Problematik, dass die Vergütungssysteme an der Schnittstelle ambulant-stationär zu unflexibel sind und das System einen starken Anreiz bietet, einen Fall stationär statt ambulant zu behandeln.

Als Folge dieser Fehlanreize gerät der Aufbau der Versorgungsstrukturen zunehmend in Gefahr. Insbesondere Strukturen mit hohen Vorhaltekosten, z.B. Maximalversorger, geraten unter Druck. Weiterhin hinkt Deutschland bei der Ambulantisierung von Krankenhausleistungen im internationalen Vergleich deutlich hinterher. Zuletzt wird durch mehr Evidenz zunehmend klarer, dass die Heterogenität der Versorgungsqualität in deutschen Krankenhäusern sehr hoch ist. Die bisherige Vergütung setzt jedoch bisher keine Anreize eine hohe Qualität der Versorgung zu gewährleisten.

2. Schritte zur evolutorischen Weiterentwicklung der Vergütung in Deutschland

Bevor auf Problemlösungsvorschläge eingegangen wird, erscheint ein Blick in andere OECD Ländern sinnvoll. Grundsätzlich haben die meisten anderen OECD Länder auch DRG-Systeme. Allerdings existieren einige relevante Unterschiede zwischen Deutschland und anderen Ländern (Busse, Geissler, Quentin et al. 2011; Schreyögg, Stargardt, Tiemann et al. 2006; Srivastava, Müller & Hewlett 2016):

- DRGs sind in der Regel weniger relevant für die Gesamtvergütung der Krankenhäuser. In Deutschland ca. 80%, vielerorts weniger, teilweise nur 40–50% oder sie werden nur genutzt für die Berechnung von Budgets
- In anderen Ländern sind die sonstigen Vergütungskomponenten, d.h. Sicherstellungszuschläge, Zuschläge für Notfallversorgung etc. oft deutlich budgetrelevanter
- Die Vergütung erfolgt in vielen Ländern regional differenziert, u.a. erfolgt eine Adjustierung für regionale Unterschiede in Personalkosten und Grundstückspreisen (z.B. UK)
- Es gibt besondere Regelungen für tertiäre Versorger/ Maximalversorger.
- Ambulante Versorgung und Vergütung ist meistens stärker mit der stationären Versorgung integriert. Die Systeme sind damit durchlässiger für eine Ambulantisierung von stationären Fällen
- Teilweise existieren auch andere Vergütungssysteme neben dem DRG-System

Wenn es auch nicht zielführend ist, Konzepte anderer Länder 1:1 auf Deutschland zu übertragen, so können die Ansätze anderer Länder doch helfen, um den Blick zu weiten und zu erkennen, welche Elemente im deutschen System fehlen bzw. integriert werden könnten.

2.1. Abbau der Überversorgung

Unbestrittenermaßen weist Deutschland im Vergleich zu anderen Ländern deutliche Überkapazitäten auf. Eine Reduktion der Krankenhäuser gehört damit zu den allerwichtigsten Maßnahmen. Ein Abbau würde nicht nur die Personalausstattung, sondern auch die Investitionen pro Bett, darunter auch in Digitalisierung beschleunigen und mithin auch die Ergebnisqualität verbessern bzw. homogenisieren. Der Strukturfonds ist an dieser Stelle das richtige Instrument.

Um allerdings eine Schließung von mehreren hundert Krankenhäusern durchzuführen, müsste die finanzielle Ausstattung des Strukturfonds erheblich verbessert werden. Um die Umwandlung oder Schließung eines Krankenhauses für einen Landkreis als mögliches Szenario attraktiv zu gestalten, bedarf es eines substanziellen finanziellen Betrags. Es geht dabei zum einen um die Kompensation der potenziell wegfallenden Arbeitsplätze und zum anderen um eine zumindest teilweise Kompensation des Ausfalls möglicher Privatisierungserlöse. Auch das Beispiel Dänemarks verdeutlicht, dass der Umbau der Krankenhauslandschaft deutlich mehr Geld kosten wird als bisher im Rahmen des Strukturfonds zur Verfügung gestellt wird.

2.2. Mengenproblematik nachhaltig lösen

Der Fixkostenregressionsabschlag war zumindest kurzfristig effektiv, erzeugt allerdings gleichzeitig die Gefahr der Verlangsamung einer Zentralisierung von Krankenhausleistungen. Dabei wäre es gerade im Sinne des Systems, wenn Krankenhäuser mit einer guten Versorgungsqualität mehr Mengen einer Leistung erbringen.

Eine deutliche Stärkung pauschaler Vergütungselemente insbesondere dort wo bedarfsnotwendige Kapazitäten vorgehalten werden müssen, d.h. bei Maximalversorgern und ländlichen Krankenhäusern, würde die starke Fallfokussierung des deutschen Vergütungssystems reduzieren. Es erscheint außerdem sinnvoll, die hohe Anzahl an DRGs zu reduzieren und die Komplexität des Fallspektrums anders abzubilden als bisher. Bei der Hälfte der abgerechneten Fälle ist eine therapeutische Prozedur (OPS-Kode) für Bestimmung des DRG-Gewichts ausschlaggebend verbunden mit den entsprechenden Anreizen (Schreyögg et al., 2014). Zukünftig sollten zur Abbildung von Komplexität stärker Informationen aus diagnostischen Prozeduren als Kostentrenner herangezogen werden.

Ein wichtiger Schlüssel zur Reduktion von Fallzahlen bei mengenanfälliger Diagnosen kann die Berücksichtigung von Indikationsqualität darstellen. Eine effektive und in anderen Ländern genutzte Option ist die Integration von Kriterien für Indikationsqualität als Voraussetzung für Vergütung. Auch sollte ein Zweitmeinungsverfahren bei ausgewählten Indikationen obligatorisch sein. Weiterhin sollte bei mengenanfälligen Diagnosen eine Dokumentations- und Begründungspflicht erwogen werden.

Der Sachverständigenrat Gesundheit hat kürzlich weitere Maßnahmen zur Lösung der Mengenproblematik vorgeschlagen (SVR Gesundheit, 2018). Insgesamt steht mittlerweile eine deutlich bessere Datengrundlage zur Verfügung als bei Einführung des G-DRG Systems. Zudem existieren technologisch ganz andere Möglichkeiten, um diese Daten zu verwerten. Unter anderem könnten diese Daten mit etablierten ökonometrischen Methoden bearbeitet, was so vor 15 Jahren bei Einführung des DRG-Systems nur sehr bedingt möglich war. Dem sollte bei der Weiterentwicklung des Systems Rechnung getragen werden.

2.3. Integration von Qualitätsorientierung in die Vergütung

Der Gesetzgeber hat durch das KHSG zahlreiche Elemente zur Verbesserung der Qualitätssicherung sowie zur Verbesserung der Anreize zur Erbringung einer qualitativ hochwertigen Versorgung vorgesehen, allerdings außerhalb der bisherigen Vergütungsstruktur. Möglicherweise resultierende (Fehl-)Anreize sollten allerdings dort korrigiert werden, wo sie entstehen. Ein Pay-for-performance System könnte so direkt in das G-DRG-System integriert werden und ein Parallelsystem obsolet machen. Auch hier gibt es bereits in anderen Ländern Erfahrungen, z.B. England (Milstein & Schreyögg 2015).

- Indikationsqualität
  Ein DRG-System bietet zahlreiche direkte und indirekte Stellhebel zur Förderung von Qualität bei der Aufnahme und Behandlung der Patienten. Zur Förderung der Indikationsqualität wäre es zum Beispiel förderlich, wenn anstelle der Intensität der Behandlung diagnose- bzw. indikationsbezogene Merkmale zur Zuordnung der Patienten verwendet würden. Beispielsweise könnten ICD/OPS codes für leitlinienrelevante klinische Informationen, z.B. Stärke des Wirbelgleitens (Grad nach Meyerding) mit Kodierverpflichtung, geschaffen werden.

- Prozessqualität
  Aber auch die Prozessqualität kann direkt gefördert werden. Ein Beispiel hierfür wären zum Beispiel Elemente in den Kodierrichtlinien, dass Krankenhäuser nur dann einen Patienten mit einem (STEMI) akuten Myokardinfarkt abrechnen dürfen, wenn eine Intervention beim Patienten (z.B. Stent) innerhalb von 90 Minuten nach Aufnahme erfolgt ist (kritische door-to-balloon). Krankenhäuser, die besser in der Lage sind Patienten mit (STEMI) akuten Myokardinfarkten gemäß der aktuellen medizinischen Evidenz zu behandeln, bekommen damit durchschnittlich einen größeren Teil der Krankenhausvergütung als Krankenhäuser, die nicht in der Lage sind, aktuelle medizinische Standards einzuhalten.

- Ergebnisqualität
  Um auch die Qualität der Behandlungsergebnisse zu fördern, könnten auch die Regelungen zur Wiederaufnahme bei Komplikationen vereinfacht (und damit manipulationssicher) gestaltet werden. Vielzählige Ausnahmen

machen es derzeit möglich, dass Krankenhäuser häufig eine Fallpauschale doppelt abrechnen können, obwohl Patienten nur kurz nach einer Entlassung wiederaufgenommen werden müssen. Das heißt, die aktuell definierte Regelung zur Fallzusammenführung ist zu eng definiert. Eine leicht andere Diagnose vermeidet eine vergütungsrelevante Fallzusammenführung. Dadurch führt nur ein kleiner Teil der Wiedereinweisungen zu einer Fallzusammenführung. Eine künftige Regelung zur Wiederaufnahme bei Komplikationen könnte dabei unabhängig von der kodierten Diagnose sein und sich auch über eine Periode von 30 Tagen hinausstrecken. Ausnahmen, z.B. bei Verkehrsunfällen sollten dennoch möglich sein, aber könnten im Sinne einer „Beweislastumkehr" gestaltet werden. Diese Art der Wiederaufnahme bei Komplikationen ist beispielsweise im DRG System der USA (Medicare) üblich. Diese Maßnahme wird als sehr effektiv eingeschätzt (Schreyögg, 2017).

2.4. Automatisierte und regional differenzierte Basisfallwerte

Eines der Hauptprobleme ist, dass der bisherige Kostenorientierungswert die tatsächliche Kostenentwicklung in den Krankenhäusern nicht spezifisch genug abbildet und daher als Basis für Vergütungsanpassung nur begrenzt geeignet erscheint. Eines der Grundprobleme ist, dass sich die im Kostenorientierungswert berücksichtigten Erzeugerpreise auf Warenkörbe beziehen, die sich auf die Volkswirtschaft insgesamt bzw. auf Dienstleistungen insgesamt beziehen, aber nicht die für den Krankenhausmarkt spezifischen Produkte und Dienstleistungen reflektieren. Diese sind allenfalls ein kleiner Teil der generalistischen Warenkörbe (Schreyögg, 2017).

Zudem haben die bisherigen Landesbasisfallwerte eine verzerrende Wirkung im Wettbewerb, da Einkaufspreise der Krankenhäuser zunehmend regional sehr unterschiedlich ausgeprägt sein können. Ein Krankenhaus in München rechnet nach dem gleichen Basiswert ab wie ein Krankenhaus 50 km östlich in einem sehr ländlichen Umfeld, obwohl dort einige Kostenkomponenten teilweise deutlich geringer sein können. Dies führt zu einer Benachteiligung spezialisierter Krankenhäuser in Ballungsräumen. Daher wäre eine Neuregelung der Anpassungen der Basisfallwerte zielführend.

Um den tatsächlichen regionalen Kostenunterschieden näher zu kommen, könnte ein Bundesbasisfallwert ermittelt werden, der dann mit einer automatisierten regionalen Komponente versehen würde. Das heißt, es müsste jährlich ein regionaler Preisindex aus einem Warenkorb von Produkten und Dienstleistungen berechnet werden, die Krankenhäuser für ihren Leistungserstellungsprozess beziehen. Beispielsweise werden sich die Preise für einen Reinigungsservice regional, z. B. nach Landkreisen, deutlich unterscheiden, während die Löhne für PflegerInnen (zumindest bisher) keiner großen Variation unterworfen sind (SVR Gesundheit, 2018).

Als Datengrundlage müsste auf die bei InEK vorliegende Kalkulationsstichprobe zurückgegriffen werden. Kosteninformationen aus der Kalkulationsstichprobe, z.b. zu Sachkosten, könnten in den Preisindex des Warenkorbs einfließen. Die Berechnungen sollten durch eine neutrale Instanz durchgeführt werden. Das Statistische Bundesamt wäre die passende Instanz, diesen Preisindex zu berechnen.

2.5. Mischvergütung für ausgewählte ambulant erbringbare Leistungen

In den letzten Jahren haben stationäre Fälle mit kurzer Verweildauer (24–47 h) mit 27% am stärksten zugenommen (2007–2012) (Schreyögg et al. 2014). Auch wenn das Potenzial zur Ambulantisierung nach ICD Kapiteln sehr unterschiedlich sein dürfte und die Evidenz zu dieser Thematik bisher gering ausgeprägt ist, ist es anzunehmen, dass gerade unter diesen Fällen ein substantielles Potential zur Ambulantisierung besteht. Dies kann auch deshalb angenommen werden, da in anderen Ländern bei ambulant erbringbaren Operationen ein deutlich höherer Anteil ambulant erbracht wird als in Deutschland (Brökelmann & Toftgaard, 2013). Obwohl der Gesetzgeber in den letzten Jahren zahlreiche Gesetzesänderungen zur Erleichterung der Vergütung von ambulanten Leistungen im Krankenhaus vorgenommen hat, ist die Zahl der ambulanten OPs im Krankenhaus in den letzten Jahren von 2007 bis 2016 nur 19% auf 1,96 Mio. gestiegen (Gesundheitsberichterstattung des Bundes, 2019). Offensichtlich sind die Vergütungsanreize derzeit so ausgerichtet, dass eine ambulante Erbringung von Leistungen, trotz der Gefahr der primären Fehlbelegungsmonita durch den MDK z.b. bei Kniearthroskopie, für Krankenhäuser nicht attraktiv erscheinen (Friedrich & Tillmanns 2016).

Zur Förderung der Ambulantisierung erscheint es sinnvoll, den Katalog von ambulant erbringbaren Prozeduren/Operationen gemäß § 115b SGB um bereits in anderen Ländern regelmäßig ambulant erbrachte Leistungen zu erweitern. Für diese Leistungen könnte dann eine Mischvergütung kalkuliert werden, die für Krankenhäuser und ambulante Leistungserbringer gleichermaßen gilt. Diese Mischvergütung sollte mit einer vollständigen Öffnung des Wettbewerbs zur Erbringung dieser Leistungen zwischen Arztpraxen und Krankenhäusern verbunden sein. Um einen fairen Wettbewerb zu gewährleisten, sollten die

Vergütungssätze für alle Leistungserbringer ausgehend von der Kostenstruktur des DRG-Systems kalkuliert werden. Dies würde auch Krankenhäusern die Möglichkeit zu kostendeckender Leistungserbringung geben und insgesamt den Anreiz zu ambulanter Erbringung erhöhen. Durch diese Vergütungsanreize entstünde eine neue Versorgungsstruktur vor allem zur Erbringung ambulanter Operationen. Sobald diese etabliert ist, könnte die Vergütung analog zum DRG-System über die Zeit entlang der Durchschnittskosten abgesenkt werden. Eine konventionelle stationäre Aufnahme verbunden mit einer Vergütung über DRGs sollte selbstverständlich in klar definierten Grenzen bei medizinischer Begründung, z.b. hohes Alter, weiterhin möglich sein (Schreyögg, 2017; SVR Gesundheit, 2018).

3. Ausblick

Neben den dargestellten Vorschlägen zur evolutorischen Weiterentwicklung des DRG-Systems erscheint es langfristig sinnvoll – auch angesichts der neuesten Entwicklungen in anderen Ländern – neue Wege in der Krankenhausvergütung zumindest zu sondieren.

Warum sollte beispielsweise nur der Fall honoriert werde und nicht auch andere Ziele der stationären Versorgung. Die Notwendigkeit der ausschließlichen Fokussierung auf die Erbringung eines Falles erschließt sich gerade aus versorgungspolitischer Perspektive nicht. Unter anderem könnte dabei die Leistung eines Krankenhauses in Bezug auf Verweildauer, Effizienz, Wartezeiten, PROMs, objektive Qualität (insb. Prozess- und Indikationsqualität) – Ziele die aus dem SGB für die stationäre Versorgung abgeleitet werden können – honoriert werden. In einigen Ländern, u.a. USA und Dänemark, bewegt man sich zunehmend in diese Richtung.

Es könnte außerdem auch Vergütungssysteme jenseits des DRG-Systems geben. Die im KHSG definierten Qualitätsverträge sind ein erster Schritt in diese Richtung. So wäre es denkbar, dass regionale und überregionale Verbünde mit Krankenkassen Budgets mit befreiender Wirkung verhandeln und im Rahmen dieser Verträge DRGs substituiert werden. Diese Option würde Krankenhäusern mehr Sicherheit bei mittelfristiger Planung des Umsatzes geben, sie hätten aber gleichzeitig das Risiko der Case-mix Veränderung zu tragen. Krankenkassen hätten unter Umständen höhere Ausgaben, könnten aber Sondervereinbarungen, u.a. zu Qualität und Verweildauern, schließen und würden so ihre Steuerungsmöglichkeiten verbessern. Dieser Wettbewerb der Vergütungssysteme wird z.B. in den USA seit einigen Jahren praktiziert.

Literatur

Brökelmann J, Toftgaard C (2013): Survey on incidence of surgical procedures and percentage of ambulatory surgery in 6 European countries. ambulatory surgery 19. 4: 116–20.

Busse R, Geissler A, Quentin W, Wiley M (eds.) (2015): Open University Press: New York.

Friedrich J und Tillmanns H (2016): Ambulante Operationen im Krankenhaus. In: Krankenhaus-Report 2016, Schwerpunkt: Ambulant im Krankenhaus., Klauber J, Geraedts M, Friedrich J, Wasem J (Hrsg.) Schattauer-Verlag: Stuttgart, S. 127–146.

Gesundheitsberichterstattung des Bundes (2019): Ambulante Operationen im Krankenhaus bei Versicherten der gesetzlichen Krankenversicherung, Leistungsfälle (Anzahl).

OECD Health Statistics (2018): Hospital aggregates. OECD: Paris

Koechlin F, Konijn P, Lorenzoni L, Schreyer P (2014): Comparing Hospital and Health Prices and Volumes Internationally: Results of a Eurostat/OECD Project. OECD Health Working Papers, No. 75. OECD: Paris.

Koechlin, F., L. Lorenzoni and P. Schreyer (2010): Comparing Price Levels of Hospital Services Across Countries: Results of Pilot Study. OECD Health Working, Papers, No. 53, OECD Publishing. http://dx.doi.org/10.1787/5km91p4f3rzw-en

Krämer J, Schreyögg J (2019): Demand-side determinants of rising hospital admissions in Germany: The role of ageing, online first in European Journal of Health Economics doi: 10.1007/s10198-019-01033-6

Milstein R, Schreyögg J (2016): Pay for performance in the inpatient sector: A review of 34 P4P programs in 14 OECD countries, Health Policy 120(10):1125–1140

Quentin W, Scheller-Kreinsen D, Busse R (2011): Technlogical Innovations in DRG-Based Hospital Payment Systems Across Europe, in: Diagnosis-Related Groups in Europe, Busse R, Geissler A, Quentin W, Wiley M (eds.). Open University Press: New York, S. 131–147.

Sachverständigenrat zur Begutachtung der Entwicklung im Gesundheitswesen (2018): Bedarfsgerechte Steuerung der Gesundheitsversorgung. Medizinisch-wissenschaftliche Verlagsgesellschaft: Berlin.

Schreyögg J (2017): Vorschläge für eine anreizorientierte Reform der Krankenhausvergütung. In: Klauber J, Geraedts M, Friedrich J, Wasem J (Hrsg.) Krankenhausreport 2017. Stuttgart: Schattauer: 13–24.

Schreyögg J, Bäuml M, Krämer J, Dette T, Busse R, Geissler A. (2014): Forschungsauftrag zur Mengenentwicklung nach § 17b Abs. 9 KHG. InEK: Siegburg.

Schreyögg J, Stargardt T, Tiemann O, Busse R (2006): Methods to determine reimbursement rates for diagnosis related groups (DRG): a comparison of nine European countries. Health Care Management Science 9 (3): 215–224.

Srivastava D, Müller M & Hewlett E (2016): Better Ways to Pay for Health Care, OECD Health Policy Studies. OECD Publishing: Paris.

Martin Litsch

Zeit zum Aufbruch – bedarfsgerechte Krankenhausstrukturen sind möglich

1. Einleitung

Die Krankenhausstruktur in Deutschland steht seit dem Gesetz zur Reform der Strukturen der Krankenhausversorgung (KHSG) im Fokus der politischen Akteure. Ferner hat der Gesetzgeber mit dem KHSG eine „Qualitätsagenda" für die künftige Krankenhausversorgung definiert. Mit dem Pflegepersonal-Stärkungsgesetz (PpSG) wurden Ende 2018 umfangreiche Änderungen der Finanzierung von Pflegekosten im Krankenhaus auf den Weg gebracht. Der vorliegende Beitrag umreißt für die genannten zentralen Handlungsfelder der aktuellen Krankenhauspolitik den Status quo im Rahmen einer kurzen Bestandsaufnahme. Es zeigt sich, dass wesentliche Reformvorhaben stocken und gleichzeitig öffentliche Debatte und tatsächlicher Reformbedarf auseinanderfallen. So bleiben wesentliche Strukturprobleme der stationären Versorgung trotz diverser gesetzlicher Maßnahmen ungelöst. Es zeigt sich ferner, dass das KHSG nur ein erster Schritt hin zu einer stärkeren Qualitätsorientierung in der stationären Versorgung sein kann. Klar ist im Bereich der Pflegekostenfinanzierung: Eine Erhöhung der finanziellen Ausgaben und die Wiedereinführung der Selbstkostendeckung alleine verändern noch keine Pflegestrukturen und führen nicht notwendiger Weise zu einer realen Verbesserung der Pflege am Bett der Patienten. Vor diesem Hintergrund formuliert der Beitrag zentrale Reformanstöße, wie bedarfsgerechte Krankenhausstrukturen zu erreichen sind.

2. Krankenhausstruktur: Wie geht's voran?

2.1 Bestandsaufnahme

In einer Vielzahl von Publikationen und Analysen wurde inzwischen belegt, dass der deutsche Krankenhausmarkt im europäischen Vergleich Spitzenreiter der Strukturkonservierung ist. Im Vergleich zu den europäischen Nachbarstaaten hat Deutschland die höchste Anzahl an Krankenhausbetten und eine der höchsten durchschnittlichen Verweildauern (vgl. Abbildung 1).

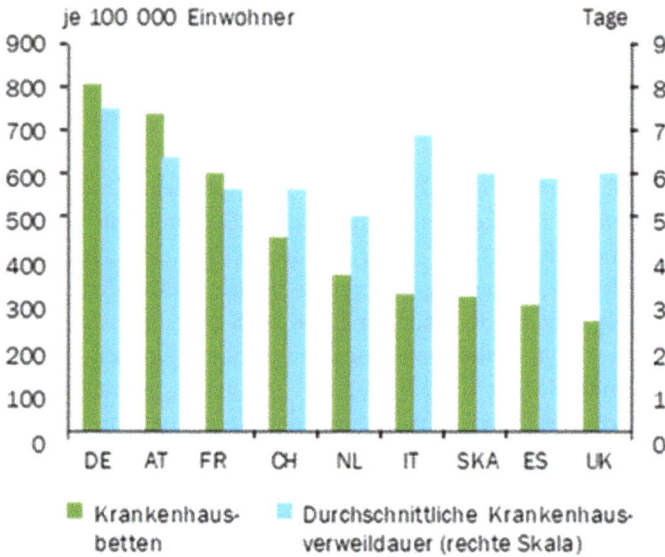

Abbildung 1: Anzahl der Krankenhausbetten und durchschnittliche Krankenhausverweildauer
Quelle: Sachverständigenrat zur Begutachtung der gesamtwirtschaftlichen Entwicklung 2018

In Deutschland hat sich zudem historisch eine sehr fragmentierte Krankenhauslandschaft mit sehr vielen kleinen Krankenhäusern (< 150 Betten) herausgebildet (vgl. Statistisches Bundesamt 2017). Auch die Verzahnung zwischen ambulanten und stationären Leistungsbereichen ist ein detailliert beschriebenes Problemfeld, das schon lange bekannt ist und durch diverse Gutachten aufgearbeitet wurde (vgl. Sachverständigenrat zur Begutachtung der Entwicklung im Gesundheitswesen 2012; Friedrich-Ebert-Stiftung 2017). Diese Strukturkomponenten wirken sich nachteilig auf die Mengenentwicklung aus: Seit Einführung des Fallpauschalensystems im Jahr 2003 ist eine wachsende Anzahl an stationären Krankenhausfällen zu beobachten, die nicht allein durch medizinische Indikationen zu erklären ist (vgl. Busse et al. 2016). Vor allem bei Eingriffen, wie dem Einsatz von künstlichen Herzklappen, künstlichen Hüft- oder Kniegelenken, belegt Deutschland im Vergleich zu den OECD-Staaten den Spitzenplatz (vgl. Sachverständigenrat zur

Zeit zum Aufbruch - bedarfsgerechte Krankenhausstrukturen sind möglich 43

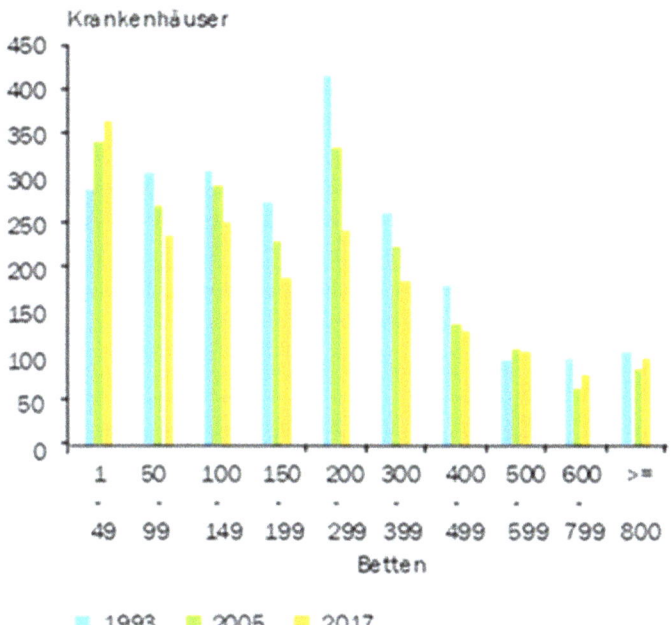

Abbildung 2: Entwicklung der Krankenhausstruktur nach Größenklassen der Krankenhäuser
Quelle: Sachverständigenrat zur Begutachtung der gesamtwirtschaftlichen Entwicklung 2018

Begutachtung der gesamtwirtschaftlichen Entwicklung 2018 und Kumar und Schoenstein 2013), der sich nicht allein durch die Bevölkerungsstruktur erklären lässt.

Klar ist auch, dass ein Großteil der aktuellen Strukturprobleme eng mit der aktuellen Praxis der Krankenhausplanung durch die Bundesländer verknüpft ist. Die derzeitige Planung der stationären Kapazitäten ist strukturkonservierend und orientiert sich kaum an Versorgungszielen. Zwar sollen die Bundesländer eine bedarfsgerechte Versorgung mit leitungsfähigen und wirtschaftlich selbstständigen Krankenhäusern sicherstellen, sie tragen jedoch unter den Rahmenbedingungen der aktuellen dysfunktionalen dualen Finanzierung keine Verantwortung für die Folgekosten von Strukturkonservierung. Vor diesem Hintergrund erfolgt die Krankenhausplanung derzeit nach dem Primat der

Standort- bzw. Arbeitsmarktpolitik, die für Landtags- und Kommunalwahlen entscheidend sind.

Neben der Überversorgung sind auch Unter- und Fehlversorgungstendenzen der deutschen Krankenhausstruktur gut belegt. Beispielhaft muss an dieser Stelle insbesondere auf das Reformfeld der Notfallmedizin verwiesen werden. Wie unter einem Brennglas verdichten sich hier die Probleme der Krankenhausversorgung: schlechte Patienteninformation, Doppelstrukturen, Föderalismusblockaden und fehlende Qualitätssicherungsmaßnahmen. Der völlig überforderte Patient sucht aufgrund fehlender Informationen navigationslos die Notfallambulanz des Krankenhauses auf, obwohl bei einem ambulanten Akutfall vielfach der kassenärztliche Bereitschaftsdienst die richtige Alternative ist. Die Rufnummer 112 koordiniert mehrheitlich die Rettungsdienste und Feuerwehren, eine Verzahnung existiert nur in ausgewählten Pilotregionen.

2.2 Reformanstöße

Fixpunkt der deutschen Krankenhausstrukturdebatte sind oftmals die Reformen, die in den letzten Jahren beispielsweise in Dänemark angestoßen wurden. In Dänemark wurde bereits vor 20 Jahren die Grundsatzentscheidung getroffen, dass durch eine Konzentration der Ressourcen verbunden mit einem Aufbau neuer größerer und effizienter Strukturen eine nachhaltige Versorgungslandschaft entstehen soll. Die Umsetzung der Reform geht mit einem hohen Maß an Zentralisierung, Spezialisierung und aktiver Steuerung einher. Die dänischen Erfahrungen bestätigen, dass eine Krankenhausplanung „von unten" oder durch die „unsichtbare Hand des Marktes" kein Erfolgsmodell für eine qualitätsorientierte Krankenhausstruktur ist (vgl. Berger et al. 2018). Zu groß sind die standort- und arbeitsmarktpolitischen Interessen der lokalen Entscheidungsträger am Erhalt jedweder Krankenhausstandorte. Zu wenig transparent bzw. evident sind die Qualitätsmängel dieser Einrichtungen.

Es stellt sich die Frage, inwiefern die Erfahrungen wie in Dänemark auf Deutschland übertragbar sind bzw. für eine Reform der deutschen Krankenhausstrukturen handlungsleitend sein können. Auch in Deutschland wurde mit dem im Jahr 2016 in Kraft getretenen KHSG der Versuch unternommen, wesentliche Fragen stärker auf der Bundesebene zu steuern. So verschiebt sich mit dem KHSG die landesplanerische Steuerung und Strukturierung der stationären Versorgung teilweise in Richtung einer bundesweiten Marktregulierung (Leber und Scheller-Kreinsen 2018). Schon die ersten zwei Umsetzungsjahre des KHSG machen jedoch deutlich, dass der Schlüssel zur Konzentration von

Krankenhausstrukturen nicht ausschließlich in einem bundesweiten Marktregulierungsansatz liegen kann, der Krankenhausstrukturen bis zur Einzelhausebene reguliert. So wurden beispielsweise mit den Sicherstellungszuschlägen zunächst klare Vorgaben zur Erreichbarkeit, zum Versorgungsbedarf und den notwendigen Vorhalten eines Krankenhauses erarbeitet, die um eine Prüfung der wirtschaftlichen Notwendigkeit zusätzlicher Finanzierung zu ergänzen war. Nachdem die ersten Umsetzungsergebnisse politisch der Krankenhausseite nicht angemessen erschienen, hat der Gesetzgeber beschlossen, dass die Kostenträger ab dem Jahr 2020 bedarfsnotwendigen Krankenhäusern auf dem Land, welche die Voraussetzungen für einen Sicherstellungszuschlag erfüllen, pauschal 400.000 Euro überweisen – ohne Mehrwert für den Versicherten. Eine Prüfung der wirtschaftlichen Notwendigkeit spielt keine Rolle mehr. Es zeigt sich: Detailplanung ohne Finanzierungsverantwortung ist auch auf Bundesebene nicht zielführend. Analog fällt die Bewertung des Strukturfonds aus. Er hat ebenfalls sein Ziel verfehlt, die Versorgungsstrukturen zu verbessern und stationäre Versorgungsangebote zu konzentrieren. Mit dem PpSG wurde der Krankenhausstrukturfonds nun sogar ganz offen umfunktioniert: Digitalisierung und Pflege sind damit auch förderfähig geworden. Es zeichnet sich eine weitere Zweckentfremdung der Finanzmittel ab, die nicht zu einer Strukturreform beitragen werden. Damit wird ein von der Idee sinnvolles Instrument mit dem Ziel, Strukturanpassungen zu fördern, in das Gegenteil verkehrt.

Ferner wurden mit dem KHSG vielen Maßnahmen auf den Weg gebracht, die mit hohem Aufwand Regelungen für Detailprobleme definieren, während zentrale Strukturprobleme unangetastet bleiben. Es wurde zwar eine gestufte Notfallversorgung durch bundeseinheitliche Regelungen auf den Weg gebracht, diese wird aber auch künftig nicht verhindern, dass weiterhin über 20.000 Herzinfarkt-Patienten jährlich in Krankenhäuser eingeliefert und behandelt werden, die über keinen Linksherzkathedermessplatz verfügen (vgl. Mansky et al. 2016) und damit für die Behandlung der Patienten nicht ausreichend ausgerüstet sind.

Statt einer detailreichen bundeseinheitlichen Regulierung ist für eine zielgerichtete Reform der Krankenhausstrukturen an folgenden Punkten anzusetzen:

1. Bundesweite Regelungen müssen sich auf praktikable Rahmenvorgaben konzentrieren, statt Detailregelungen für die Einzelhausebene vorzugeben.
2. Ausgehend von einem qualitätsorientierten Zielbild muss die Zahl der Krankenhäuser reduziert werden, allerdings nicht nur durch Schließung, sondern auch durch Spezialisierung und Zentralisierung der Kapazitäten.

3. Die Rolle von Krankenhäusern der Grundversorgung muss neu definiert werden. Sie müssen künftig im Segment ambulanter und kurzstationärer Behandlungen tätig werden, u.a. auch, um die Notfallstrukturen patientenorientiert gestalten zu können.
4. Der Aufbau gestufter regionaler Versorgungsnetze mit einem Maximalversorgungshaus muss stärker gefördert werden.

Nicht zu erwarten ist, dass die eine grundlegende Reform der Krankenhausstruktur durch eine Grundgesetzänderung zur Neuordnung der Krankenhausplanung oder der dualen Finanzierung eingeleitet wird. Vielmehr ist es naheliegend, dass sich die qualitätsorientierten Akteure des Gesundheitswesens auf ein gemeinsames Zielbild für die künftige Krankenhausstruktur verständigen müssen und offensiv dafür eintreten. Als Grundlage dient das, was die Nationale Akademie der Wissenschaften Leopoldina in ihrem Thesenpapier zum Verhältnis von Medizin und Ökonomie gut zusammengefasst hat: „Die Gesundheitsversorgung braucht klare und verlässliche politische Rahmensetzungen, innerhalb derer ein Qualitätswettbewerb stattfinden kann." (vgl. Busse et al 2016).

3. Die KHSG-„Qualitätsagenda" zum Erfolg führen?

3.1 Bestandsaufnahme

Mit dem KHSG wurde auch die Leitidee eines „qualitätsorientierten Krankenhausstrukturumbaus" bzw. die Entwicklung einer „qualitätsorientierten Versorgungssteuerung" verbunden. Für die Umsetzung der Agenda wurden dem G-BA und Vertragsparteien auf Bundesebene umfangreiche Aufgaben übertragen (vgl. Klakow-Franck 2017). Einige wichtige darunter sind:

- Entwicklung von planungsrelevanten Qualitätsindikatoren (§ 136c Abs. 1+2),
- Indikatoren zur Beurteilung der Hygienequalität (§ 136a Abs. 1),
- Auswahl von vier Leistungen für Qualitätsverträge (§ 136b Abs. 8),
- Auswahl von Leistungen für eine qualitätsabhängige Vergütung (§ 136b Abs. 1+9),
- MDK-Prüfverfahren (Qualitätskontrolle) (§ 137 Abs. 3),
- Rechtssichere Ausgestaltung der Mindestmengen (§ 136b Abs. 1+3+4),
- Vereinbarung für Zentren und besondere Aufgaben (§ 9 Abs. 1a Nr. 2 KHEntgG),
- Stufensystem für Notfallversorgung (§ 136c Abs. 4).

Drei Jahre nach Inkrafttreten der Reform sind viele Regelungen noch nicht erfolgreich umgesetzt und wesentliche Ziele nicht erreicht, die auf reformierte Strukturen oder verbindliche Standards und damit auf eine bessere Qualität in der Patientenversorgung zielen.

So will zum Beispiel nur jedes dritte Bundesland die planungsrelevanten Qualitätsindikatoren anwenden, wie es im Gesetzestext angelegt ist. Allerdings hatte schon der Gesetzgeber Opt-out Optionen für die Länder ermöglicht, auf die sie sich – wie es zu erwarten war – jetzt berufen. Durch die gesetzlichen Vorgaben konnten planungsrelevante Qualitätsindikatoren weiterentwickelt werden. Die Entwicklung von ganz neuen Indikatoren durch das IQTIG, die Einführung durch den G-BA und die Umsetzung durch die Länder wird Jahre dauern. Zwischen Inkrafttreten des KHSG und wirklichen Veränderungen in der Versorgungsstruktur kann also bis zu einem Jahrzehnt Zeit verstreichen. Das ist kein Paradebeispiel für notwendige Strukturanpassungen. Dennoch fördern wir den Grundsatz der Berücksichtigung von Qualitätsaspekten auch in der Krankenhausplanung.

Ein anderes Beispiel sind die Regelungen zu Mindestmengen. Für Mindestmengen bei komplexen Behandlungen hat das KHSG verbindlichere Vorgaben gemacht. Kliniken, die spezialisierte Operationen zu selten durchführen und damit die Qualität der Leistungserbringung, die im Zusammenhang mit der Menge der erbrachten Leistung steht, nicht einhalten können, verlieren den Vergütungsanspruch. So weit so gut. Aber der Prozess von der Beantragung einer Mindestmenge über die Bearbeitung im G-BA bis zur reellen Umsetzung in der Versorgung benötigt auch hier Jahre. Bei mehreren Leistungsbereichen kann der Zusammenhang zwischen Menge und Qualität schon jetzt nachgewiesen werden, so dass die Einführung des einfachen aber wirkungsvollen Instrumentes Mindestmengen schneller erfolgen könnte. Auf Kasseninitiative sind immerhin die Leistungsbereiche Lungenkrebs- und Brustkrebsoperationen im G-BA in Bearbeitung. Während führende Fachgesellschaften für Brustkrebs-Operationen mindestens 100 Eingriffe jährlich fordern, kommt ein gutes Drittel der Kliniken kaum auf 20 Fälle pro Jahr. Das ist unhaltbar im Sinne der Qualität und Patientensicherheit.

3.2 Reformanstöße

Insgesamt kann konstatiert werden, dass die Qualitätsagenda drei Jahre nach Inkrafttreten in relevanten Punkten noch nicht umgesetzt wurde und die anfängliche Euphorie verschwunden ist. Der klare politische Wille zu einer ernsthaften

Reform der Krankenhausstrukturen unter Einbezug von wesentlichen Qualitätsaspekten ist nicht sichtbar.

Die Qualitätsagenda muss weiter gestärkt und vorangetrieben werden. Dabei darf das KHSG nur ein erster Schritt hin zu einer stärkeren Qualitätsorientierung in der stationären Versorgung bleiben. Der Kurs muss trotz Widerstände beibehalten werden. Nachgewiesene Qualitätsmängel bei der Patientenversorgung müssen zu echten Konsequenzen führen.

4. Pflege im Krankenhaus weiterdenken

4.1 Bestandsaufnahme

Seit vielen Jahren wird die Situation der Pflege im Krankenhaus diskutiert. Gleichzeitig ist sie Gegenstand einer Vielzahl von Reformen, die neue Regelungen für die Aus- und Weiterbildung und für die Pflegekostenfinanzierung umfassen. So wurden alleine im Bereich der Pflegekostenfinanzierung mehr als ein halbes Dutzend Maßnahmen auf den Weg gebracht, um die Pflege im Krankenhaus zu stärken. Wesentliche Maßnahmen waren: Die Berücksichtigung des Pflegekomplexmaßnahmen-Scores (PKMS) im Rahmen der Fallpauschalenvergütung, die Einführung des Pflegezuschlags, die Pflegestellenförderprogramme I und II, die Sachkostenkorrektur inklusive der Mittelumverteilung auf die Personalbereiche im Krankenhaus, die Einführung von Zusatzentgelten für besonders aufwendige Pflege.

Schon ohne die Regelungen, die mit dem PpSG auf den Weg gebracht wurden, stehen den Krankenhäusern durch diese Maßnahmen – verglichen mit dem Stand von 2015 – bereits mehr als eine Milliarde Euro pro Jahr zusätzlich für die Pflege zur Verfügung (vgl. Abbildung 3). Neben weiteren finanziellen Maßnahmen zur Stärkung der Pflege im Krankenhaus (bspw. vollständige Refinanzierung von Tarifsteigerung) implementierte der Gesetzgeber Strukturreformen und Qualitätsvorgaben. So wurden in den Jahren 2017 und 2018 das Pflegeberufereformgesetz und eine Rechtsverordnung zu den Pflegepersonaluntergrenzen für pflegesensitive Bereiche (PPUG) im Krankenhaus verabschiedet. Darüber hinaus wurde die Konzertierte Aktion Pflege unter Federführung der Bundesministerien für Gesundheit, Arbeit und Soziales sowie Familie, Senioren, Frauen und Jugend initiiert, die die Reformanstrengungen im Bereich der Pflege sektorenübergreifend vorantreiben soll.

Zeit zum Aufbruch- bedarfsgerechte Krankenhausstrukturen sind möglich 49

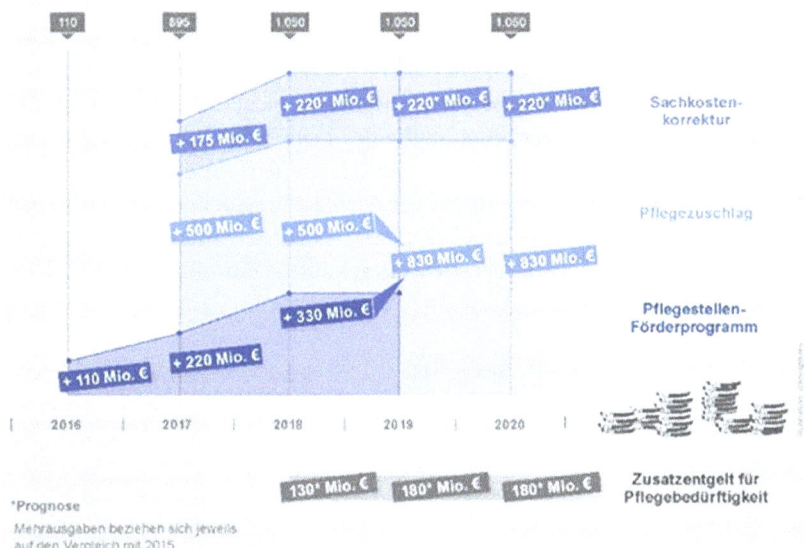

Abbildung 3: Finanzielle Maßnahmen zur Stärkung der Pflege im Krankenhaus
Quelle: Eigene Darstellung des AOK-Bundesverband

Ende 2018 wurde aufsetzend auf diesen Reformen mit dem PpSG eine fundamentale Veränderung der Pflegefinanzierung auf den Weg gebracht. Die Pflegepersonalkosten der Krankenhäuser sind aus den Fallpauschalen herauszulösen und ab dem Jahr 2020 unabhängig von diesen zu vergüten. Die Finanzierung des künftigen Pflegebudgets erfolgt somit nach dem Selbstkostendeckungsprinzip. Im Rahmen der Ausgliederung wird rund ein Fünftel der Krankenhauskosten aus dem Fallpauschalenkatalog ausgegliedert. Dies entspricht einer Größenordnung von circa 15 Mrd. Euro.

Ausgangspunkt fast aller gesetzgeberischen Aktivitäten im Pflegebereich ist die These, dass die stationäre Versorgung in Deutschland an einer unzureichenden Pflegeausstattung krankt, die sich nachteilig auf die Patientenversorgung und die Arbeitsbedingungen in der Pflege auswirkt. Es lohnt daher eine kurze Bestandsaufnahme.

Die Einführung leistungsbezogener Fallpauschalen ab 2003 hat ohne Zweifel wesentliche Wirtschaftlichkeitspotenziale in den Kliniken gehoben und damit den Wettbewerb in der stationären Krankenhausversorgung intensiviert. Auch in der Pflege kam es zu umfangreichen Veränderungen. Dennoch legen internationale Vergleiche nahe, dass, bei aller Unschärfe der Datengrundlagen in Deutschland, die Personalausstattung insgesamt nicht unterdurchschnittlich ist. Beispielsweise konstatiert eine Studie des Leibniz Institut für Wirtschaftsforschung (RWI) zum Fachkräftebedarf im Gesundheits- und Sozialwesen 2030 im Auftrag des Sachverständigenrates zur Begutachtung der gesamtgesellschaftlichen Entwicklung aus dem Jahr 2018, dass in deutschen Krankenhäusern im OECD-Vergleich durchschnittlich viele Pflegekräfte je Einwohner tätig sind (vgl. Abbildung 4).

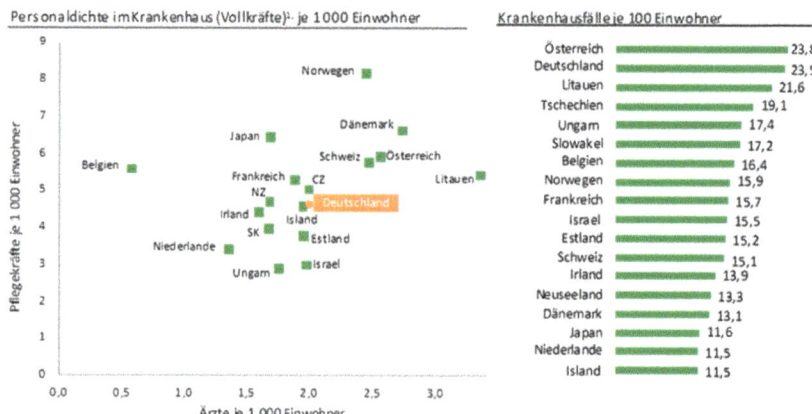

Abbildung 4: Personaldichte im Krankenhaus und Krankenhausfälle
Quelle: Darstellung in Anlehnung an Augurzky et al. (2018) – Anmerkungen:

Jeweils aktuellstes Jahr (2015 oder 2016). Daten zu Belgien und Dänemark aus 2014. Grundlage: Ärzte und Pflegekräfte im Krankenhaus (Vollzeitäquivalente).

Deutschland belegt auch im europäischen Vergleich bzgl. des Verhältnisses von Pflegekräften zur Einwohnerzahl einen Platz im Mittelfeld (vgl. Albrecht 2018). Bezieht man die ambulante Pflege ein, belegt Deutschland innerhalb der EU sogar einen der vorderen Plätze, lediglich Dänemark und Finnland haben mehr Pflegepersonal (ambulant und stationär) im Verhältnis zur Bevölkerung (vgl. Abbildung 5). Mit den vorhandenen Ressourcen werden gleichwohl

Zeit zum Aufbruch- bedarfsgerechte Krankenhausstrukturen sind möglich 51

überdurchschnittlich viele stationäre Patienten versorgt (vgl. Augurzky und Kolodziej 2018). Gleichzeitig sind die Pflegepersonalressourcen auf überdurchschnittlich viele kleine Krankenhäuser verteilt. Der intensiv diskutierte Pflegepersonalmangel im Krankenhaus liegt also zumindest teilweise in einer mangelnden Konzentration von akutstationären Krankenhausstrukturen begründet.

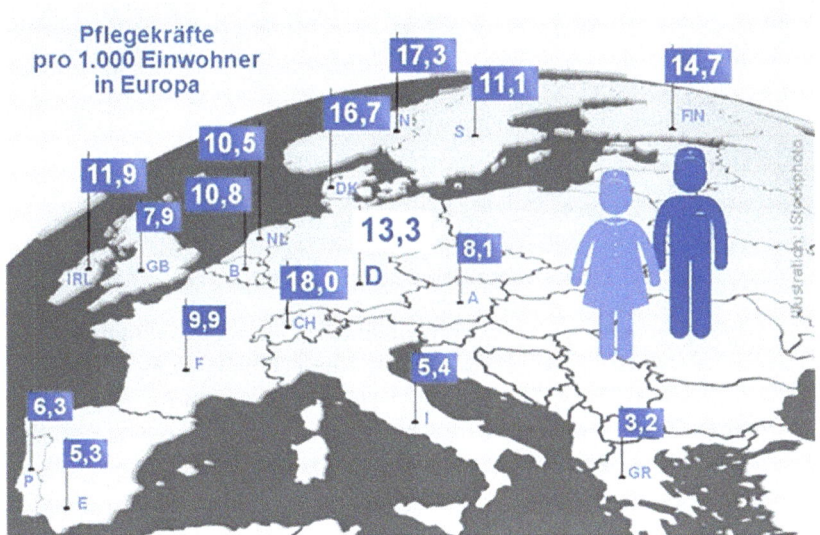

Abbildung 5: Verhältnis von Pflegepersonal (ambulant und stationär) zur Einwohnerzahl
Quelle: Eigene Darstellung des AOK-Bundesverbandes; OECD 2017

Ein weiterer Punkt dürfte sein, dass es hinsichtlich der Personalausstattung in der Pflege enorme Unterschiede zwischen den Krankenhäusern gibt. Nur so ist beispielsweise zu erklären, warum die Arbeitsanforderungen von Pflegenden selbst zumindest in Teilen des Krankenhausmarktes als extrem belastend und patientengefährdend eingestuft wird, obwohl die Anzahl der in der Pflege Beschäftigten auch im Verhältnis zu den Pflegetagen seit 2007 kontinuierlich angestiegen ist (vgl. Abbildung 6).

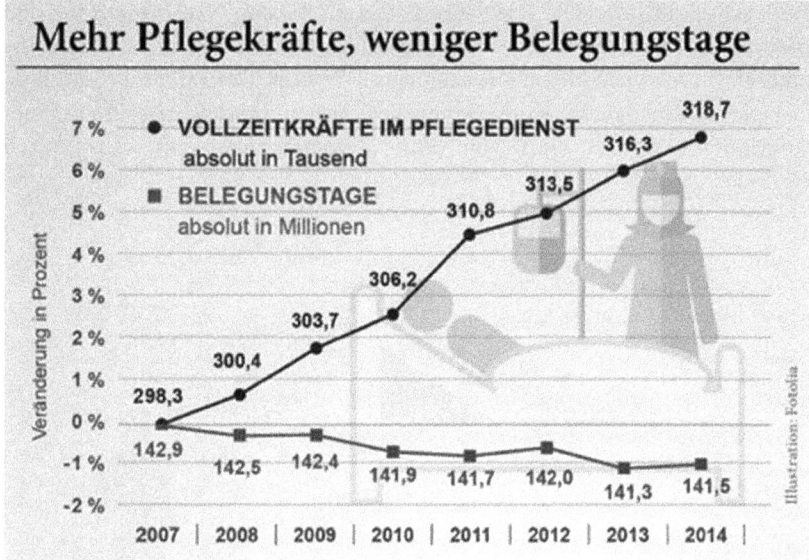

Abbildung 6: Pflegekräfte und Belegungstage
Quelle: Eigene Darstellung des AOK-Bundesverbandes; Blickpunkt Klinik 0/3 2015

4.2 Reformanstöße

Ausgabenseitig ist die Wiedereinführung des Selbstkostendeckungsprinzips zur Finanzierung der Pflegepersonalkosten mit einer Vielzahl an Fehlanreizen und Risiken verbunden, die bereits in früheren Zeiten in der Krankenhausfinanzierung aufgetreten sind. So ist ein Rückschritt bzw. eine Rückabwicklung von Prozessinnovationen zu befürchten, die zu einer Entlastung der Pflegekräfte geführt hat. Krankenhausträger haben nun einen Anreiz, Aufgaben, die beispielsweise vom Servicepersonal übernommen wurden, wieder auf neu eingestellte, vollfinanzierte Pflegekräfte zu verlagern. Problematisch ist darüber hinaus die drohende Doppelfinanzierung von Personalkosten über das fortbestehende DRG-System und das künftige Pflegebudget.

Ob die Pflegekostenausgliederung wirklich die Pflege am Bett stärken wird, ist zweifelhaft. Schon heute sind auf dem Arbeitsmarkt im Pflegebereich kaum Bewerber zu finden. Die Arbeitsmarktstatistik der Bundesagentur für Arbeit weist für das Jahr 2018 einen Fachkräfteengpass für den Pflegebereich aus. So wurden in der Berufsgruppe Gesundheits-, Krankenpflege, Rettungsdienst und Geburtshilfe (die in einer Sparte geführt werden) ca. 15.700 offene Stellen gemeldet. Im Vergleich zu 2012 ist dies ein Anstieg von 59 Prozent (vgl. Bundesagentur für Arbeit 2019).

Vor diesem Hintergrund wird sich die Pflegepersonalausstattung wohl nur entscheidend verändern können, wenn sich auch die Krankenhausstruktur grundlegend ändert. Nur durch weniger, dafür größere Abteilungen an zentralen Krankenhäusern, können Synergieeffekte erzielt werden und zu einem rationaleren Personaleinsatz und damit zu einer besseren Personalausstattung mit angemessener Bezahlung und verlässlichen Dienstzeiten führen, um so eine Entlastung im Pflegebereich zu erzielen. Darüber hinaus können auf Basis dieser Strukturen auch die vielfach öffentlich diskutierten Probleme im Bereich der Nacht- und Wochenenddienste und bei der Kompensation von Auslastungsschwankungen effektiv angegangen werden. Mit der Pflege-Ausbildungsreform wird die berufsfeldübergreifende Ausbildung möglich, allerdings müssen die Kompetenzen und die Durchlässigkeit bei der Berufsausübung weiter gestärkt werden. Dazu zählt auch die Delegation medizinischer Leistungen.

5. Fazit

Zentrale Reformfelder der Krankenhauspolitik der 19. Legislaturperiode und absehbar der 20. Legislaturperiode sind bedarfsgerechte Krankenhausstrukturen, eine stringente Qualitätsorientierung und die Rolle und Finanzierung der Pflege in der stationären Versorgung. Die vorliegende Bestandsaufnahme belegt, dass die wesentliche Grundlage für erfolgreiche Reformen in allen Handlungsfeldern eine stringente Strukturreform sein muss. Die Strukturreform wird die finanziellen Investitionen ermöglichen, um auch die Potenziale der Digitalisierung im Sinne der Patienten und Versicherten zu nutzen und adäquate Versorgungsstrukturen dauerhaft im ländlichen Raum zu sichern.

Die Strukturreform ist zudem essentieller Kern einer qualitätsorientierten Krankenhauspolitik.

Sie minimiert Patientengefährdung durch den Ausschluss von Gelegenheitsversorgung.

Sie ermöglicht durch Zentralisierung eine Versorgung von komplexen Fällen in Zentren, die sich aufgrund von Erfahrung sowie von besonderen personellen und strukturellen Ressourcen tatsächlich von anderen Krankenhäusern abheben.

Nur durch eine Strukturreform kann ferner eine bessere Pflegepersonalausstattung erreicht und eine Entlastung im Pflegekräfte erzielt werden. So können auch die vielfach öffentlich diskutierten Probleme im Bereich der Nacht- und Wochenenddienste effektiv angegangen werden.

Es braucht partei- und akteursübergreifend den politischen Mut, die notwendigen Strukturveränderungen anzugehen. Der Staat – verantwortlich für die Krankenhausplanung – muss sich auch finanziell endlich seiner Verantwortung stellen.

Der Austausch der letzten Jahre im Rahmen der Bad Orber Gespräche legt nahe, dass das gelingen kann.

6. Literatur

Albrecht M. (2018): Potenziale für mehr Wettbewerb im Gesundheitswesen. Expertise für den Sachverständigenrat zur Begutachtung der gesamtwirtschaftlichen Entwicklung, Arbeitspapier 05/2018.

Augurzky B. und Kolodziej I. (2018): Fachkräftebedarf im Gesundheits- und Sozialwesen 2030. Expertise für den Sachverständigenrat zur Begutachtung der gesamtwirtschaftlichen Entwicklung, Arbeitspapier 06/2018.

Augurzky B., Mensen A., Pilny A., Schmidt C. M., Wuckel C. und Krolop S. (2018): Krankenhaus Rating Report 2018 – Personal – Krankenhäuser zwischen Wunsch und Wirklichkeit. Heidelberg: medhochzwei.

Berger E., Busse R., Finger B., Focke K. und Geissler A. (2018): Krankenhaus: Impulse aus Dänemark für Deutschland, in: Gesundheit und Sozialpolitik. 19–24.

Blickpunkt Klinik 0/3 2015, AOK-Bundesverband

Bundesagentur für Arbeit (2019): Berichte: Arbeitsmarkt nach Berufen. Februar 2019. Nürnberg. Abrufbar: https://statistik.arbeitsagentur.de/nn_31892/SiteGlobals/Forms/Rubrikensuche/Rubrikensuche_Suchergebnis_Form.html?view=processForm&resourceId=210358&input_=&pageLocale=de&topicId=287986&region=&year_month=201902&year_month.GROUP=1&search=Suchen [Stand: 13.03.2019]

Busse R., Ganten D., Huster S., Reinhardt E. R., Suttorp N. und Wiesing U. (2016): Zum Verhältnis von Medizin und Ökonomie im deutschen Gesundheitssystem. 8 Thesen zur Weiterentwicklung zum Wohle der Patienten und der Gesellschaft. Nationale Akademie der Wissenschaften Leopoldina.

Friedrich-Ebert-Stiftung (2017): PATIENT FIRST! Für eine patientengerechte sektorenübergreifende Versorgung im deutschen Gesundheitswesen. Abrufbar: http://library.fes.de/pdf-files/wiso/13280.pdf [Stand: 15.03.2019].

Hoffmann H., Passlick B., Ukena D. und Wesselmann S. (2018): Mindestmengen in der Thoraxchirurgie: Argumente aus der deutschen DRG-Statistik. In: Dormann F, Klauber J und Kuhlen R (Hrsg.). Qualitätsmonitor 2018. Berlin. 103–120.

Klakow-Franck R. (2018): Umsetzung der KHSG-Qualitätsagenda durch G-BA und IQTIG. In: Dormann F, Klauber J und Kuhlen R (Hrsg.). Qualitätsmonitor 2018. Berlin. 3–18.

Kumar A. und Schoenstein M. (2013): Managing hospital volumes: Germany and experiences from OECD countries. OECD Health Working Paper No. 64. OECD Publishing. Organisation für wirtschaftliche Zusammenarbeit und Entwicklung. Paris.

Leber W.-D., Scheller-Kreinsen D. (2018) Von der Landesplanung zur algorithmischen Marktregulierung, in Krankenhausreport 2018: Bedarf und Bedarfsgerechtigkeit. Schattauer-Verlag. Stuttgart, 101–130.

Malzahn J. und Heyder R. (2018): Krankenhauspolitik im neuen Koalitionsvertrag: Wohin geht die ordnungspolitische Reise?. In: Gesundheit und Sozialpolitik. 72 (2). 15–20.

Mansky, T., Drogan D., Nimpsch, U., Günster, C. (2016): Eckdaten stationärer Versorgungsstruktur für ausgewählte Krankheitsbilder in Deutschland: in Dormann F, Klauber J.: Qualitätsmonitor 2017. Berlin

Sachverständigenrat für die gesamtwirtschaftliche Entwicklung (2018): Jahresgutachten 2018/2019: Vor wichtigen wirtschaftspolitischen Weichenstellungen. Abrufbar: https://www.sachverstaendigenrat-wirtschaft.de/fileadmin/dateiablage/gutachten/jg201819/JG2018-19_gesamt.pdf [Stand: 15.03.2019].

Sachverständigenrat zur Begutachtung der Entwicklung im Gesundheitswesen (2012): Sondergutachten: Wettbewerb an der Schnittstelle zwischen ambulanter und stationärer Gesundheitsversorgung. Abrufbar: http://dip21.bundestag.de/dip21/btd/17/103/1710323.pdf [Stand: 15.03.2019].

Slowik M., Wehner C., Fahlenbrach C. und Richard S. (2018): Sektorenübergreifende Neuordnung der Notfallmedizin. In: Klauber J, Geraedts, Friedrich J und Wasem J (Hrsg.). Krankenhaus-Report 2018. Berlin. 233–255.

Eberhard Wille und Gregor Thüsing

Demographische Kriterien versus vertragsärztliche Behandlungsdiagnosen – Hinweise zur Gewichtung der Faktoren nach § 87a Abs. 4 S. 3 SGB V

1. Worum geht es

Die Krankenkassen, die Landesverbände der Krankenkassen und die Kassenärztliche Vereinigungen (KÄV) sind gemäß § 87a Abs. 3 S. 1 SGB V für die jährliche Vereinbarung der morbiditätsbedingten Gesamtvergütung, die von den Krankenkassen an die jeweilige KÄV für die gesamte vertragsärztliche Versorgung der Versicherten in dem jeweiligen KÄV-Bezirk zu zahlen ist, zuständig. Hierzu bedarf es gemäß § 87a Abs. 3 S. 2 SGB V neben dem Punktwert, der gemäß § 87a Abs. 2 S. 1 SGB V zu bestimmen ist, als Grundlage einer Vereinbarung des mit der Zahl und der Morbiditätsstruktur der Versicherten verbundenen Behandlungsbedarfs. Unter Behandlungsbedarf ist dabei der Umfang der medizinisch notwendigen Leistungsmengen zu verstehen, aus denen sich, bewertet mit dem vereinbarten Punktwert, die zu zahlende morbiditätsbedingte Gesamtvergütung ergibt.[1] In § 87a Abs. 4 SGB V finden sich verbindliche Vorgaben für die Vereinbarung des Behandlungsbedarfs: Dieser ist grundsätzlich nicht jährlich neu, sondern anhand des Behandlungsbedarfs des Vorjahres festzusetzen, § 87a Abs. 4 S. 1 SGB V; sofern sich aber Veränderungen – insbesondere der Morbiditätsstruktur, § 87a Abs. 4 S. 1 Nr. 2 SGB V – ergeben, muss eine Anpassung vorgenommen werden. Welche Faktoren bei der Ermittlung einer Veränderung der Morbiditätsstruktur berücksichtigt werden müssen, normiert § 87a Abs. 4 S. 3 SGB V: So ist die jahresbezogene Veränderung der Morbiditätsstruktur im jeweiligen KÄV-Bezirk zum einen auf der Grundlage der vertragsärztlichen Behandlungsdiagnosen gemäß § 295 Abs. 1 S. 2 SGB V, zum anderen auf der Grundlage demografischer Kriterien (Alter und Geschlecht) im Rahmen einer gewichteten Zusammenfassung der vom Bewertungsausschuss als Empfehlungen nach § 87a Abs. 5 S. 2–4 SGB V mitgeteilten Raten zu bestimmen,

---

1 Bergmann/Pauge/Steinmeyer/Altmiks, Gesamtes Medizinrecht, 3. Auflage 2018, § 87a SGB V Rn. 15.

wobei gemäß § 87a Abs. 4 S. 4 SGB V noch weitere für die ambulante Versorgung relevante Morbiditätskriterien herangezogen werden können.

Ob die beiden Kriterien Diagnostik und Demografie, die i. S. v. § 87a Abs. 4 S. 3 SGB V zwingend in die Abwägungsentscheidung einfließen müssen, oder weitergehend noch: gleichgewichtig berücksichtigt werden sollen, ist nicht eindeutig: Im Rahmen der Anpassung des Behandlungsbedarfs für die Jahre 2010 und 2011 nach § 87d Abs. 2 S. 2 SGB V in der Fassung des GKV-FinG hat der Gesetzgeber für die Faktoren eine jeweils hälftige Gewichtung verbindlich vorgeschrieben und davon noch einen Abschlag genommen.[2] Die Gesetzesbegründung zur Neufassung des § 87a SGB V erwähnt die Mitteilung der Parameter dagegen nicht mehr.[3] Ob vor diesem Hintergrund (noch) von einem Erfordernis der hälftigen Gewichtung ausgegangen werden kann, erscheint zweifelhaft. Die Frage, zu welchem Anteil die beiden Faktoren in die Bewertung einfließen sollen, beantwortet das Gesetz jedenfalls nicht – und sie findet auch in Rechtsprechung und Literatur bislang wenig Beachtung.

2. Rechtliche Vorgaben der Gewichtung

2.1 Die Entscheidung des BSG, Urteil vom 13.08.2014 – B 6 KA 6/16 R als Ausgangspunkt

Dem Wortlaut des Gesetzes ist dies jedenfalls nicht zu entnehmen. Und auch den Materialien nicht. Wer ein bestimmtes Verhältnis der Berücksichtigung beider Kriterien fordert, der argumentiert damit klar „uphill". Die sich mangels ausdrücklicher gesetzlicher Regelung ergebenden Schwierigkeiten im Hinblick auf die Gewichtung der Faktoren *vertragsärztliche Diagnosen* und *Demografie* wurden insbesondere in dem Urteil des BSG vom 13.08.2014 (Az.: B 6 KA 6/14 R) offenbar: Hierbei hat das BSG zunächst festgestellt, bei der Anpassung des Behandlungsbedarfs müsse gemäß § 87a Abs. 4 S. 1 SGB V stets an den vereinbarten und bereinigten Behandlungsbedarf des Vorjahres angeknüpft werden (*Prinzip der Vorjahresanknüpfung*).[4] Weiter sei die Veränderung der

---

2 BT-Drucks. 17/3040, S. 24; ursprünglich war eine Halbierung des Durchschnittswertes, der sich aus den vertragsärztlichen Behandlungsdiagnosen und den demografischen Kriterien ergibt, auf 0,75% vorgesehen; im Gesetzgebungsverfahren fand indes eine Erhöhung auf 1,25% statt, vgl. BT-Drucks. 17/3696, S. 46.
3 BT-Drucks. 17/6906, S. 63 f.
4 BSG, Urteil v. 13.08.2014 – B 6 KA 6/14 R, juris, Rn. 22, 32 ff.; s. auch BSG, Urteil v. 10.5.2017 – B 6 KA 14/16, juris, Rn. 39; hierauf hat der Gesetzgeber mittlerweile mit der durch das GKV-VSG eingeführten Konvergenzregelung in § 87a Abs. 4a SGB

Morbiditätsstruktur gemäß § 87a Abs. 4 S. 3 SGB V jeweils jahresbezogen auf der Grundlage einer gewichteten Zusammenfassung vertragsärztlicher Behandlungsdiagnosen und demografischer Kriterien (Alter und Geschlecht) zu vereinbaren.[5] Eine Zusammenfassung erfordere dabei bereits dem Wortsinne nach das Einfließen beider Werte in die Veränderungsrate, sodass das Außerachtlassen eines Kriteriums nicht in Betracht komme.[6] Bei der Vereinbarung der gewichteten Zusammenfassung komme den Parteien ein großer Beurteilungsspielraum zu; gleichwohl müssten sachgerechte Gründe angeführt werden, die gerade die Aussagekraft der beiden Faktoren für die gegenüber dem Vorjahr eingetretenen Veränderungen der Morbiditätsstruktur widerspiegeln.[7] Angesichts der Schwierigkeit, sachgerechte Gründe hierfür zu finden, dürfe jedenfalls für den Regelfall eine hälftige Gewichtung dieser Faktoren vorgenommen werden, was bedeutet, dass die Rate der Veränderung der Morbiditätsstruktur so festgesetzt wird, dass sie von der niedrigeren der vom Bewertungsausschuss mitgeteilten Rate gleich weit entfernt ist wie von der höheren.[8] Abweichungen von diesem Mittelwert seien zulässig, aber begründungsbedürftig. An diese Begründung dürften zwar nicht allzu hohe Anforderungen gestellten werden, aber sie müsse nachvollziehbar sein und unter Angabe der berücksichtigten Tatsachen vorgebracht werden; insbesondere dürfe sie sich nicht in dem Hinweis auf die in den Vorjahren unzureichend berücksichtigte Morbidität erschöpfen.[9]

a) Die Entscheidung und ihr Ergebnis

Im Ergebnis enthält die Entscheidung gleichwohl nicht mehr als einen Willkürausschluss: Das BSG statuiert lediglich, dass mit dem GKV-VStG vertragsärztliche Behandlungsdiagnosen als den demografischen Kriterien gleichberechtigte Faktoren aufgenommen worden seien, die gemäß § 87a Abs. 4 S. 3 SGB V bei der Vereinbarung der Veränderung der Morbiditätsstruktur zu berücksichtigen seien.[10] Anknüpfend an die Schwierigkeit, die sich bei der Bewertung der Anpassungsparameter stellt, könne entsprechend der gesetzgeberischen Wertung „für

---

V reagiert, s. hierzu Bergmann/Pauge/Steinmeyer/Altmiks, Gesamtes Medizinrecht, 3. Auflage 2018, § 87a SGB V Rn. 18.
5 BSG, Urteil v. 13.08.2014 – B 6 KA 6/14 R, juris, Rn. 46, 58; s. auch BSG, Urteil v. 10.5.2017 – B 6 KA 14/16, juris, Rn. 40.
6 BSG, Urteil v. 13.08.2014 – B 6 KA 6/14 R, juris, Rn. 59.
7 BSG, Urteil v. 13.08.2014 – B 6 KA 6/14 R, juris, Rn. 61.
8 BSG, Urteil v. 13.08.2014 – B 6 KA 6/14 R, juris, Rn. 61.
9 BSG, Urteil v. 13.08.2014 – B 6 KA 6/14 R, juris, Rn. 60 ff.
10 BSG, Urteil v. 13.08.2014 – B 6 KA 6/14 R, juris, Rn. 62.

den Regelfall weiterhin von einer hälftigen Gewichtung beider Faktoren ausgegangen werden"[11] – eine Verpflichtung zur hälftigen Berücksichtigung nennt das BSG aber gerade nicht. Im Gegenteil: Eine Vereinbarung, die von der Mittelung abweicht, sei zulässig, und müsse lediglich unter Anführung „nachvollziehbarer Gründe" dargelegt werden.[12] Dabei müsse unter Angabe der zu berücksichtigenden Tatsachen begründet werden, inwiefern das eine Kriterium im Falle der überwiegenden Berücksichtigung die Veränderung der Morbiditätsstruktur besser abbilde als das andere.[13] Indem aber von einer ausdrücklichen Verpflichtung zur hälftigen Berücksichtigung abgesehen wird, wird deutlich, dass es wohl weniger auf die starre Orientierung an einem Mittelwert ankommen soll; vielmehr soll sichergestellt werden, dass die anteilige Berücksichtigung beider Kriterien auf sachgerechten Gründen beruht und sich nicht als willkürliche Gewichtung darstellt. Die Grenze der Willkür ist aber erst dann erreicht, wenn die Entscheidung unter keinem rechtlichen Aspekt mehr vertretbar ist und sich deswegen der Schluss aufdrängt, dass sie auf sachfremden Erwägungen beruht.[14] Dass hierfür eine hälftige Berücksichtigung erforderlich ist, erschließt sich gerade nicht.

b) Kommentierende Literatur ist spärlich

In der Literatur ist die Entscheidung auf wenig Resonanz gestoßen: So weist etwa *Freudenberg* lediglich unter Verweis auf die genannte BSG-Entscheidung daraufhin, dass sowohl die vertragsärztlichen Behandlungsdiagnosen als auch demografische Kriterien bei der Ermittlung der Veränderung der Morbiditätsstruktur Berücksichtigung finden müssten; unzulässig sei es, *allein* auf einen Faktor abzustellen. Dagegen sei die Festsetzung des Mittelwertes als Veränderungsrate „unbedenklich zulässig", obgleich Abweichungen unter Angabe nachvollziehbarer Gründe und der berücksichtigten Tatsachen möglich seien.[15] Ebenso führt *Engelhart-Au* aus, dem Erfordernis, dass beide Werte in die Veränderungsrate einfließen müssen, sei dadurch Genüge getan, dass sich die Vertragsparteien am Mittelwert zwischen den beiden Parametern orientierten.[16] Gleichwohl komme

---

11 BSG, Urteil v. 13.08.2014 – B 6 KA 6/14 R, juris, Rn. 62.
12 BSG, Urteil v. 13.08.2014 – B 6 KA 6/14 R, juris, Rn. 62; LSG Bayern, Urteil v. 21.1.2016 – L 12 KA 29/13 KL, juris, Rn. 69.
13 BSG, Urteil v. 13.08.2014 – B 6 KA 6/14 R, juris, Rn. 61.
14 S. etwa BSG, Beschluss v. v. 12.4.2018 – B 3 KR 46/17 B, BeckRS 2018, 8470, Rn. 6.
15 Schlegel/Voelzke/Freudenberg, jurisPK-SGB V, 3. Auflage 2016, § 87a Rn. 109.
16 LPK-SGB V/Engelhart-Au, 5. Auflage 2016, § 87a Rn. 20.

den Parteien bei der Bewertung der Kriterien aber ein großer, durch die Sozialgerichtsbarkeit nur eingeschränkt überprüfbarer Beurteilungsspielraum zu.[17] Auch *Altmiks*[18] und *Schröder*[19] verweisen für den Regelfall auf den Mittelwert zwischen den vom Bewertungsausschuss festgesetzten Veränderungsraten, erachten aber nachvollziehbar begründete Abweichungen als zulässig. *Engelhard* legt zwar dar, dass die im Rahmen von § 87a Abs. 4 S. 3 SGB V vorzunehmende Abwägung auf sachgerechten Kriterien beruhen muss und das BSG aufgrund der Schwierigkeit, sachgerechte Gründe zu finden, im Regelfall eine hälftige Gewichtung als zielführend erachtet;[20] eine ausführliche Begründung für die Orientierung am Mittelwert wird indes nicht angeführt.

c) Eine erste Einordnung: ein unvollständiges Judikat

Legt man die Entscheidung des BSG und die vereinzelten Äußerungen in der Literatur zugrunde, wird die unvollständige Begründung der hälftigen Gewichtung der Anpassungsparameter offenbar: In der Neufassung des § 87a SGB V findet sich zwar in Abs. 4 S. 3 die Vorgabe, sowohl vertragsärztliche Behandlungsdiagnosen als auch demografische Kriterien in die zusammenfassende Gewichtung einzubeziehen. Jedoch wird weder dem Wortlaut der Norm noch der Gesetzesbegründung zur Neufassung nach eine hälftige Gewichtung verlangt. Dass das BSG von einer hälftigen Berücksichtigung ausgeht, lässt sich nur anhand eines historischen Blicks auf die Norm erklären: Wie bereits erwähnt, bestand für die Anpassung des Behandlungsbedarfs für die Jahre 2010 und 2011 eine Sonderregelung in § 87d SGB in der Fassung des GKV-FinG. Auch hier erschöpft sich der Wortlaut des § 87d Abs. 2 S. 2 SGB V in der Fassung des GKV-FinG aber in der Vorgabe, zur Ermittlung des Behandlungsbedarfs des Jahres 2011 müsse „der für das Jahr 2010 vereinbarte, bereinigte und basiswirksam um 1,25 Prozent erhöhte Behandlungsbedarf je Versicherten mit der voraussichtlichen Zahl der Versicherten der Krankenkasse im Jahr 2011 multipliziert" werden. Das Erfordernis der Mittelung der Anpassungsparameter ergibt sich erst aus einem Zusammenspiel mit der Gesetzesbegründung: In dieser wird aufgeführt, dass der aufgrund von Veränderungen der Morbiditätsstruktur vorzunehmende

---

17 LPK-SGB V/Engelhart-Au, 5. Auflage 2016, § 87a Rn. 21.
18 Bergmann/Pauge/Steinmeyer/Altmiks, Gesamtes Medizinrecht, 3. Auflage 2018, § 87a SGB V Rn. 16.
19 Rolfs/Giesen/Kreikebohm/Udsching/Schröder, BeckOK Sozialrecht, 49. Edt., Stand: 01.03.2018, § 87a SGB V Rn. 11.
20 Hauck/Noftz/Engelhard, SGB V, Stand: 08/16, § 87a Rn. 100b f.

Zuwachs auf „der hälftigen Gewichtung der bisherigen Anpassungsparameter (Diagnosen, Demographie) und der Begrenzung der Wirksamkeit des daraus folgenden Ergebnisses auf die Hälfte"[21] beruht. Eine Orientierung an einem Mittelwert sah die Gesetzesbegründung zur alten Fassung mithin ausdrücklich vor, wogegen es in der Gesetzesbegründung zu § 87a SGB V an einer solchen Vorgabe fehlt. Indem das BSG für den Regelfall eine hälftige Berücksichtigung der Faktoren annimmt, stützt es sich also weder auf den Wortlaut noch auf die Gesetzesbegründung der aktuellen Fassung – was vermuten lässt, dass die Wertung der damaligen Gesetzesbegründung insbesondere aus dem Grund übernommen wurde, dass es in der aktuellen Fassung an einer verbindlichen Vorgabe bezüglich der Gewichtung fehlt.

Der Entscheidung kann aber nicht – wie das Bundesversicherungsamt (BVA) aber in einem Rundschreiben an alle bundesunmittelbaren Krankenkassen feststellt – entnommen werden, dass eine „begründete Abweichungsbefugnis von der gemittelten [...] Gewichtung nur in Ausnahmesituationen"[22] besteht. Das sagt das BSG nicht: Vielmehr muss eine Abweichung „nachvollziehbar und unter Angabe der berücksichtigten Tatsachen begründet werden"[23]. Dass die Entscheidung begründet werden muss, weist aber nicht zwangsläufig auf ihren Ausnahmecharakter hin.

3. Konsequenzen der Entscheidung

Damit zeigt sich bereits in einer ersten Sichtung der vorhandenen Materialen: Der Spielraum der Gewichtung ist vorhanden und die Vorgaben der Rechtsprechung letztlich weit. Aufzuzeigen sind damit die Konsequenzen der BSG-Entscheidung: Darzulegen ist, dass eine Vorgabe lediglich in der Begründung, nicht jedoch im Ergebnis besteht (I. 2. a)). Sodann ist zu erörtern, welche Anforderungen an die Qualität der Begründung zu stellen sind (I. 2. b)), um dies schließlich anhand der Gesetzesbegründung zu belegen (I. 2. c)).

---

21 BT-Drucks. 17/3040, S. 24.
22 BVA, Rundschreiben an alle bundesunmittelbaren Krankenkassen v. 13.9.2018 „Anforderungen der Rechtsaufsicht an die Vereinbarung zur Gesamtvergütung mit den Kassenärztlichen Vereinigungen für das Jahr 2019", S. 4. Abrufbar https://www.bundesversicherungsamt.de/fileadmin/redaktion/Krankenversicherung/Rundschreiben/20180913RundschreibenVersorgungsvertraege.pdf (abgerufen am: 6.11.2018).
23 BSG, Urteil v. 13.08.2014 – B 6 KA 6/14 R, juris, Rn. 62.

3.1

a) Keine strenge Linie der hälftigen Berücksichtigung: eine Vorgabe in der Begründung, nicht im Ergebnis

In seiner Entscheidung statuiert das BSG letztlich eine Vorgabe in der Begründung, nicht jedoch im Ergebnis: Wie bereits dargelegt, sieht der Wortlaut des § 87a Abs. 4 S. 3 SGB V keine verbindliche Quote für die jeweilige Berücksichtigung der Faktoren *vertragsärztliche Behandlungsdiagnosen* und *Demografie* vor. Das BSG geht aufgrund der Schwierigkeit des Anführens eines Sachgrundes für das Überwiegen eines Bewertungsfaktors für den Regelfall von einer Mittelung aus.[24] Damit legt es gleichwohl keine verbindliche Quotelung fest; vielmehr zeigt die Argumentation des Gerichts, dass der Ausschluss willkürlicher Entscheidungen maßgeblich ist. Indem das BSG eine Abweichung vom Mittelwert als möglich, aber begründungsbedürftig erachtet,[25] wird deutlich, dass eben keine strenge Linie der hälftigen Berücksichtigung verfolgt wird. Im Gegenteil: Den Parteien soll gerade ein Gestaltungsspielraum hinsichtlich der Gewichtung zustehen, damit z. B. Aspekte einer qualitätsgesicherten Kodierung von Behandlungsdiagnosen oder statistische Effekte, die nicht Ausdruck einer Veränderung der Morbiditätsstruktur sind, angemessen Berücksichtigung finden können.[26]

Als rein statistischer Effekt kommt insbesondere das sog. „Up-Coding" bzw. „Right-Coding" in Betracht, welches sich auf die Dokumentation durch die Leistungserbringer bezieht.[27] Unter Right-Coding ist die lückenlose, sachgerechte Kodierung der behandelten Erkrankungen zu verstehen, Up-Coding bedeutet die fahrlässige oder auch vorsätzliche Kodierung von mehr oder höher gewerteten Diagnosen und Leistungen, sofern dies nicht mit den rein tatsächlich behandelten Erkrankungen beziehungsweise erbrachten Leistungen übereinstimmt.[28]

Wenn nun im Rahmen der gewichteten Zusammenfassung i.S.v. § 87a Abs. 4 S. 3 SGB V starr auf den Mittelwert der Anpassungsfaktoren abgestellt würde, liefen

---

24 BSG, Urteil v. 13.08.2014 – B 6 KA 6/14 R, juris, Rn. 62.
25 BSG, Urteil v. 13.08.2014 – B 6 KA 6/14 R, juris, Rn. 62; LSG Bayern, Urteil v. 21.1.2016 – L 12 KA 29/13 KL, juris, Rn. 69.
26 Schlegel/Voelzke/Freudenberg, jurisPK-SGB V, 3. Auflage 2016, § 87a Rn. 110; Bergmann/Pauge/Steinmeyer/ Altmiks, Gesamtes Medizinrecht, 3. Auflage 2018, § 87a SGB V Rn. 16.
27 Hierzu auch Bergmann/Pauge/Steinmeyer/Altmiks, Gesamtes Medizinrecht, 3. Auflage 2018, § 87a SGB V Rn. 16.
28 Hauck/Noftz/Engelhard, SGB V, Stand: 08/16, § 87a Rn. 62, 100b; Partsch, G+G 12/07, 29, 33.

die Vertragsparteien etwa im Fall des Up-Codings Gefahr, die Angemessenheit der Gewichtung zu vereiteln – insoweit muss also die Möglichkeit bestehen, eine von der hälftigen Berücksichtigung abweichende Bewertung vorzunehmen. Um dabei willkürliche Gewichtungen aber auszuschließen, muss die Verpflichtung zur Begründung der Abwägungsentscheidung sichergestellt werden.

b) Vorgaben zur Qualität der Begründung: „Nachvollziehbarkeit" und „Angabe der zu berücksichtigenden Tatsachen" als Ausschluss von Willkür

Eine Vorgabe findet sich nicht nur in Bezug auf das grundsätzliche Erfordernis einer Begründung, sondern auch hinsichtlich der Qualität der Begründung: Diese muss nachvollziehbar sein und die berücksichtigten Tatsachen angeben.[29] Indes werden hierdurch keine hohen Anforderungen aufgestellt;[30] es genügt, wenn die für das Abwägungsergebnis relevanten Gründe wenigstens „andeutungsweise erkennbar"[31] sind. Dabei bildet gemäß § 87a Abs. 4 S. 1 SGB V der vereinbarte und bereinigte Behandlungsbedarf des Vorjahres den Anknüpfungswert, sodass die Gründe für die Übergewichtung eines Faktors sich auch gerade auf die Veränderung der Morbiditätsstruktur gegenüber dem Vorjahr beziehen müssen. Die Begründung muss also gerade nachvollziehbar darlegen, inwiefern ein Kriterium die Morbiditätsveränderung besser abbildet als das andere. Vorausgesetzt wird zudem, dass „tragfähige Tatsachenfeststellungen getroffen werden, auf deren Grundlage die Abwägung vorgenommen wurde"[32]. Wenn also ein nachvollziehbarer Grund angeführt wird, muss sich dieser auch auf eine Tatsachenbasis stützen. Nur so könne eine gerichtliche Überprüfung des Gestaltungsspielraums i. S. d. Art. 19 Abs. 4 GG erfolgen.[33]

---

29 BSG, Urteil v. 13.08.2014 – B 6 KA 6/14 R, juris, Rn. 62.
30 So auch BSG, Urteil v. 13.08.2014 – B 6 KA 6/14 R, juris, Rn. 61; BSG, Urteil v. 10.5.2017 – B 6 KA 14/16, juris; BSG, Ureil v. 29.11.2017 – B 6 KA 42/16 R, BeckRS 2017, 146668 Rn. 26; LSG Nordrhein-Westfalen, Urteil v. 7.6.2017 – 11 KA 50/16, BeckRS 2017, 128575, Rn. 40.
31 BSG, Urteil v. 13.08.2014 – B 6 KA 6/14 R, juris, Rn. 61; Urteil v. 16.7.2003 – B 6 KA 29/02 R, juris, Rn. 21; BSG, Ureil v. 29.11.2017 – B 6 KA 42/16 R, BeckRS 2017, 146668 Rn. 26; LSG Nordrhein-Westfalen, Urteil v. 7.6.2017 – 11 KA 50/16, BeckRS 2017, 128575, Rn. 40.
32 BSG, Urteil v. 13.08.2014 – B 6 KA 6/14 R, juris, Rn. 60.
33 BSG, Urteil v. 13.08.2014 – B 6 KA 6/14 R, juris, Rn. 61; BSG, Ureil v. 29.11.2017 – B 6 KA 42/16 R, BeckRS 2017, 146668 Rn. 26; LSG Nordrhein-Westfalen, Urteil v. 7.6.2017 – 11 KA 50/16, BeckRS 2017, 128575, Rn. 40.

Insofern wird deutlich, dass im Mittelpunkt der *Ausschluss willkürlicher Entscheidungen* steht: Dass das BSG für den Regelfall eine hälftige Gewichtung vorsieht, begründet es unter anderem mit der Schwierigkeit, sachgerechte Kriterien für die vorzunehmende Gewichtung zu finden. Dies verdeutlicht, dass die hälftige Gewichtung nur dann erfolgen soll, wenn eine Übergewichtung eines Faktors nicht logisch begründet und auf keine Tatsachengrundlage gestützt werden kann – maßgeblich ist also, dass legitime, nicht notwendig gewichtige oder gar zwingende Gründe für die Bestimmung der Quoten bestehen. Hierbei kommen alle Gründe in Betracht, die geeignet sind, die Sinnhaftigkeit der Übergewichtung eines Faktors nachvollziehbar zu belegen – und nachvollziehbar ist alles, was sich nicht als willkürlich darstellt.

Eben dies macht deutlich, dass das BVA die Rechtsprechung des BSG deutlich zu streng interpretiert: Die Abweichung von der jeweils hälftigen Berücksichtigung gilt ganz sicher nicht nur für „Ausnahmesituationen"[34] – sondern in jedem Fall, in dem sich die Vertragspartner die Mühe der Begründung machen, und eben diese Begründung nicht willkürlich ist. Es gibt keine Regel hälftiger Berücksichtigung sondern nur den Grundsatz: Wenn eine hälftige Berücksichtigung erfolgt, dann ist hier eine Erläuterung der Gewichtung entbehrlich, ansonsten muss eine Begründung erfolgen – und hierbei reicht eben jeder rational nachvollziehbare Grund, der dem Ziel der Regelung entspricht. Alles andere lässt sich weder dem Gesetz noch der Rechtsprechung entnehmen.

c) Anwendungsbereich: Schiedsamtsentscheidungen und einvernehmliche Verträge – Aber unterschiedliche Art und Dichte des Nachweises

Dies gilt dann sowohl für Schiedsamtsentscheidungen als auch für vertragliche Vereinbarungen der Versicherungsträger: Ob die Voraussetzung der Anführung von Gründen im Falle einer vom Mittelwert abweichenden Bestimmung auch für den einvernehmlichen Abschluss von Gesamtverträgen gilt, ist zwar noch nicht höchstinstanzlich geklärt. Man mag daher argumentieren, das Begründungserfordernis, das das BSG zur Sicherstellung des Willkürausschlusses statuiert, erfasse lediglich Schiedsamtsentscheidungen. So könnte man zwar darauf hinweisen, das BSG habe bislang nur für Schiedsamtsentscheidungen ein solches

---

34 BVA, Rundschreiben an alle bundesunmittelbaren Krankenkassen v. 13.9.2018 „Anforderungen der Rechtsaufsicht an die Vereinbarung zur Gesamtvergütung mit den Kassenärztlichen Vereinigungen für das Jahr 2019", S. 4. Abrufbar https://www.bundesversicherungsamt.de/fileadmin/redaktion/Krankenversicherung/Rundschreiben/20180913RundschreibenVersorgungsvertraege.pdf (abgerufen am: 6.11.2018).

Begründungserfordernis aufgestellt[35] und vor diesem Hintergrund könnte erwogen werden, eine Übertragung des Erfordernisses auf einvernehmlich abgeschlossene Gesamtverträge ausschließlich zum Zwecke der Rechtsaufsicht laufe dem gesetzlichen Gestaltungsspielraum der Selbstverwaltungspartner zuwider.[36] Hierbei bliebe aber zu beachten, dass Schiedsamtsentscheidungen als Surrogate zu vertraglichen Einigungen lediglich den Vertragsinhalt in dem Umfang bestimmen, in dem keine Einigung der Vertragsparteien zustande gekommen ist.[37] Das BSG geht in ständiger Rechtsprechung davon aus, dass der Schiedsspruch bei fehlender Einigung der Vertragsparteien den Gesamtvertrag ersetzt, dem Schiedsamt folglich der gleiche Gestaltungsspielraum zukommen muss wie den Vertragspartnern im Falle der gütlichen Einigung.[38] Bereits vor mehr als 40 Jahren formulierte das BSG: „Leitbild für das Gestaltungsermessen des [Schiedsamts] ist demnach die Vertragsfreiheit der Vertragspartner im Rahmen der gesetzlich vorgesehenen Beschränkungen"[39] – dann aber wäre es nur konsequent, das qualifizierte Begründungserfordernis gleichermaßen für vertragliche Einigungen und Schiedsamtsentscheidungen zu fordern. Weiter noch: Wenn der Schiedsspruch ein bloßes Surrogat darstellt, erscheint die Anlegung unterschiedlicher Maßstäbe systemwidrig. Zum anderen wird nicht ersichtlich, inwiefern der den Versicherungsträgern zu gewährende Gestaltungsspielraum durch die bloße Angabe nachvollziehbarer Gründe beschränkt werden könnte: Der zusammenfassenden Gewichtung der Kriterien i.S.v. § 87a Abs. 4 S. 3 SGB V, also der Festlegung der jeweiligen Berücksichtigungsquote eines Anpassungsparameters, müssen zur Gewährleistung willkürfreier Entscheidungen zwangsläufig rationale Gründe zugrunde liegen. Das Bedürfnis nach der Sicherstellung eines Willkürausschlusses – und hierin liegt der Zweck des qualifizierten Begründungserfordernisses – besteht sowohl bei Schiedssprüchen als auch bei vertraglichen Einigungen. Ein Beurteilungsspielraum hinsichtlich der konkreten

---

35 S. bsplw. BSG, Urteil v. 13.8.2014 – B 6 KA 6/14 R, juris, Rn. 62.
36 Zur Gewährung eines Beurteilungsspielraums s. etwa BSG, Urteil v. 28.6.2000 – B 6 KA 64/98 R, BeckRS 2000, 41349.
37 BSG, Urteil v. 30.10.1963 – 6 RKa 4/62, BSGE 20, 73 (76 f.); Urteil v. BSG, Urteil v. 18.9.1973 – 6 RKa 11/72, BeckRS 1973, 346, Rn. 16; Urteil v. 27.4.2005 – B 6 KA 42/04 R, NZS 2006, 270, 271; Becker/Kingreen/Kingreen, SGB V, 6. Aufl. 2018, § 89 Rn. 18.
38 Grundlegend BSG, Urteil v. 30.10.1963 – 6 RKa 4/62, BSGE 20, 73 (76 f.); Urteil v. BSG, Urteil v. 18.9.1973 – 6 RKa 11/72, BeckRS 1973, 346, Rn. 16; Urteil v. 27.4.2005 – B 6 KA 42/04 R, NZS 2006, 270, 271.
39 BSG, Urteil v. 18.9.1973 – 6 RKa 11/72, BeckRS 1973, 346, Rn. 16.

Gewichtung muss dabei unabhängig davon gewährt werden, ob die Gründe offengelegt werden.

Damit bleibt für die Praxis freilich ein wichtiger, für die Praxis vielleicht entscheidender Unterschied zu beachten: An den Nachweis der Willkür ausschließenden Gründe sind bei einer Schiedsamtsentscheidung andere Anforderungen zu setzen als bei einer einvernehmlich durch die Selbstverwaltungspartner getroffenen Vereinbarung. Denn eine Schiedsamtsentscheidung kann und muss insoweit begründet werden – bei einer einvernehmlichen Entscheidung ist eine Begründung nicht erforderlich; für sie gilt § 19 Abs. 1 SchiedsAmtsO nicht.[40] Hier kann die Einigung schlicht durch das gegenseitige Nachgeben begründet sein und die sachliche Position, die Willkür ausschließt, der jeweils einen oder anderen Seite, aus dem Gesamtzusammenhang der Vereinbarung oder deren ursprünglicher Verhandlungsposition herleitbar sein. Schon das Verhandeln mit dem ernsthaften Willen zur Einigung erfordert regelmäßig eine Begründung der eigenen, in die Verhandlung eingebrachten Position. Wird diese dann in der Einigung übernommen, bedarf es insoweit nicht nochmaliger Dokumentation für das Ergebnis der Verhandlung und die Gründe, wieso es dazu kam. Der Prüfungsmaßstab ist also derselbe, der Nachweis kann ein ganz anderer sein. Die Rechtsaufsicht kann also einen Gesamtvertrag nicht schon allein deswegen beanstanden, weil er nicht begründet worden ist.

d) *Bestätigung durch Entstehungsgeschichte und Gesetzeszweck*

Dass gerade keine verbindliche Quote hinsichtlich der Gewichtung der Anpassungsfaktoren vorgeschrieben werden soll, vielmehr der Ausschluss von Willkür für die Festlegung der Gewichtung genügen müssen, belegt die Entstehungsgeschichte der Norm: In der Gesetzesbegründung zu § 87d Abs. 2 S. 2 SGB V in der Fassung des GKV-FinG, der Sonderregelung für die Bestimmung des Behandlungsbedarfs für die Jahre 2010 und 2011, wurde – wie bereits dargelegt – von einer hälftigen Gewichtung ausgegangen. Diese Vorgabe wurde in der Gesetzesbegründung zu § 87a SGB V nicht mehr aufgenommen, was den

---

40 BSG, Urt. v. 09.12.2004 – B 6 KA 44/03 R, juris Rn. 57 mit Verweis auf BVerfG, B. v. 22.10.2004 – 1 BvR 528/04: „In diesem Sinne fordert das Bundessozialgericht für einvernehmliche Verträge auch keine Begründungspflicht Es führt hierzu aus: „Ungeachtet dessen ist bei Rechtsnormen grundsätzlich nur entscheidend, ob die Regelungen objektiv sachlich gerechtfertigt sind. Ihnen müssen objektiv ausreichende Erwägungen zu Grunde liegen, und die zur Erreichung der verfolgten Ziele gewählten Mittel müssen angemessen sein. Auf die Überlegungen des Normgebers im Einzelnen kommt es nicht an. Ihn trifft grundsätzlich keine Begründungspflicht."

Schluss zulässt, dass die hälftige Berücksichtigung nicht mehr zwingend den Ausgangspunkt der Bewertung bilden muss. Weiter noch: Man könnte erwägen, dass der Gesetzgeber nunmehr gänzlich von einer grundsätzlichen Mittelung absehen will – jedenfalls aber kann eine solche nicht mehr als verbindliche Vorgabe angesehen werden. Zudem: Nach § 87a Abs. 5 S. 1 Nr. 2, S. 2 SGB V in der Fassung des GKV-WSG oblag es dem Bewertungsausschuss, das Verfahren zur Festsetzung von Veränderungen der Morbiditätsstruktur zu beschließen. In der aktuellen Fassung beschließt der Bewertungsausschuss gemäß § 87a Abs. 5 S. 1 SGB V Empfehlungen, anhand derer die Krankenkassen, die Landesverbände der Krankenkassen und die KV gemäß § 87a Abs. 4 S. 3 SGB V eine gewichtete Zusammenfassung vornehmen. In der Gesetzesbegründung zur Neuregelung wird ausdrücklich aufgeführt, bei der jahresbezogenen Festsetzung der Veränderung der Morbiditätsstruktur handele es sich um eine „regional auszuhandelnde [] Festlegung einer konkreten zusammenfassenden Gewichtung der als Verhandlungsempfehlungen zur Morbiditätsentwicklung den regionalen Vertragspartnern mitgeteilten Raten"[41]. Hiermit wollte der Gesetzgeber eine erhöhte Flexibilität und Kompetenz der Krankenkassen und der KV bei der Vereinbarung der Gesamtvergütung – unter gleichzeitiger Abschwächung der Kompetenzen des Bewertungsausschusses – bezwecken.[42] Indem die vom Bewertungsausschuss mitgeteilten Raten nunmehr dem Wortlaut des § 87a Abs. 4 S. 3 SGB V nach lediglich Empfehlungen darstellen, wird deutlich, dass dem Gesetzgeberwillen entsprechend den Vertragspartnern im Vergleich zur Vorgängerregelung ein großer Gestaltungsspielraum zustehen soll[43] – der hinsichtlich der gewichteten Zusammenfassung eine Abweichung von früher verbindlichen starren Quoten ermöglichen muss und seine Grenze in der Willkür findet.

Der dem Gesetzgeberwillen entsprechenden Einräumung eines großen Gestaltungsspielraums bei der Abwägung i. R. v. § 87a Abs. 4 S. 3 SGB V steht auch ein jüngeres Urteil des BSG vom 10.05.2017 (Az.: B 6 KA 14/16 R) nicht entgegen: Hier hat das BSG entschieden, dass die Vertragspartner an die vom Bewertungsausschuss mitgeteilten demografischen und behandlungsbezogenen Veränderungsraten für die Anpassung des Behandlungsbedarfs im jeweiligen KV-Bezirk gebunden sind.[44] Die Vertragsparteien

---

41 BT-Drucks. 17/6906, S. 63.
42 BT-Drucks. 17/6906, S. 63; hierzu auch Eichenhofer/Wenner/Motz, SGB V, 2. Auflage 2016, § 87a Rn. 24; Hauck/Noftz/Engelhard, SGB V, Stand: 08/16, § 87a Rn. 84; LPK-SGB V/Engelhart-Au, 5. Auflage 2016, § 87a Rn. 1.
43 So auch Hauck/Noftz/Engelhard, SGB V, Stand: 08/16, § 87a Rn. 105 unter Bezugnahme auf die Gesetzesbegründung, s. BT-Drucks. 17/6906, S. 63; Eichenhofer/Wenner/Motz, SGB V, 2. Auflage 2016, § 87a Rn. 32.
44 BSG, Urteil v. 10.5.2017 – B 6 KA 14/16 R, BeckRS 2017, 120027.

dürften eben nicht die Richtigkeit der mitgeteilten Raten in Frage stellen und diese deswegen im Rahmen der Zusammenfassung eine Veränderungsrate außer Acht lassen; vielmehr sei „der Spielraum der Vertragspartner auf die „Gewichtung" beschränkt. […] Er umfass[e] nicht das Recht, die „mitgeilten Raten" oder deren Richtigkeit in Frage zu stellen."[45] Inwieweit den Empfehlungen des Bewertungsausschusses i. S. d. § 87a Abs. 5 SGB V generell ein verbindlicher Charakter zukomme, ließ das BSG gleichwohl offen. Jedenfalls seien die regionalen Vertragspartner im Rahmen der Abwägung an die Raten gebunden und eine gerichtliche Überprüfung der Raten sei in einem Streit dieser Vertragspartner nicht möglich.[46] Dass die Krankenkassen und die KV nach Ansicht des BSG an die vorgegebene demografische und behandlungsbezogene Veränderungsrate gebunden sind, stellt den Gestaltungsspielraum in Bezug auf die zusammenfassende Gewichtung aber nicht in Frage: Auch wenn die inhaltliche Richtigkeit zu unterstellen ist – was im Hinblick auf den klaren Wortlaut des § 87a Abs. 4 S. 3 SGB V („Empfehlungen") zumindest bedenklich erscheint –, verbleibt die Gewichtung der Kriterien den Vertragsparteien – und dies beinhaltet das Recht, unter Anführung nachvollziehbarer Gründe vom Mittelwert abzuweichen.

4. Die Veränderung der Morbiditätsstruktur unter gesundheitsökonomischen Aspekten

4.1 Die Morbiditätsstruktur im Rahmen der morbiditätsbedingten Gesamtvergütung

Wie bereits unter I. erwähnt, vereinbaren gemäß § 87a Abs. 3 SGB V die Landesverbände der Krankenkassen und die Ersatzkassen gemeinsam und einheitlich mit der Kassenärztlichen Vereinigung (KV) für das Folgejahr die von ihnen mit befreiender Wirkung zu entrichtenden morbiditätsbedingten Gesamtvergütungen (MGV) für die gesamte vertragsärztliche Versorgung der Versicherten im Bereich einer KV. Diese Vereinbarung beinhaltet neben dem zugehörigen Punktwert in Euro das Punktzahlvolumen auf der Grundlage des einheitlichen Bewertungsmaßstabes, d. h. „den mit der Zahl und der Morbiditätsstruktur der Versicherten verbundenen Behandlungsbedarf". Der einheitliche Bewertungsmaßstab legt nach § 87 Abs. 2 SGB V den Inhalt der abrechnungsfähigen Leistungen sowie „ihr wertmäßiges, in Punkten ausgedrücktes Verhältnis zueinander" fest. Im Rahmen der MGV stellt somit der morbiditätsbedingte Behandlungsbedarf als „notwendige medizinische Versorgung" (§ 87a Abs. 3 SGB V) die Kostengewichte bzw. die Menge der abrechnungsfähigen vertragsärztlichen Leistungen und der zugehörige Punktwert ihren Preis dar (vgl. IGES 2014, S. 11).

---

45 BSG, Urteil v. 10.5.2017 – B 6 KA 14/16 R, BeckRS 2017, 120027 Rn. 42.
46 BSG, Urteil v. 10.5.2017 – B 6 KA 14/16 R, BeckRS 2017, 120027 Rn. 43.

Die jährliche Veränderung der MGV erfolgt durch eine entsprechende Fortschreibung ihrer beiden Bestimmungsgrößen, d. h. dem morbiditätsbedingten Behandlungsbedarf als Mengenkomponente und dem Punkt- bzw. Orientierungswert als Preiskomponente. Dabei knüpft die Anpassung des morbiditätsbedingten Behandlungsbedarfs an dem für das Vorjahr vereinbarten und bereinigten Behandlungsbedarf an und berücksichtigt im Rahmen der Vereinbarung nach § 87a Abs. 4 SGB V insbesondere Veränderungen u. a. der Morbiditätsstruktur der Versicherten aller Krankenkassen mit Wohnort im Bezirk der jeweiligen KV.

Bei der Interpretation und Beurteilung dieser beiden Bestimmungsgrößen der MGV gilt es u. a. zu berücksichtigen, dass der ordnungspolitische Schwerpunkt des zugrundeliegenden Gesetzes, d. h. des GKV-Versorgungsstrukturgesetzes (GKV-VStG), auf einer stärkeren Dezentralisierung und Flexibilisierung der Gesundheitsversorgung lag (siehe hierzu die Beiträge in Wille, E. und Knabner, K. 2011). Die Absicht, der KV und den Krankenkassen „bei der Vereinbarung der Gesamtvergütung eine höhere Flexibilität und Kompetenz" einzuräumen, findet sich explizit im entsprechenden Gesetzentwurf der Bundesregierung vom 05.09.2011 (S. 63). So schuf das Gesetz in § 87a Abs. 2 SGB V die rechtliche Grundlage, um bei den Vereinbarungen über die MGV auf der Ebene einer KV sowohl bei der Mengenkomponente bzw. dem Behandlungsbedarf die jeweilige Morbiditätsstruktur als auch bei der Preiskomponente in Form von Zu- und Abschlägen vom bundeseinheitlichen Orientierungswert regionale Besonderheiten der Kosten- und Versorgungsstruktur zu berücksichtigen.

4.2 Die diagnosebezogene und demographische Komponente der Morbiditätsstruktur

Im Mittelpunkt dieses Gutachtens stehen die Ermittlung und Festlegung der Veränderung der MGV nach § 87a Abs. 4 SGB V. Danach berechnet sich beim morbiditätsbedingten Behandlungsbedarf die jeweilige jahresbezogene Veränderung der Morbiditätsstruktur der Versicherten im Bereich einer KV auf der Grundlage der vertragsärztlichen Behandlungsdiagnosen einerseits und der demographischen Kriterien Alter und Geschlecht andererseits durch eine gewichtete Zusammenfassung dieser beiden vom Bewertungsausschuss als Empfehlungen mitgeteilten Veränderungsraten. Weitere für die ambulante Versorgung relevante Morbiditätskriterien können falls erforderlich ebenfalls in die Berechnungen eingehen.

Die Bundesregierung (2011, S. 63) zielte bei der Neufassung des Absatzes 4 im Rahmen des GKV-VStG auf eine „deutlich gestärkte Gestaltungsverantwortung der regionalen gemeinsamen Selbstverwaltung bei den Vereinbarungen über die Anpassung des notwendigen Behandlungsbedarfs" ab. Ähnlich wie in diesem Gesetzentwurf zum GKV-VStG räumt auch das Bundessozialgericht (BSG) in der Begründung seines Urteils vom 13.08.2014 zu dem Schiedsspruch des Landesschiedsamtes für die vertragsärztliche Versorgung des Landes Sachsen-Anhalt vom 06.12.2012 den Vertragsparteien bei der Bewertung der beiden vorgegebenen Kriterien bzw. Bestimmungsfaktoren der Veränderung der Morbiditätsstruktur „einen erheblichen Gestaltungsspielraum „ein und stellt grundsätzlich keine hohen Anforderungen an die Begründung der Abwägungsentscheidung" (BGG 2014, Rdnr. 60). Das BSG fordert lediglich eine „gewichtete Zusammenfassung", d. h. dass sowohl die diagnostische als auch die demographische Komponente in die Veränderungsrate der Morbiditätsstruktur einfließen (ebenda, Rdnr. 59; ebenso Bundesversicherungsamt 2018b, S. 3).

Gleichwohl geht das BSG für den Regelfall von einer hälftigen Gewichtung der beiden Veränderungsraten aus, da bei einer solchen Festsetzung die in der Regel niedrigere demographische Rate von der höheren diagnosebezogenen Rate gleich weit entfernt ist. Bei einer solchen Festsetzung der Veränderungsrate erübrigen sich nach Auffassung des BSG „näheren Ausführungen zu den Tatsachengrundlagen". Das BSG hält Abweichungen von einer solchen Gewichtung der beiden Veränderungsraten zwar für zulässig, sie müssen dann aber „nachvollziehbar und unter Angabe der berücksichtigten Tatsachen begründet werden". Letztlich fordert das BSG damit eine nachvollziehbare Begründung bei einer Abweichung von einer Gewichtung, für die es selbst keine gesundheitsökonomisch fundierte bzw. plausible Begründung liefert.

Das BSG kritisiert hinsichtlich der Validität der diagnosebezogenen Veränderungsrate das Fehlen von Kodierrichtlinien als einheitliche verbindliche Vorgaben für die Dokumentation in den vertragsärztlichen Abrechnungen und hält Qualität dieser Kodierungen daher für „umstritten" (BSG 2014 Rdnr. 62). Als Beleg dieser Feststellung verweist das BSG hier auf zwei Quellen aus den Jahren 2011 und 2012. Eine stärkere Gewichtung der diagnosebezogenen Veränderungsrate knüpft an folgende – voneinander unabhängige – Bedingungen bzw. Voraussetzungen (ebenda, Rdnr. 61):

(1) Die ärztlichen Behandlungsdiagnosen müssen die Veränderung der Morbidität besser abbilden als die demographischen Kriterien.
(2) Den ärztlichen Behandlungsdiagnosen muss in einem bestimmten Bundesland eine besonders hohe Aussagekraft zur Bemessung der gegenüber dem Vorjahr eingetretenen Veränderungen zukommen.

In einem aktuellen Rundschreiben an alle bundesunmittelbaren Krankenkassen stellte das Bundesversicherungsamt (BVA) im Rahmen seiner Prüfungen der Vergütungsvereinbarungen im Jahr 2018 fest, dass die Gesamtvertragspartner die ihnen gesetzlich eingeräumte Kompetenz „bei der Ermittlung der morbiditätsbedingten Veränderungsrate mehrfach deutlich überschritten" haben (BVA 2018c, S. 3). Es bemängelte, dass diese vertraglichen Regelungen die zugrunde gelegten Gewichtungsfaktoren und die Abweichungen von der Regelgewichtung nicht transparent machten. Unter Verweis auf ein jüngeres Urteil des BSG vom 10.05.2017 (vgl. ebenda Rdnr. 38) betont das BVA die Bindung der Gesamtvertragspartner an die vom Bewertungsausschuss mitgeteilten diagnosebezogenen und demographischen Raten als Grundlage zur Ermittlung der morbiditätsbedingten Veränderungsrate. Die Anpassung der beiden Raten falle auf Bundesebene in die Kompetenz des Bewertungsausschusses und nicht in die der Gesamtvertragspartner auf Länderebene. Das BVA sieht „eine begründete Abweichungsbefugnis von der gemittelten Gewichtung nur in Ausnahmesituationen" (ebenda, S. 4) und geht mit dieser Formulierung noch spürbar über die entsprechenden Einschränkungen bzw. Anforderungen des BSG hinaus.

Diese bindende Regelung der vom Bewertungsausschuss (BA) mitgeteilten Raten gilt unbeschadet der Tatsache, dass im derzeitigen Versichertenklassifikationssystem des BA die indirekten Morbiditätsindikatoren Alter und Geschlecht mit einem Gewicht in Höhe von 35 % auch in die diagnosebezogene Komponente eingehen. Dies bedeutet, dass bei der Veränderung der Morbiditätsstruktur Alter und Geschlecht letztlich mit 65 % und die diagnosebezogene Komponente nur mit 35 % Berücksichtigung finden (vgl. Drösler, S. et al. 2016, S. 66 ff.).

In diesem Kontext weist das BVA (2018c, S. 2) unter Bezug auf das Urteil des BSG vom 13.08.2014 darauf hin, dass die Vertragspartner den morbiditätsbedingten Behandlungsbedarf nicht jährlich neu, sondern nur seine Anpassung an das Niveau des Vorjahres vereinbaren können. Dabei spielen die Behandlungsbedarfe in anderen Regionen der Bundesrepublik keine Rolle, d. h. die Veränderungsrate stellt „kein zulässiges Instrument zur Niveauabgleichung an andere KV-Regionen" (ebenda, S. 4) auf Grund einer aus Sicht der Vertragspartner unzutreffenden Entwicklung in der Vergangenheit dar. Zur Lösung dieser Problematik habe das GKV- Versorgungsstrukturgesetz (GKV-VSG) mit dem neuen § 87a Abs. 4a eine Regelung zum Abbau solcher Unterschiede in der MGV geschaffen. Dies legitimiere die bisherige Praxis, die Morbiditätsstruktur auf der Basis der (Ist-) Leistungsmengen des Vorjahres fortzuschreiben. Die geltende Rechtslage bietet damit – unbeschadet kritischer juristischer und ökonomischer Einwände (vgl. Kingreen, T. 2013 und Drösler, S. et al. 2013) – keine

Möglichkeit, der Bestimmung des Behandlungsbedarfs eine Neuberechnung des Morbiditätsniveaus zugrunde zu legen.

4.3 Ansätze zur Messung der Morbiditätsstruktur

Nachdem sich die vertragsärztliche Vergütung seit Beginn der 1990er Jahre am Grundsatz der Beitragssatzstabilität und damit an der Entwicklung der beitragspflichtigen Einnahmen bzw. der Grundlohnsumme orientierte, leitete das Gesundheitsmodernisierungsgesetz (GKV-GMG), das am 01.01.2004 in Kraft trat, mit den Regelleistungsvolumina für die Vergütung der einzelnen Arztgruppen den Wechsel zu einer morbiditätsorientierten Vergütung ein (vgl. Felder, S. 2009, S. 177).

Den eindeutigen Übergang zu einer Morbiditätsorientierung der vertragsärztlichen Vergütung vollzog dann das GKV-Wettbewerbsstärkungsgesetz (GKV-WSG) vom 26.03.2007, das diese Honorierung ab dem 01.01.2009 vorsah. Dieses Gesetz zielte, wie der Gesetzentwurf betont, mit dem neuen Vergütungssystem darauf ab, „das Morbiditätsrisiko auf die Krankenkassen (zu) übertragen" und „die Finanzvolumina der vertragsärztlichen Versorgung künftig an der Morbidität der Versicherten (zu) orientieren" (Fraktionen der CDU/CSU und SPD 2006, S. 250). Vor der Verlagerung dieser Entscheidung auf die dezentrale Ebene der KVen erfolgte in den Jahren 2009 bis 2012 die Festsetzung der Veränderungsraten der Morbiditätsstruktur auf der Bundesebene. Dabei schwankten in diesem Zeitraum die Veränderungsraten zwischen 1,25 % (2011 und 2012) und 5,10 % (2009).

Die tatsächliche Morbidität – und dies gilt sowohl für ihr Niveau als auch für ihre Struktur – entzieht sich als Indikandum einer exakten Messung und lässt sich lediglich mit Hilfe von messbaren Indikatoren näherungsweise umschreiben. Dabei gilt es, vorab in Betrachtung zu ziehen, dass jeder dabei verwendete Morbiditätsindikator seine spezifischen Vor- und Nachteile aufweist (WIG2 Institut 2017a, siehe S. 34ff.). Es geht somit in diesem Kontext darum, einen Indikator oder ein Set von Indikatoren auszuwählen, die diesen selbst nicht messbaren Tatbestand vergleichsweise gut bzw. valide widerspiegeln.

In diesem Sinne kommen zur Messung von Niveau und Veränderung der Morbidität sowie ihrer Struktur im vertragsärztlichen Bereich vor allem folgende Indikatoren bzw. Informationen in Frage:

- vertragsärztliche Diagnosen,
- Alter und Geschlecht als demographische Morbiditätsindikatoren,
- pharmazeutische Informationen,
- Heil- und Hilfsmittel, Medizinprodukte sowie Physiotherapie,

- ambulante Behandlungen bzw. Prozeduren (Fälle, Behandlungstage, Arztkontakte, Operationen),
- Krankenhausinformationen und Daten über Arbeitsunfähigkeit sowie
- Ausgabenindikatoren, z. B. Grundpauschalen.

Von diesen alternativen Ansätzen zur Messung der Morbidität im vertragsärztlichen Bereich bilden ambulante Diagnosen und demographische Daten die national und international am häufigsten benutzten Instrumente zur Messung der Morbidität und ihrer Veränderung, so z. B. auch im Rahmen des Versichertenklassifikationssystems des BA und im morbiditätsorientierten Risikostrukturausgleich (Morbi-RSA). Pharmazeutische Informationen finden im Rahmen des Klassifikationsmodells des Bewertungsausschusses keine Anwendung, während sie im Morbi-RSA zur Validierung der ambulanten Diagnosen dienen(vgl. Drösler, S. et al. 2017, S. 51f.).

Die übrigen Indikatoren kommen weitaus seltener und dann auch nur zusätzlich, d. h. vornehmlich zum Zwecke der Validierung der vertragsärztlichen Diagnosen, zum Einsatz, und können daher als Kriterien zur Abweichung der hälftigen Gewichtung bei der Zusammenfassung der Veränderungsraten herangezogen werden. Von allen Typen von Indikatoren stellen die vertragsärztlichen Diagnosen den unmittelbarsten Indikator dar, um den Gesundheitsstatus eines Versicherten abzubilden. Eine direkte Beschreibung der Morbidität erfolgt nur mit Hilfe dieses Indikators (so auch WIG2 Institut 2017a, S. 34). Dagegen bilden Alter und Geschlecht nur indirekte Morbiditätsindikatoren. Die diagnosebezogene Veränderungsrate vermag die MGV-relevante Morbiditätsveränderung auch deshalb erheblich besser zu erfassen als die demographische Veränderungsrate, da sich der Zusammenhang mit dem Behandlungsbedarf bzw. den MGV-Leistungen mit ihren Indikatoren (vertragsärztliche Diagnosen, Alter und Geschlecht) genauer bestimmen lässt als nur mit den Erklärungsfaktoren Alter und Geschlecht. Abgesehen von Problemen bei der Kodierung von vertragsärztlichen Diagnosen stellen diese in konzeptioneller Hinsicht somit geeignetere Indikatoren zur Abbildung der Morbidität als demographische Daten dar. Zudem besitzen Diagnosedaten in Risikoadjustierungsmodellen einen hohen prognostischen Wert, d. h. sie liefern gemessen anhand des Bestimmtheitsmaßes eine erheblich bessere Erklärungskraft als indirekte Morbiditätsindikatoren. Sie gelten allerdings als manipulationsanfällig (vgl. IGES Institut GmbH 2012; siehe hierzu ausführlicher unter Punkt 4.)

Im Vergleich zu den Daten in anderen Leistungsbereichen stehen pharmazeutische Informationen schneller zur Verfügung und eignen sich vor allem zum Aufgriff von chronischen Krankheiten (vgl. WIG2 Institut 2017, S. 35f).

Arzneimitteldaten vermögen auch kranke Versicherte zu identifizieren, die andernfalls ohne Indikation in das betreffende Klassifikationsmodell eingegangen wären. Als weiterer Vorzug gilt wie auch für Operationen und Prozeduren ihre im Vergleich mit vertragsärztlichen Diagnosen geringere Manipulierbarkeit. Sie können allerdings insofern die Versorgungsneutralität beeinflussen, als sie z. B. Anreize zur Bevorzugung von medikamentösen gegenüber nicht-medikamentösen Therapien setzen. Da der geltende Morbi-RSA nur 80 Krankheiten einbezieht, kommen Arzneimitteldaten bisher nicht als Substitut sondern nur als Ergänzung der vertragsärztlichen Diagnosen in Frage. Ob sie in einem Vollmodell mit ca. 360 Krankheiten die vertragsärztlichen Diagnosen ersetzen können, d. h. die Morbiditätsstruktur und ihre Entwicklung besser abzubilden vermögen, entzieht sich im Rahmen der gesetzlichen Krankenversicherung (GKV) auf empirischer Basis momentan einer fundierten Bewertung (siehe hierzu kritisch IGES Institut GmbH et al. 2015, S. 20).

Das Versichertenklassifikationssystem des BA und das Klassifikationsmodell des Morbi-RSA bauen hinsichtlich der Erfassung der vertragsärztlichen Diagnosen auf der gleichen gesetzlichen Grundlage auf. § 295 Abs. 1 SGB V verpflichtet die an der vertragsärztlichen Versorgung teilnehmenden Ärzte und Institutionen, die Diagnosen nach der Internationalen Klassifikation der Krankheiten in der jeweiligen vom Deutschen Institut für medizinische Dokumentation und Information herausgegebenen Fassung zu verschlüsseln. Beide Klassifikationssysteme unterscheiden sich u. a. dadurch, dass das Versichertenklassifikationssystem des BA alle ambulanten Diagnosen einbezieht, während der Morbi-RSA nur bis zu 80 Krankheiten erfasst, dabei aber die stationären Diagnosen einschließt und bei der Berücksichtigung von ambulanten Diagnosen die Erfüllung des M2Q-Kriteriums voraussetzt. Dieses Kriterium fordert, dass bei einem Versicherten die Diagnose derselben Krankheit in zwei voneinander unabhängigen Quartalen vorliegt. Vor diesem Hintergrund interessiert vor allem das quantitative Gewicht, das diese beiden Klassifikationssysteme – der diagnosebezogenen Komponente einerseits und der demographischen Komponente andererseits – bei der Veranschlagung von Niveau und Veränderung dieser beiden Komponenten zumessen.

Das derzeitige Klassifikationsmodell des Morbi-RSA besteht aus den drei Komponenten Alters- und Geschlechts-, Erwerbsminderungs- und Hierarchisierten Morbiditätsgruppen. Dabei bilden die Hierarchisierten Morbiditätsgruppen (HMGs), die nach dem Kriterium der prälenzgewichteten Kostenintensität auf bis zu 80 selektierten Krankheiten basieren, „den Kern des Morbi-RSA" (Drösler, S. et al. 2017, S. 33). Im Zuge einer ständigen Verfeinerung der Klassifikation nahm ihre Zahl von 106 im Jahre 2009 über 192 im Jahre 2015 auf 199 im Jahre 2017 zu (vgl. Drösler, S. et al. 2011, S. 19 und 2017, S. 34 sowie WIG2 Institut 2017a, S. 14).

Tabelle 1 zeigt, dass der Anteil der HMGs an den Zuweisungen der Leistungsausgaben (ohne Krankengeld) an die gesetzlichen Krankenkassen von 45,1 % im Jahre 2009 über 47,3 % im Jahre 2013 auf 48,8 % im Jahre 2016, d. h. um 3,7 Prozentpunkte bzw. 8,2 %, zunahm. Im gleichen Zeitraum ging der Anteil der Alters- und Geschlechts-Gruppen (AGG) von 53,0 % über 51,4 % auf 49,8 %, d. h. um 3,2 Prozentpunkte bzw. 6,0 %, zurück. Der Anteil der quantitativ weniger bedeutsamen Erwerbsminderungsgruppen sank in dieser Zeit von 1,9 % auf 1,4 % ab. Dies bedeutet, dass im Klassifikationsmodell des Morbi-RSA von 2009 bis 2016 die diagnosebezogene Komponente gegenüber der demographischen und damit die direkte Morbiditätsmessung gegenüber der indirekten deutlich an Gewicht gewann.

Risikogruppe	JA 2009	JA 2010	JA 2011	JA 2012	JA 2013	JA 2014	JA 2015	JA 2016
AGG-Anteil	53,0 %	51,8 %	51,7 %	52,3 %	51,4 %	50,4 %	50,0 %	49,8 %
EMG-Anteil	1,9 %	1,9 %	1,8 %	1,7 %	1,4 %	1,4 %	1,3 %	1,4 %
HMG-Anteil	45,1 %	46,4 %	46,6 %	46,0 %	47,3 %	48,2 %	48,7 %	48,8 %

Bezug: Leistungsausgaben ohne Krankengeld.

AGG: Alters-Geschlechts-Gruppen, hier: einschließlich Auslands-AGG (AusAGG).
EMG: Erwerbsminderungsgruppen.
HMG: Hierarchisierte Morbiditätsgruppen; hier: einschließlich Kostenerstattergruppen (KEG).

Seit JA2013 inklusive Umsetzung Sonderregelung Zuweisung für Auslandsversicherte.

Tabelle 1: Die diagnostische und demographische Komponente im Morbi-RSA von 2009 bis 2016
Quelle: Bundesversicherungsamt 2018b.

Im Unterschied zu dem Versichertenklassifikationssystem des BA, das von allen ca. 360 Krankheiten ausgeht, berücksichtigt das Klassifikationssystem des Morbi-RSA nur 80 Krankheiten, was auch die quantitative Relation von diagnostischer zu demographischer Komponente beeinflusst. Bei einer Erweiterung des Morbi-RSA um die bisher nicht berücksichtigten Krankheiten nimmt in einem solchen Vollmodell erwartungsgemäß der Anteil der HMGs auf 56,0 % zu und jener der AGG auf 42,6 % ab (vgl. Drösler, S. et al. 2017, S. 486). Im

Zuge einer solchen Erweiterung des Morbi-RSA sinken auch die Zuweisungen zu den bisherigen 80 HMGs deutlich ab, denn diese fließen dann teilweise wie die verminderten Beträge der AGG in die Zuschlagsgruppen für die neu hinzugekommenen Krankheiten.

Eine vergleichbare Entwicklung zeigt sich beim Versichertenklassifikationsmodell des BA, und zwar sowohl beim Anteil der AGG an der ökonomischen Relevanz[47] als auch beim Anteil der AGG am Morbiditätsindex (MI). Der MI misst die durchschnittliche Morbidität (-struktur) der Versicherten eines Basis- (Jahres), dessen (KV-spezifische) Veränderung im Folgejahr die diagnosebezogene Veränderungsrate darstellt. Dabei geht der Anteil der AGG an der ökonomischen Relevanz, der sich auf die Kalibrierungsmenge des Modells bezieht, von 34,9 % in 2002 auf 31,77 % in 2017, d. h. um 3,2 Prozentpunkte, zurück. Im gleichen Zeitraum sinkt der Anteil der AGG am MI, der auf der Anwendungsmenge ermittelt wird, auf der auch die diagnosebezogenen Veränderungsraten bestimmt werden, nach Berechnung der KBV bundesweit kontinuierlich von 33,84 % auf 31,02 %. In einzelnen KV-Bezirken fällt dieser Rückgang noch deutlich stärker aus, so z. B. im KV-Bezirk Sachsen-Anhalt von 33,07 % auf 29,39 %, d. h. um 3,7 Prozentpunkte.

Während im derzeitigen Versichertenklassifikationssystem des BA bei der Messung der Veränderungsrate der Morbiditätsstruktur das Verhältnis von diagnosebezogener zu demographischer Komponente im Zeitablauf konstant bleibt und unbeschadet der hälftigen Gewichtung letztlich bei 35 % zu 65 % liegt, kann es im Klassifikationsmodell des Morbi-RSA in Abhängigkeit von der jeweiligen Entwicklung der direkten und indirekten Morbiditätsindikatoren variieren. Es lag im Jahre 2015 beim vergleichbaren Vollmodell bei einer Relation von 56,0 zu 42,6, was in einem mehr als deutlichen Gegensatz zu dem Verhältnis im Versichertenklassifikationssystem des BA steht. Dagegen legte der erweiterte Bewertungsausschuss in seinem Beschluss vom 02.09.2009 für die bundeseinheitliche Veränderungsrate des Jahres 2010 die Veränderung des Behandlungsbedarfs zu 61 % und jene der demographischen Daten zu 39 % zugrunde (BSG 2014, Rdnr. 62), was tendenziell dem sich im Klassifikationsmodell des Morbi-RSA abzeichnenden Verhältnis entspricht.

---

47 Zur Erläuterung vgl. Institut des Bewertungsausschusses (2018), S. 69, Fußnote 9: „Die ökonomische Relevanz einer Risikoklasse ist das Produkt aus ihrer Häufigkeit und ihrem Relativgewicht. Der Anteil der Alters- und Geschlechtsgruppen an der ökonomischen Relevanz ergibt sich aus der Summe der ökonomischen Relevanzen der Alters- und Geschlechtsgruppen geteilt durch die Summe der ökomischen Relevanzen aller Risikoklassen (inkl. der Alters- und Geschlechtsgruppen)."

Bei einer solchen Diskrepanz bei den bezüglich ihrer Zielsetzung und ihrer zentralen Komponenten sehr ähnlichen Klassifikationsmodellen, wie denen des BA und des Morbi-RSA, stellt sich unter gesundheitsökonomischen Aspekten die Frage nach den Gründen für diese Abweichungen. Die zusätzliche Berücksichtigung der stationären Diagnosen im Morbi-RSA kann hierfür wohl nicht verantwortlich sein, denn zum einen existiert zwischen diesen und den ambulanten Diagnosen eine hohe Korrelation und zum anderen besteht auch in Deutschland, wenn auch schwächer als in vielen anderen Ländern, ein Trend zur „Ambulantisierung", d. h. zur Substitution von stationären durch ambulante Leistungen.

5. Zur Qualität vertragsärztlicher Diagnosen

Ähnlich wie die Morbidität bildet auch die Qualität vertragsärztlicher Diagnosen keine exakt messbare Größe, sondern ein Indikandum, das sich nur näherungsweise umschreiben und damit auch entsprechend bewerten lässt. Die Qualität vertragsärztlicher Diagnosen stellt in ihrer Gesamtheit keine mit einem bestimmten Wert zu beziffernde sakrosankte Größe dar, sondern variiert vor allem

- im Zeitablauf,
- zwischen den KVen und Arztgruppen
- innerhalb der Krankheitsarten.

Das BSG (2014, Rdnr. 62) führt als Beleg für die aus seiner Sicht „konfliktträchtige" Kodierqualität von vertragsärztlichen Leistungen, wie oben unter Punkt 2 erwähnt, nur zwei Quellen an. Bei der aktuelleren von beiden handelt es sich um eine im Auftrag des GKV-Spitzenverbandes herausgegebene Studie der IGES Institut GmbH (2012). Die Datengrundlage dieser Studie bildeten GKV-Abrechnungs- bzw. Routinedaten der BARMER GEK aus dem Zeitraum vom 01.01.2008 bis 31.12.2010. Dabei wurde jeweils 1 Mio. sowie eine 5 Mio. Stichprobe aus dem gesamten Versichertenbestand der BARMER GEK gezogen und für die bundesweiten Analysen die 1 Mio. Stichprobe und für die regionalen die 5 Mio. Stichprobe verwandt (ebenda, S. 24). Die Ergebnisse dieser Studie zeigen in einer bei den einzelnen Krankheitsbildern unterschiedlichen Ausprägung sowohl Über- als auch Unterkodierung (S. 174f.).[48] Eine tendenzielle Beseitigung von Unter- bzw. Überkodierung durch Rightcoding würde im Sinne des § 87a

---

[48] Zur kritischen Auseinandersetzung mit den Befunden der IGES Studie vgl. Drösler, S. und Neukirch, B. (2014).

SGB V auf eine vergütungsrelevante Zu- bzw. Abnahme der Morbidität hinauslaufen.

Unbeschadet der methodischen Qualität dieser Studie, muss ihre Aussagekraft für die aktuelle Qualität der vertragsärztlichen Diagnosen aus mehreren Gründen in Frage gestellt werden. Zunächst fällt in ihren Untersuchungszeitraum mit dem 01.01.2009 sowohl der Übergang zu einer Morbiditätsorientierung der vertragsärztlichen Vergütung als auch die Einführung des Morbi-RSA mit seiner Messung der direkten Morbidität. Beide Ereignisse stellen hinsichtlich des untersuchten Tatbestandes Strukturbrüche dar.

Die Ärzte verfügen bei der Kodierung der vertragsärztlichen Diagnosen zwar grundsätzlich über einen gewissen Definitions- und Handlungsspielraum, besaßen vor dem 01.01.2009 aber keine ökonomischen Anreize für eine vollständige oder gar überzogene Kodierung der vertragsärztlichen Diagnosen. Es bestand in dieser Zeit, was auch zahlreiche Untersuchungen belegen (vgl. hierzu WIG2 Institut 2017a, S. 36ff.), eine Tendenz zu einer Unterkodierung der vertragsärztlichen Diagnosen. Vor diesem Hintergrund würde infolge dieser Umstellungen ein deutlicher Anstieg der vertragsärztlichen Diagnosen sowohl im Rahmen des Versichertenklassifikationssystems des BA als auch beim Morbi-RSA nicht überraschen.

Gleichwohl sahen der ehemalige Präsident des BVA W. Gaßner et al. (2010) keinen Zusammenhang zwischen der Einführung des Morbi-RSA und dem Anstieg der kodierten Diagnosen, sondern führten ihre Zunahme auf eine verbesserte Diagnostik, genauere Vorgaben zur Kodierung, eine größere Sorgfalt der Ärzte bei der Kodierung sowie die vollständigere Erfassung der stationären und ambulanten Diagnosen bei den Krankenkassen zurück. In diesem Kontext stellten die IGES Institut GmbH et al. in einem Gutachten zum Morbi-RSA (2015, S. 20) fest, dass sich die Validität der Diagnosen, die im ambulanten Versorgungsbereich „als nicht besonders belastbar" galt,[49] zwischenzeitlich hinsichtlich der Genauigkeit und Richtigkeit der Kodierungen verbessert hat. Der Wissenschaftliche Beirat zur Weiterentwicklung des RSA gelangt hier zu dem Fazit, dass die empirischen Ergebnisse des Gutachtens „keine eindeutigen Beweise" für Manipulationen liefern (Drösler, S. 2017, S. 499). Dies schließt nicht in dieser Hinsicht noch vorhandene Schwächen des Morbi-RSA und auch nicht manipulative Aktivitäten einzelner Krankenkasse aus, indem sie Ärzte bei

---

[49] In dem Gutachten zur Evaluation der Kodierqualität von vertragsärztlichen Diagnosen von Drösler, S. und Neukirch, B. (2014) wird die Genauigkeit und Verlässlichkeit der Diagnosen bis auf wenige Ausnahmen bestätigt.

der Kodierung der im Morbi-RSA zuweisungsrelevanten Diagnosen zu beeinflussen versuchen, um damit höhere Zuweisungen aus dem Gesundheitsfonds zu erreichen. Insofern besteht im Gegensatz zur Kodierung der vertragsärztlichen Diagnosen im Versichertenklassifikationssystem des BA, die zur Fortschreibung der diagnosebezogenen Komponente im Rahmen der vertragsärztlichen Vergütung dienen, beim Klassifikationsmodell des Morbi-RSA bei den zuweisungsrelevanten bis zu 80 Diagnosen „ein Anreiz zur Manipulation von Kassenseite" (WIG2 2017a, S. 49). Hierauf konzentriert sich hinsichtlich der Gestaltungsspielräume der Krankenkassen auch derzeit die gesundheitspolitische Diskussion um die Manipulierbarkeit von vertragsärztlichen Diagnosen (vgl. IGES Institut GmbH et al. 2015, WIG2 Institut 2017a und 2017b, Monopolkommission 2017, S. 33ff; Drösler, S. et al. 2017, S. 470ff., Bundesversicherungsamt 2018a, S. 43ff.). So gelangte eine Untersuchung von Bauhoff, S. et al. (2017) zu dem Ergebnis, dass seit Einführung des Morbi-RSA hinsichtlich der Häufigkeit von gesicherten Diagnosen die zuweisungsrelevanten deutlich stärker als die nicht ausgleichsfähigen anstiegen. Belege deuten darauf hin, dass hier infolge der unterschiedlichen Prüfungspraktiken von BVA und den zuständigen Behörden der Bundesländer relevante Unterschiede zwischen bundes- und landesunmittelbaren Krankenkassen bestehen (vgl. Wille, E. und Thüsing, G. 2017). Die in dieser Hinsicht noch vorhandenen Schwächen des Morbi-RSA betreffen hinsichtlich der vertragsärztlichen Diagnosen aber nur die zuweisungsrelevanten Diagnosen von bis zu 80 Krankheiten und besitzen insofern im Rahmen des Versichertenklassifikationssystem des BA mit seiner Berücksichtigung von 360 Krankheiten ein weitaus geringeres Gewicht.

Eine Gemeinsamkeit zwischen diesen beiden Klassifikationsmodellen besteht darin, dass es sich jeweils um prospektive Ansätze handelt. Dabei baut das Versichertenklassifikationssystem des BA auf einem zweijährig prospektiven Ansatz auf, während dem Morbi-RSA ein einjähriger prospektiver Ansatz zugrunde liegt. In dem zweijährigen diagnosebezogenen Modell des BA stammen beispielsweise die Diagnosen für die Berechnung der Relativgewichte aus dem Jahr 2013 und der jeweilige versichertenbezogene Leistungsbedarf aus dem Jahre 2015. Die Berechnung der Veränderungsraten bezieht sich dann auf die Jahre 2014/2015. Die so ermittelten Veränderungsraten beschließt dann der BA als Empfehlung für die Anpassung des morbiditätsbedingten Behandlungsbedarfs der Versicherten für das Jahr 2018 (vgl. Drösler, S. et al. 2016, S. 20 und 60). Prospektive Klassifikationssysteme gelten insofern als weniger manipulationsanfällig, als die Effekte etwaiger Manipulationen erst in der Zukunft anfallen und damit auch Unsicherheit hinsichtlich ihrer Vor-und Nachteile herrscht (vgl. WIG2 2017a, S. 51). Dieser Aspekt betrifft in besonderem Maße das zweijährig prospektive Versichertenklassifikationssystem des BA, bei dem zwischen der Erfassung der Diagnosen und der Anpassung des morbiditätsbedingten Behandlungsbedarf eine Zeitspanne von 5 Jahren liegt.

Die Kritik an der Kodierung der vertragsärztlichen Diagnosen setzte vor allem an den selektiven Verträgen an, die Krankenkassen mit einzelnen Ärzten, Gruppen von Ärzten oder auch KVen schließen können. Dazu zählen die Modellvorhaben nach §§ 63 ff. SGB V, die hausarztzentrierte Versorgung nach § 73b SGB V und die besondere Versorgung nach § 140a SGB V (vgl. Bundesversicherungsamt 2018a, S. 43ff). In diesem Kontext stehen die sog. Betreuungsstrukturverträge besonders in der Kritik. Dabei handelt es sich nicht um einen im SGB V verankerten Terminus, sondern um einen Sammelbegriff für mehrere rechtliche Grundlagen, die es ermöglichen, Ärzte für die Behandlung definierter Krankheitsbilder außerhalb der MGV zu vergüten (vgl. IGES Institut GmbH 2017, S. 12f.). Hierzu gehören im SGB V die Strukturverträge (§ 73a), die besondere ambulante ärztliche Versorgung (§ 73c), die Anlagen zum Gesamtvertrag (§ 83) und die besondere Versorgung § 140a). Diese Verträge knüpfen die Vergütung der ärztlichen Leistungen an die Zahl der Diagnosen, die ein Vertragsarzt als gesichert kodiert. Auf diese Weise können die Krankenkassen die Diagnosestellung der Ärzte beeinflussen. Dabei gelangten die Aufsichtsbehörden des Bundes und der Länder übereinstimmend zu der Auffassung, dass in diesen Verträgen „eine gesonderte Vergütung allein für eine vollständige und zutreffende Diagnose des Vertragsarztes unzulässig ist" (Bundesversicherungsamt 2018a, S. 55).

Der Gesetzgeber hat mit dem Gesetz zur Stärkung der Heil- und Hilfsmittelversorgung (GKV-HHVG) vom 11.04.2017 auf die Kritik an der Kodierung der vertragsärztlichen Diagnosen reagiert und den manipulativen Spielraum der Krankenkassen im SGB V u. a. durch folgende Maßnahmen deutlich eingeschränkt (vgl. WIG2 2018b, S. 5 und Bundesversicherungsamt 2018a, S. 55):

- Die Gesamtverträge dürfen keine kassenindividuellen oder kassenartenspezifischen Vereinbarungen über zusätzliche Vergütungen für Diagnosen zum Gegenstand haben (§ 83 Abs. 1).
- Eine nachträgliche Änderung oder Ergänzung von Diagnosedaten insbesondere im Rahmen der Wirtschaftlichkeits- und Abrechnungsprüfungen ist unzulässig (§ 303 Abs. 4).
- Das Gesetz verbietet eine Beratung von Ärzten durch die Krankenkasse oder durch einen von ihr beauftragten Dritten hinsichtlich der Vergabe und Dokumentation von Diagnosen auch mittels informationstechnischer Systeme (§ 303a).

- Es erfolgt eine Intensivierung der Prüfungskompetenzen der Krankenkassen durch das BVA in Verbindung mit erweiterten Mitwirkungspflichten der Krankenkassen (§ 273 Abs. 3).

Diese Maßnahmen zur Verbesserung der Manipulationsresistenz vertragsärztlicher Diagnosen gehen auch nach Ansicht von Kritikern des bisherigen Klassifikationsmodells im Morbi-RSA „in die richtige Richtung" (IGES Institut GmbH 2017, S. 37). Die Autoren befürchten jedoch, dass die bisherigen Ansätze zur Beeinflussung der Kodierung von vertragsärztlichen Diagnosen nun von Betreuungsstrukturverträgen in die Verträge zur hausarztzentrierten Versorgung umgeleitet werden. Dem steht allerdings § 73b Abs. 5 SGB V entgegen, der auch bei der hausarztzentrierten Versorgung in den Verträgen „Vereinbarungen über zusätzliche Vergütungen für Diagnosen" explizit untersagt.

Als Ergebnis einer jüngsten Untersuchung von WIG2 (2017b) sank nach Einführung des GKV-HHVG seit April 2017 die Zahl der Ärzte, die von den Krankenkassen Vorschläge zur Kodierung von Diagnosen erhielten, wie vom Gesetzgeber intendiert ab. Trotz des ausdrücklichen gesetzlichen Verbotes nahm jedoch die relative Bedeutung von Beeinflussungen durch informationstechnische Systeme zu (ebenda, S. 16). Obgleich sich gewisse Manipulationsgefahren wohl nie vollständig vermeiden lassen (vgl. Monopolkommission 2017, S. 34), stieg die Qualität vertragsärztlicher Diagnosen seit der Einführung des Morbi-RSA, wie zwischenzeitlich schon 2015 konstatiert (vgl. IGES Institut GmbH 2015, S. 20), im Zeitablauf bis heute an. Insofern unterscheidet sich die heutige Qualität vertragsärztlicher Diagnosen spürbar von dem entsprechenden Niveau, das diesbezüglich dem Urteil des BSG, das auf Untersuchungen mit Daten des Jahres 2010 basierte, zugrunde lag.

Obgleich die Manipulationsgefahren hier nicht in gleichem Maße wie beim Klassifikationsmodell des Morbi-RSA im gesundheitspolitischen Fokus stehen, bemühte sich auch der Erweiterte Bewertungsausschuss nach § 87 Abs. 4 SGB V (EBA) um eine Verbesserung der Informationsbasis für die Berechnung der diagnosebezogenen Veränderungsraten. Bei dem Beschluss in seiner 56. Sitzung am 21.08.2018 über das zur Ermittlung der diagnosebezogenen Veränderungsraten für das Jahr 2019 zu verwendende Versichertenklassifikationssystem gemäß § 87a Abs. 5 SGB V, ging der EBA[50] u. a. für die Anpassung der Veränderungsraten

---

50 Den Beschluss hat das BMG mit Schreiben vom 19.10.2018 bezüglich des erstmalig festgelegten Verfahrens zum Umgang mit außergewöhnlichen Prävalenzveränderungen bei der Ermittlung der diagnosebezogenen Veränderungsraten als rechtswidrigen Eingriff in die Kompetenz der Gesamtvertragspartner beanstandet. Daraufhin

aufgrund außergewöhnlicher Prävalenzänderungen 2015/2016 von folgenden Festlegungen aus:

- Eine Prävalenzänderung eines ICD-Kodes gilt als außergewöhnlich, wenn seine Prävalenz in den beiden Jahren 2015 und 2016 jeweils mindestens 0,325 % betrug und seine relative Prävalenzänderung vom 2015 auf 2016 größer als 35 % ausfiel.
- Die Einzelbeiträge von THCC oder RHCC zur Veränderungsrate (deren Summe genau die Rate ergibt) werden bei außergewöhnlichen Prävalenzanstiegen abgewichtet und bei außergewöhnlichen Prävalenzrückgängen aufgewichtet, wobei jeweils noch unterschieden wird, ob der Einzelbeitrag im Betrag positiv oder negativ ist, d. h. der Umgang von „außergewöhnlichen Prävalenzänderungen" im Klassifikationsmodell ist symmetrisch angelegt. Die Ab- bzw. Aufgewichtung eines Einzelbeitrags erfolgt jeweils mit dem Anteil der Versicherten, die eine THCC/RHCC nur wegen einem (ggf. mehrere) ICD-Kode zugeordnet bekommen haben, dessen Prävalenzänderung als außergewöhnlich ermittelt wurde.
- Ausgenommen von dem Anpassungsverfahren sind dabei jene ICD-Kodes, die den 8 Risikoklassen (HCCs) zugeordnet werden, die der Berechnung des nichtvorhersehbaren Anstiegs des morbiditätsbedingten Behandlungsbedarfs zugeordnet sind und der CC202 (unterste Symptom-CC) sowie für die ICD-Kodes, für die bereits im KS87a, Version p12a, eine Regelung festgelegt wurde.

Wie bereits oben unter Punkt 3 erwähnt, können zahlreiche andere Indikatoren zur Validierung der vertragsärztlichen Diagnosen dienen, wobei sich wie in den meisten Klassifikationsmodellen üblich Informationen aus dem Arzneimittelbereich anbieten. In dieser Hinsicht gibt Tabelle 2 einen Überblick über die Veränderungsraten der Morbiditätsstruktur und der ambulanten Arzneimittelverordnungen, die hier die Packungsgrößeneffekte einschließen. Dabei zeigt sich in dem Untersuchungszeitraum von 2013 bis 2017, dass die Veränderungsraten der Arzneimittelverordnungen mit Ausnahme des Jahres 2017 erheblich näher bei den diagnosebezogenen als bei den demographischen Veränderungsraten lagen. Hinsichtlich der Summe der in diesem Zeitraum eingetretenen Veränderungsraten übertreffen die Arzneimittelverordnungen sogar

---

ist er durch die Beschlussfassung des BA in seiner 430. Sitzung am 12.12.2018 ersetzt wurden. Die Trägerorganisationen des Bewertungsausschusses, GKV-Spitzenverband und KBV, haben gegen die Beanstandung gemeinsam Klage beim Landessozialgericht Berlin eingereicht.

die vertragsärztlichen Diagnosen. Dieser Befund deutet neben den schon dargelegten konzeptionellen Aspekten ebenfalls darauf hin, dass die diagnosebezogene Veränderungsrate die Morbiditätsstruktur im Zeitablauf besser abzubilden vermag als rein demographische Kriterien.

Jahr	Demographische Veränderungsrate[1]	Diagnosebezogene Veränderungsrate[1]	Veränderungsrate der Arzneimittelverordnungen[2]
2013	0,46 %	1,05 %	2,00 %
2014	0,40 %	1,40 %	2,30 %
2015	0,30 %	0,50 %	2,20 %
2016	0,20 %	2,30 %	1,70 %
2017	0,20 %	1,20 %	- 0,10 %

Tabelle 2: Veränderungsraten der Morbiditätsstruktur und der Arzneimittelverordnungen auf Bundesebene von 2013 bis 2017. 1) Jeweils gewichtete Zusammenführung auf Landesebene. Der Wert für die Veränderungsrate auf Bundesebene nach internen Berechnungen der KBV. 2) Zahl der Verordnungen und Packungsgrößeneffekte. Quelle: Schwabe, U. et al. 2014–2018.

Die Qualität der vertragsärztlichen Diagnosen unterliegt, wie oben dargelegt, nicht nur im Zeitablauf einem Wandel, sie kann auch zwischen KVen und Krankheitsarten bzw. Indikationen variieren. Sofern es in einer bestimmten KV relativ wenige Betreuungsstrukturverträge gibt und in ihrem Bereich auch kaum außergewöhnliche Prävalenzänderungen anfallen, sprechen diese Befunde für eine unterdurchschnittliche Manipulationsgefahr bei der Kodierung vertragsärztlicher Diagnosen. Ferner unterscheiden sich die einzelnen Indikationen deutlich hinsichtlich der Gefahren bzw. Möglichkeiten, bei der Kodierung von Diagnosen zu manipulieren. Dies dürfte bei Erkrankungen mit besonderen Krankheitsverläufen, wie z. B. onkologische Erkrankungen und HIV/AIDS, oder seltenen Erkrankungen kaum, bei unspezifischem Rückenschmerz und Depression dagegen eher naheliegen. Hinweise auf Manipulationen bestehen auch dann nicht, wenn bei bisheriger Unterversorgung vermehrt vertragsärztliche Diagnosen anfallen oder es sich bei den Kodierungen um medizinisch und ökonomisch wünschenswerte und eher zu fördernde Leistungen, wie z. B. Impfungen oder Koloskopien, handelt. Diese unterschiedlichen Aspekte gilt es vor allem bei der Frage zu berücksichtigen, ob den vertragsärztlichen Diagnosen in einer bestimmten KV eine besonders hohe Aussagekraft bei der Bemessung der gegenüber dem Vorjahr eingetretenen Veränderungen zukommt.

6. Fazit

6.1 Aus juristischer Sicht

Wurden die in der Entscheidung des BSG aufgestellten Anforderungen abstrakt dargelegt, sind weiter praktische Hinweise zur Umsetzung zu formulieren:

a) Kein gänzlicher Ausschluss eines Maßstabs im Regelfall möglich

Zunächst ist darauf hinzuweisen, dass bereits dem eindeutigen Wortlaut nach stets beide Kriterien in die Bewertung einfließen müssen: Gemäß § 87a Abs. 4 S. 3 SGB V sind die „vertragsärztlichen Behandlungsdiagnosen gemäß § 295 Absatz 1 Satz 2 einerseits sowie [...] demografische[] Kriterien (Alter und Geschlecht) andererseits durch eine gewichtete Zusammenfassung der vom Bewertungsausschuss [...] mitgeteilten Raten" bei der Vereinbarung der Veränderung der Morbiditätsstruktur zu berücksichtigen; erforderlich ist mithin die „Gewichtung zweier Komponenten"[51]. Sofern ausschließlich ein Kriterium – etwa das mit der höheren Veränderungsrate – zugrunde gelegt wird, handelt es sich schon dem Wortsinne nach nicht um eine „gewichtete Zusammenfassung".[52] Ob dagegen eine Gewichtung des einen Faktors, der für die Abbildung der Veränderung der Morbiditätsstruktur als weniger aussagekräftig erachtet wird, mit einem Wert nahe der Null möglich ist, hat das BSG in dem jüngeren Urteil aus dem Jahre 2017 offen gelassen.[53] Jedenfalls aber müssen beide Werte zugrunde gelegt und in die Abwägungsentscheidung einbezogen werden.

---

51 So ausdrücklich Hess, Kasseler Kommentar Sozialversicherungsrecht, 100. EL Juni 2018, § 87a SGB V Rn. 20.
52 BSG, Urteil v. 13.08.2014 – B 6 KA 6/14 R, juris, Rn. 59; BSG, Urteil v. 10.5.2017 – B 6 KA 14/16 R, BeckRS 2017, 120027 Rn. 49; hierzu auch Hauck/Noftz/Engelhard, SGB V, Stand: 08/16, § 87a Rn. 100a; Schlegel/Voelzke/Freudenberg, jurisPK-SGB V, 3. Auflage 2016, § 87a Rn. 109.
53 BSG, Urteil v. 10.5.2017 – B 6 KA 14/16 R, BeckRS 2017, 120027 Rn. 49.

b) Erläuterung erforderlich, warum der eine Maßstab dem anderen vorzugswürdig ist

Sofern man davon ausgeht, dass ein gänzlicher Ausschluss eines Maßstabs im Regelfall nicht möglich ist, müssen die Vertragsparteien sodann festlegen, wie die vom Bewertungsausschuss errechneten demografischen und diagnosebezogenen Veränderungsraten im Rahmen einer angemessenen Zusammenfassung zu gewichten sind.

Damit bleibt für die Praxis freilich ein wichtiger, für die Praxis vielleicht entscheidender Unterschied zu beachten: An den Nachweis der Willkür ausschließenden Gründe sind bei einer Schiedsamtsentscheidung andere Anforderungen zu setzen als bei einer einvernehmlich durch die Selbstverwaltungspartner getroffenen Vereinbarung. Denn eine Schiedsamtsentscheidung kann und muss insoweit begründet werden – bei einer einvernehmlichen Entscheidung ist eine Begründung nicht erforderlich; für sie gilt § 19 Abs. 1 SchiedsAmtsO nicht.

Eine Vorgabe findet sich nicht nur in Bezug auf das grundsätzliche Erfordernis einer Begründung für eine Schiedsamtsentscheidung, sondern auch hinsichtlich der Qualität der Begründung: Diese muss nachvollziehbar sein und die berücksichtigten Tatsachen angeben. Indes werden hierdurch keine hohen Anforderungen aufgestellt; es genügt, wenn die für das Abwägungsergebnis relevanten Gründe wenigstens „andeutungsweise erkennbar" sind.

Indem gemäß § 87a Abs. 4 S. 1 SGB V der vereinbarte und bereinigte Behandlungsbedarf des Vorjahres den Anknüpfungswert bildet, müssen die anzugebenden Gründe dabei gerade die Veränderungen gegenüber dem Vorjahr widerspiegeln. Als sachgerechte Kriterien für die vorzunehmende Bewertung der Faktoren kommen daher „insbesondere Gesichtspunkte in Betracht, die sich auf die Aussagekraft der beiden Werte gerade für die gegenüber dem Vorjahr eingetretene Veränderung beziehen"[54]. Es ist mithin nicht möglich, die Begründung anzubringen, in dem spezifischen Bundesland bestehe eine besonders hohe Morbidität und eine vergleichsweise niedrige Gesamtvergütung; insofern werde nicht an die gegenüber dem Vorjahr eingetretene Veränderung angeknüpft. Dagegen kann im Einzelfall etwa – soweit ein Bezug zu illustrierenden Tatsachengrundlagen hergestellt wird – geltend gemacht werden, dass die vertragsärztlichen Behandlungsdiagnosen zur Ermittlung der Veränderung der Morbiditätsstruktur (ggf. gerade in einem spezifischen KV-Bezirk) besonders geeignet sind, sodass sie im Vergleich

---

54 BSG, Urteil v. 13.08.2014 – B 6 KA 6/14 R, juris, Rn. 61; hierzu Hauck/Noftz/Engelhard, SGB V, Stand: 08/16, § 87a Rn. 100b.

zu den demografischen Kriterien höher gewichtet werden müssen.[55] Mit anderen Worten: Die Verhandlungsparteien im Rahmen von Schiedsamtsentscheidungen dürften nur das Kriterium übergewichten, dem sie eine bessere Eignung zuschreiben – und sie müssen sagen, warum sie das tun.

c) Tatsachenbasis zur Begründung kann exemplarisch und elektiv, muss aber korrekt sein

Der sachliche Grund für die Übergewichtung eines Faktors muss zudem in einer Tatsachenbasis verankert sein. Freies Fabulieren, bloße subjektive Gewissheit ohne tatsächliche Verankerung reicht für eine Schiedsamtsentscheidung nicht. Sofern etwa die ärztlichen Behandlungsdiagnosen besser geeignet sind, eine Veränderung der Morbiditätsstruktur darzustellen, als die demografischen Kriterien, müssen die Parteien dies anhand tragfähiger Tatsachenfeststellungen belegen.[56] Nur dann kann eine dem Art. 19 Abs. 4 GG entsprechende gerichtliche Kontrolle darüber stattfinden, ob die Gewichtungsentscheidung tragfähig ist und ob die Vertragsparteien den ihnen insoweit zustehenden Beurteilungsspielraum eingehalten oder überschritten haben.[57] Dabei genügt es nicht, wenn sich die Darlegungen lediglich in allgemeinen Erwägungen erschöpfen.[58]

Ein Beispiel vermag es zu verdeutlichen: So hat das BSG etwa für die Vereinbarung der Höhe der Gesamtvergütung nach § 85 SGB V entschieden, dass zwar eine Überschreitung der zulässigen Veränderungsrate gemäß § 85 Abs. 3 S. 2 i. V. m. § 71 SGB V unter dem Gesichtspunkt der andernfalls nicht gewährleisteten medizinischen Versorgung gerechtfertigt sein kann; dafür kann es allerdings nicht als ausreichend angesehen werden, wenn bezüglich des Merkmals der „andernfalls nicht gewährleistete medizinische Versorgung" zunächst lediglich global auf die „Gefahr von Versorgungsdefiziten" hingewiesen wird.[59] Ebenso greift der Hinweis, dass die Anreize für die Ausübung der vertragsärztlichen Tätigkeit wegen einer nicht angemessenen Honorierung nicht hoch genug seien, zu kurz. Vielmehr bedürfe es tragfähiger Feststellungen darüber, dass „in einem – fachlichen und/oder örtlichen – Teilbereich kein ausreichender finanzieller Anreiz mehr bestand, vertragsärztlich tätig zu werden, und dadurch in diesem Bereich die Funktionsfähigkeit der vertragsärztlichen Versorgung gefährdet war."[60]

---

55 BSG, Urteil v. 13.08.2014 – B 6 KA 6/14 R, juris, Rn. 61.
56 BSG, Urteil v. 13.08.2014 – B 6 KA 6/14 R, juris, Rn. 60 f.; LSG Nordrhein-Westfalen, Urteil v. 7.6.2017 – 11 KA 50/16, BeckRS 2017, 128575, Rn. 40.
57 So bereits BSG, Urteil v. 23.6.2010 – B 6 KA 4/09 R, BeckRS 2010, 72718 Rn. 21.
58 BSG, Urteil v. 23.6.2010 – B 6 KA 4/09 R, BeckRS 2010, 72718 Rn. 21.
59 BSG, Urteil v. 23.6.2010 – B 6 KA 4/09 R, BeckRS 2010, 72718 Rn. 21.
60 BSG, Urteil v. 23.6.2010 – B 6 KA 4/09 R, BeckRS 2010, 72718 Rn. 22.

Auf der Grundlage, dass an die Begründung des Abwägungsergebnisses keine hohen Anforderungen zu stellen sind, mag man es indes als ausreichend erachten, wenn die Tatsachen exemplarisch und elektiv sind – erforderlich ist aber, dass sie korrekt sind und sich auf den konkreten Sachgrund beziehen.

d) Besonders geeignet sind Hinweise auf Verbesserung der Kodierung seit 2012

Insbesondere kann zur Begründung einer höheren Gewichtung der vertragsärztlichen Behandlungsdiagnosen dargelegt werden, dass sich die Kodierung seit dem Jahr 2012 verbessert hat. Dass hiervon wohl auch der Gesetzgeber ausgeht, lässt sich anhand eines Blicks auf die Normhistorie belegen: So sah die Gesetzesbegründung zu § 87d Abs. 4 SGB V in der Fassung des GKV-FinG noch vor, dass die Anpassungsparameter hälftig berücksichtigt werden müssten und das daraus folgende Ergebnis hinsichtlich seiner Wirksamkeit wiederum auf die Hälfte begrenzt werden müsse; dieser Abschlag müsse genommen werden, da „die Qualität der Diagnosendokumentation in den vertragsärztlichen Abrechnungen noch verbesserungsfähig"[61] sei. Entgegen der gesetzlichen Vorgabe in § 295 Abs. 3 S. 2 SGB V in der Fassung des GKV-FinG, einheitliche verbindliche Kodierrichtlinien für die Diagnosedokumentation bis zum 30.06.2009 festzulegen, wurden solche erst zum 01.01.2011 vereinbart. Für die ambulante vertragsärztliche Versorgung wurden allerdings auch dann keine einheitlichen Kodierrichtlinien eingeführt, mit der Neufassung mit dem GKV-FinG entfiel vielmehr die gesetzliche Grundlage in § 295 Abs. 3 S. 2 SGB V, und gleichzeitig wurden die Anpassungsparameter Diagnostik und Demografie als gleichberechtigte Kriterien in § 87a Abs. 4 S. 3 SGB V festgelegt.[62] Wenngleich wohl noch teilweise Uneinigkeit über die Qualität der Diagnosedokumentation besteht,[63] ist

---

61 BT-Drucks. 17/3040, S. 24.
62 Hierzu BSG, Urteil v. 13.08.2014 – B 6 KA 6/14 R, juris, Rn. 62; s. auch Peters, G+G 2014, 75, 76.
63 Vgl. hierzu etwa die Studie zur „Bewertung der Kodierqualität von vertragsärztlichen Diagnosen" v. 03.12.2012, abrufbar unter: https://www.gkv-spitzenverband. de/media/dokumente/krankenversicherung_1/aerztliche_versorgung/verguetung_ und_leistungen/klassifikationsverfahren/9_Endbericht_Kodierqualitaet_Hauptstudie_2012_12-19.pdf (abgerufen am: 06.11.2018) oder das Gutachten von Drösler, S. und Neukirch, B. (2014), Evaluation der Kodierqualität von vertragsärztlichen Diagnosen abrufbar unter: http://www.kbv.de/media/sp/2014_11_18_Gutachten_Kodierqualitaet.pdf.

zu berücksichtigen, dass der Gesetzgeber im Gegensatz zur Sonderregelung des § 87d Abs. 2 S. 2 SGB V a. F. einen Abschlag gerade nicht mehr vorsieht. Durch die Nennung beider Kriterien macht er vielmehr deutlich, dass die vertragsärztlichen Diagnosen grundsätzlich als gleichberechtigte Faktoren neben die demografischen Kriterien treten sollen – woraus sich schließen lässt, dass auch er von einer Qualitätsverbesserung der Kodierung ausgeht. Sofern also im Einzelfall die Verbesserung der Kodierung seit dem Jahre 2012 geltend gemacht wird, kann dies einen sachlichen Grund darstellen, um das Kriterium der vertragsärztlichen Behandlungsdiagnosen im Rahmen der nach § 87a Abs. 4 S. 3 SGB V vorzunehmenden Zusammenfassung höher zu gewichten.

6.2 Aus ökonomischer Sicht: dominantes und zunehmendes Gewicht der diagnosebezogenen Veränderungsraten

Nachdem sich die vertragsärztliche Vergütung seit Beginn der 1990er Jahre am Grundsatz der Beitragsstabilität orientierte, ging sie im Zuge des GVV-WSG ab dem 01.01.2009 zu einer Morbiditätsorientierung über. Dabei erfolgte die Festsetzung der Veränderungsraten der Morbiditätsstruktur bis zum Jahre 2012 auf der Bundesebene. Mit dem Ziel, die Gestaltungsverantwortung der regionalen gemeinsamen Selbstverwaltung bei den Vereinbarungen über die Anpassung des notwendigen Behandlungsbedarfs zu stärken, übertrug das GKV-VStG ab dem Jahre 2013 diese Vereinbarungen über die MGV auf die Ebene der KVen. Vor diesem ordnungspolitischen Hintergrund thematisierte dieses Gutachten die Ermittlung und Festlegung der MGV nach § 87a Abs. 4 SGB V. Danach berechnet sich die jeweilige jahresbezogene Veränderung der Morbiditätsstruktur der Versicherten im Bereich einer KV auf der Grundlage einer diagnosebezogenen und einer demographischen Komponente.

Mittel- und Ausgangspunkt der Überlegungen bildet das Urteil des BSG vom 13.08.2014 zu dem Schiedsspruch des Landesschiedsamtes für die vertragsärztliche Versorgung des Landes Sachsen-Anhalt vom 06.12.2012. Ähnlich wie der Gesetzgeber räumt auch das BSG den Vertragspartnern einen „erheblichen Gestaltungsspielraum" ein und fordert hier lediglich eine gewichtete Zusammenfassung, d. h. eine Berücksichtigung beider Veränderungsraten. Gleichwohl sieht das BSG insofern den Regelfall in einer hälftigen Gewichtung der beiden Veränderungsraten, als sich bei einer solchen Festsetzung nach seiner Auffassung nähere Ausführungen bzw. Begründungen erübrigen. Das BSG hält Abweichungen von dieser Gewichtung der beiden Veränderungsraten zwar grundsätzlich für zulässig, sie bedürfen dann aber einer besonderen, nachvollziehbaren Begründung.

Das BSG kritisiert in diesem Kontext an der diagnosebezogenen Veränderungsrate die Qualität der Kodierungen und führt als Beleg zwei Quellen aus den Jahren 2011 und 2012 an. An eine stärkere Berücksichtigung der diagnosebezogenen Veränderungsrate knüpft es zwei voneinander unabhängige Bedingungen: (1) Die kodierten Diagnosen müssen die Veränderung der Morbiditätsstruktur besser abbilden als die demographische Komponente. (2) In der zur Diskussion stehenden KV müssen die vertragsärztlichen Diagnosen eine besonders hohe Aussagekraft hinsichtlich ihrer Veränderungen erreichen.

Niveau und Veränderung der Morbidität sowie ihrer Struktur lassen sich nicht selbst, sondern nur mit Hilfe von messbaren Indikatoren näherungsweise umschreiben. Von allen Alternativen zur Messung der Morbidität und ihrer Veränderung bilden ambulante Diagnosen und demographische Daten die am häufigsten eingesetzten Indikatoren, so auch im Klassifikationssystem des BA und im Morbi-RSA. Übrige Indikatoren, wie vor allem pharmazeutische Informationen, dienen zumeist, wie z. B. im Rahmen des Morbi-RSA, nur zur Validierung der vertragsärztlichen Diagnosen.

Die vertragsärztlichen Diagnosen stellen von allen Alternativen zur Abbildung des Gesundheitsstatus' eines Versicherten den unmittelbarsten Indikator dar, denn im Gegensatz zu den indirekten Morbiditätsindikatoren Alter und Geschlecht vermögen nur sie die Morbidität und ihre Veränderung direkt zu beschreiben. Zudem zeichnen sich diagnosebezogene Daten in Risikoadjustierungsmodellen durch einen hohen prognostischen Wert aus. Die diagnosebezogene Komponente kann die MGV-relevante Veränderungsrate auch insofern besser erfassen als die demographische Komponente, als sich der Zusammenhang mit dem Behandlungsbedarf mit ihren derzeitigen Indikatoren (vertragsärztliche Diagnosen sowie Alter und Geschlecht) genauer bestimmen lässt als nur mit den Indikatoren Alter und Geschlecht. Insofern steht in konzeptioneller Hinsicht außer Frage, dass zur Abbildung der Morbiditätsstruktur und ihrer Veränderung der diagnosebezogenen Komponente ein deutlich höheres Gewicht zukommt als der demographischen.

Die Klassifikationssysteme des BA und des Morbi-RSA basieren bei der Erfassung der vertragsärztlichen Diagnosen beide auf derselben gesetzlichen Grundlage. Bei der Messung der Veränderungsrate der Morbiditätsstruktur im Klassifikationssystem des BA bleibt das Verhältnis von diagnosebezogener zu demographischer Komponente im Zeitablauf konstant und liegt trotz der hälftigen Gewichtung letztlich bei 35 % zu 65 %. Im Gegensatz dazu kann dieses Verhältnis im Klassifikationssystem des Morbi-RSA im Zeitablauf variieren und lag im vergleichbaren Vollmodell zuletzt bei einer Relation von 56,0 zu 42,6 zugunsten der diagnosebezogenen Komponente. Diese Diskrepanz muss insofern überraschen, als es sich hier um zwei hinsichtlich ihrer Zielsetzung und zentralen Komponenten sehr ähnliche Klassifikationssysteme handelt.

Wie bei der Morbiditätsstruktur und ihrer Veränderung handelt es sich auch bei der Qualität vertragsärztlicher Diagnosen um ein nicht messbares Indikandum. Zudem kann die Qualität der entsprechenden Kodierungen im Zeitablauf, zwischen KVen und innerhalb der verschiedenen Krankheitsarten variieren. Die Belege, die das BSG in seinem Urteil für die aus seiner Sicht „konfliktträchtige" Qualität der Kodierungen von vertragsärztlichen Diagnosen anführt, basieren auf einem Untersuchungszeitraum (2008 bis 2010), der mit dem Übergang zur Morbiditätsorientierung der vertragsärztlichen Vergütung und der Einführung des Morbi-RSA zwei Strukturbrüche aufweist. Zudem stellten die Verfasser dieser Untersuchung in einem späteren Gutachten (2015) fest, dass sich die Validität der Diagnosen inzwischen hinsichtlich ihrer Genauigkeit und Richtigkeit der Kodierungen gebessert hat. Die Bewertung der Qualität der vertragsärztlichen Diagnosen durch das BSG fußt damit auf einer inzwischen veralteten Entscheidungsgrundlage.

Die Kritik an der Kodierung der vertragsärztlichen Diagnosen setzt im Rahmen des Morbi-RSA vor allem an den selektiven Verträgen an, die Krankenkassen mit den Leistungserbringern schließen, und hier insbesondere an den Betreuungsstrukturverträgen. Der Gesetzgeber hat im GKV-HHVG zahlreiche Maßnahmen vorgesehen, die den manipulativen Entscheidungsspielraum der Krankenkassen einschränken. Obgleich das Versichertenklassifikationssystem des BA hinsichtlich der Manipulationsgefahren nicht in gleichem Maße wie der Morbi-RSA im gesundheitspolitischen Fokus steht, versuchte auch der Erweiterte Bewertungsausschuss mit zahlreichen Maßnahmen, wie z. B. der Anpassung der diagnosebezogenen Veränderungsraten bei außergewöhnlichen Prävalenzänderungen, die Informationsbasis für seine Berechnungen zu verbessern. Man darf insofern davon ausgehen, dass die Manipulationsgefahr bei den vertragsärztlichen Diagnosen künftig weiter ab- und damit das Gewicht der diagnosebezogenen Komponente weiter zunimmt. Auf ihre Überlegenheit gegenüber der demographischen Komponente deutet auch ein Vergleich der Veränderungsraten der Morbiditätsstruktur und der Arzneimittelverordnungen hin. Zudem gilt es zu berücksichtigen, dass das Klassifikationssystem des BA wegen seiner zweijährigen Prospektivität und der damit verbundenen Unsicherheit über die Effekte bestimmter Maßnahmen von seiner Konstruktion her eine vergleichsweise geringe Manipulationsanfälligkeit aufweist.

Sofern eine bestimmte KV nur relativ wenige Betreuungsstrukturverträge und auch kaum außergewöhnliche Prävalenzänderungen aufweist, sprechen diese Befunde für eine unterdurchschnittliche Manipulationsgefahr bei der Kodierung vertragsärztlicher Diagnosen. Bei Indikationen mit besonderen Krankheitsverläufen, wie z. B. onkologische Erkrankungen oder seltenen Erkrankungen dürften kaum Manipulationsgefahren auftreten, was auch für ökonomisch und medizinisch wünschenswerte Leistungen, wie z. B. Impfungen oder Koloskopien, und vermehrte Leistungen bei einer regional bestehenden Unterversorgung zutrifft. Diese Aspekte gilt es auch in Rechnung zu stellen, wenn eine bestimmte KV eine besonders hohe Aussagekraft ihrer Kodierungen reklamiert und entsprechend eine stärkere Gewichtung der diagnosebezogenen Veränderungsrate einfordert.

Literatur

Bauhoff, S., Fischer, L., Göpffarth, D. und Wuppermann, A. C. (2017): Plan Responses to Diagnosis-Based Payment: Evidence from Germany's Morbidity-Based Risk Adjustment. CESifo Working Papers 6507, May 2017.

Becker, U., Kingreen, T. als Hrsg. (2018): SGB V – Gesetzliche Krankenversicherung. Kommentar, München 2018.

Bergmann, C. O., Pauge, B., Steinmeyer, H. als Hrsg. (2018): Gesamtes Medizinrecht, Baden-Baden 2018.

Bundesregierung (2011): Entwurf eines Gesetzes zur Verbesserung der Versorgungsstrukturen in der gesetzlichen Krankenversicherung (GKV-Versorgungsstärkungsgesetz-GKV-VStG), in: BT-Drucksache 17/6906 vom 05.09. 2911.

Bundessozialgericht-BSG (2014): Vergütung vertragsärztlicher Leistungen- Voraussetzungen für eine Festsetzung des Vertragsinhalts durch das Schiedsamt- Vereinbarung der Gesamtvergütung auch nach der Rechtslage des Jahres 2013 auf der Grundlage des Vorjahres- Festsetzung der jahresbezogenen Veränderung der Morbiditätsstruktur durch das Schiedsamt, Beschluss vom 13.08. 2014, B 6 KA 6/14 R.

Bundessozialgericht-BSG (2017): Vertragsärztliche Versorgung- Vereinbarungen über die Gesamtvergütung für 2013- Gesamtvertragspartner, Urteil vom 10.05. 2017, B 6 KA 14/16 R.

Bundesversicherungsamt- BVA (2018a): Sonderbericht zum Wettbewerb in der gesetzlichen Krankenversicherung, Bonn.

Bundesversicherungsamt-BVA (2018b): Risikostrukturausgleich. Ergebnisse des Jahresausgleichs 2016, Stand: 16.04. 2018.

Bundesversicherungsamt-BVA (2018c): Gesetzliche Krankenversicherung-Versorgungsverträge- hier: Vergütungsverträge zur vertragsärztlichen Versorgung nach § 87a SGB V. Anforderungen der Rechtsaufsicht an die

Vereinbarungen zur Gesamtvergütung mit den Kassenärztlichen Vereinigungen für das Jahr 2019, Bonn, 13. September 2018.

Drösler, S., Hasford, J., Kurth, B.-M., Schäfer, M., Wasem, J. und Wille, E. (2011): Evaluationsbericht zum Jahresausgleich 2009 im Risikostrukturausgleich. Endfassung. 22.06. 2011.

Drösler, S., Neukirch, B., Ulrich, V. und Wille, E. (2013): Möglichkeiten und Notwendigkeit der Morbiditätsmessung im Rahmen der vertragsärztlichen Vergütung unter besonderer Berücksichtigung des Klassifikationsmodells des Bewertungsausschusses. Gutachten im Auftrag der Kassenärztlichen Vereinigung Sachsen-Anhalt, Krdeld, Bayreuth und Mannheim, im September 2013.

Drösler, S., Neukirch, B., (2014): Evaluation der Kodierqualität von vertragsärztlichen Diagnosen. Gutachten im Auftrag der Kassenärztlichen Bundesvereinigung. Berlin. download link: http://www.kbv.de/media/sp/2014_11_18_Gutachten_Kodierqualitaet.pdf.

Drösler, S., Neukirch, B., Ulrich, V. und Wille, E.(2016): Weiterentwicklungsbedarf des Versichertenklassifikationsverfahrens im Anwendungskontext der vertragsärztlichen Versorgung. Gutachten im Auftrag von KBV und Zentralinstitut für die Kassenärztliche Versorgung in Deutschland, Bayreuth, Krefeld und Mannheim, 31. Oktober 2016.

Drösler, S., Garbe, E., Hasford, J., Schubert, I., Ulrich, V., van der Ven, W. Wambach, A., Wasem, J. und Wille, E. (2017): Gutachten zu den Wirkungen des morbiditätsorientierten Risikostrukturausgleichs erstellt durch den Wissenschaftlichen Beirat zur Weiterentwicklung des Risikostrukturausgleichs im Auftrag des Bundesministeriums für Gesundheit, Bonn, November 2017.

Eichenhofer, E., Wenner, U. als Hrsg. (2016): Sozialgesetzbuch V. Gesetzliche Krankenversicherung. Kommentar, Köln 2016.

Erweiterter Bewertungsausschuss –EBA (2018): Beschluss des Erweiterten Bewertungsausschusses nach § 87 Abs. 4 SGB V in seiner 56. Sitzung am 21. August 2018 über das zur Ermittlung der diagnosebezogenen bzw. demographischen Veränderungsraten für das Jahr 2019 zu verwendende Klassifikationsmodell gemäß § 87a Abs. 5 SGB V.

Felder, S. (2009): Morbiditätsorientierung beim Risikostrukturausgleich und bei der Vergütung von Leistungserbringern: Zwei Seiten der gleichen Medaille?, in: Göpffarth, D., Greß, S. Jakobs, K. und Wasem, J. (Hrsg.): Risikostrukturausgleich 2008. Morbi-RSA, Sankt Augustin, S. 169–184.

Fraktionen der CDU/CSU und SPD (2006): Entwurf eines Gesetzes zur Stärkung des Wettbewerbs in der Gesetzlichen Krankenversicherung

(GKV-Wettbewerbsstärkungsgesetz- GKV-WSG), BT-Drucksache 16/3100 vom 24.10 2006.

Hänlein, A., Schuler, R. als Hrsg. (2016): Sozialgesetzbuch V. Gesetzliche Krankenversicherung. Lehr- und Praxiskommentar, Baden-Baden 2016.

Hauck, K., Noftz, W.: Sozialgesetzbuch V. Gesetzliche Krankenversicherung. Kommentar, Berlin, Stand: 08/16.

IGES Institut GmbH (2012): Bewertung der Kodierqualität von vertragsärztlichen Diagnosen. Eine Studie im Auftrag des GKV-Spitzenverbandes in Kooperation mit der BARMER GEK, Berlin, 3. Dezember 2012.

IGES Institut GmbH (2014): Zur Frage der Sachgerechtigkeit der Basisanpassung der regionalen Gesamtvergütungen (Konvergenz der Vergütungen). Gutachten im Auftrag des GKV-Spitzenverbandes, Berlin, 23. Juni 2014.

IGES Institut GmbH, Glaeske, G. und Greiner, W. (2015): Begleitforschung zum Morbi-RSA (Teil 1). Kriterien, Wirkungen und Alternativen. Gutachten für den BKK Landesverband Bayern, Berlin, Dezember 2015.

IGES Institut GmbH (2017): Versorgungsverträge und die Vergütung von Diagnosen im ambulanten Sektor. Zusammenhänge mit dem Morbi-RSA. Studie für den BKK-Landesverband Bayern, Berlin, April 2017.

Institut des Bewertungsausschusses (2018): Bericht des Instituts des Bewertungsausschusses zur Weiterentwicklung des Klassifikationssystems sowie zur Ermittlung der Veränderungsraten für das Jahr 2018 gemäß § 87a Abs. 5 SGB V, download link: https://institut-ba.de/berichte/InBA_Bericht_KM87a2017.pdf

Kingreen, T. (2013): Zur Auslegung von § 87a Abs. 4 SGB V. Rechtsgutachten für die Kassenärztliche Vereinigung Sachsen-Anhalt, August 2013.

Körner, A., Leitherer, S., Mutschler, B., Rolfs, C. als Hrsg. (2018): Kasseler Kommentar zum Sozialversicherungsrecht, München, Juni 2018.

Landesschiedsamt für die vertragsärztliche Versorgung des Landes Sachsen-Anhalt (2012): Schiedsspruch in dem Verfahren Kassenärztliche Vereinigung Sachsen-Anhalt (KVSA) gegen AOK Sachsen-Anhalt, BKK Landesverband Mittel- und Ostdeutschland, Verband der Ersatzkassen zur Festlegung der Vergütung vertragsärztlicher Leistungen für das Jahr 2013, Entscheidung vom 06. Und 19. Dezember 2012.

Monopolkommission (2017): Stand und Perspektiven des Wettbewerbs im deutschen Krankenversicherungssystem, Sondergutachten 75.

Richardi, r. (Hrsg.), Betriebsverfassungsgesetz, 16. Aufl. 2018

Rolfs, C., Giesen, R., Kreikebohm, R., Udsching, P.: Beck'scher Online-Kommentar Sozialrecht, 49. Edition, Stand: 01.03.2018.

Schlegel, R., Voelzke, T. (2016): juris PraxisKommentar SGB V – Gesetzliche Krankenversicherung, Saarbrücken 2016.

Schwabe, U. und Paffrath, D. als Hrsg. (2014–2016): Arzneiverordnungsreport 2014–2016, Berlin, Heidelberg.

Schwabe, U., Paffrath, D., Ludwig, W.-D. und Klauber, J. als Hrsg. (2017–2018): Arzneiverordnungsreport 2017- 2018, Berlin Heidelberg.

WIG2 Institut (2017a): Diskussionspapier. Weiterentwicklung der Morbiditätsparameter im Morbi-RSA – 7 Thesen und Vorschläge –, Leipzig, Mai 2017.

WIG2 Institut (2017b): Gutachten zum Forschungsprojekt „Kodierwettbewerb". Einflussnahme auf die ärztliche Kodierpraxis und Auswirkungen der Gesetzesänderungen zur Vermeidung von Kodierbeeinflussungen gem. HHVG, Leipzig, Oktober 2017.

Wille, E. und Knabner, K. als Hrsg. (2011): Dezentralisierung und Flexibilisierung im Gesundheitswesen, Frankfurt et al.

Wille, E. und Thüsing, G. (2017): Neuordnung der Kassenaufsicht. Bestandsaufnahme und Reformoptionen, Mannheim, Bonn, Hamburg, August 2017.

Jürgen Wasem, Susanne Staudt, Sonja Schillo,
Florian Buchner und Gerald Lux

Arzneimitteltherapie und Morbi-RSA: Neuere Entwicklungen

Finanzierung der GKV in Deutschland

Vor zehn Jahren wurde mit dem „Gesetz zur Stärkung des Wettbewerbs in der gesetzlichen Krankenversicherung" (Wettbewerbsstärkungsgesetz, GKV-WSG, 2007) der Morbiditätsorientierte Risikostrukturausgleich (Morbi-RSA) in der Gesetzlichen Krankenversicherung (GKV) eingeführt. Seitdem besteht deren Finanzarchitektur im Wesentlichen wie in Abbildung 1 beschrieben, wobei im Laufe der Jahre eine Reihe von Änderungen vorgenommen wurden, bis der dargestellte aktuelle Stand erreicht wurde.

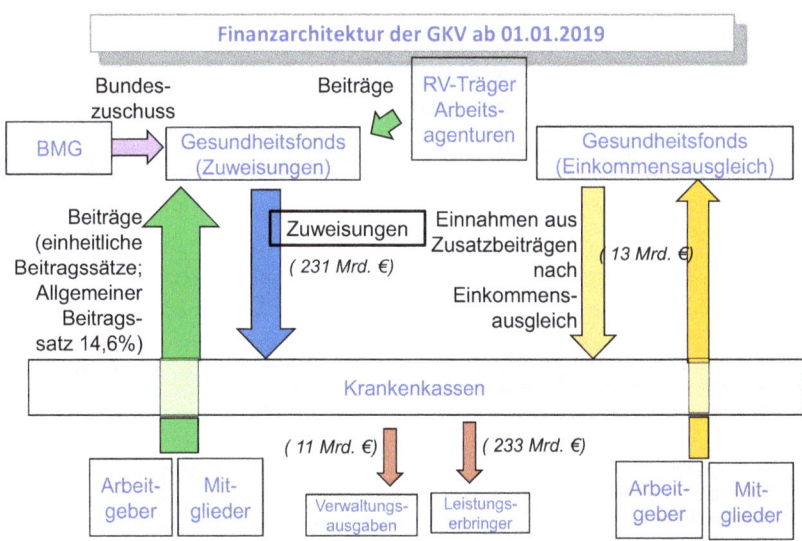

Abbildung 1: Finanzarchitektur der GKV ab 01.01.2019

Die Finanzierung der GKV in Deutschland erfolgt seit dem GKV-WSG im Wesentlichen dadurch, dass alle zur Zahlung von Beiträgen Verpflichteten den gesetzlich festgelegten Beitragssatz (insbesondere den allgemeinen Beitragssatz von zurzeit 14,6 %) ihres Einkommens über ihre Krankenkassen an den Gesundheitsfonds zahlen. Dort werden auch die Zahlungen der Bundesagentur für Arbeit, der Minijob-Zentrale und der Rentenversicherungsträger sowie der Bundeszuschuss (von aktuell 14,5 Mrd. Euro) gesammelt. Aus dem Fonds erhalten die Krankenkassen dann für jeden Versicherten morbiditätsbasierte Zuweisungen sowie solche für Verwaltungsausgaben, Satzungs- und Mehrleistungen und eine Pauschale für TeilnehmerInnen von strukturierten Behandlungsprogrammen (Disease Management Programme, DMP).

Seit dem Gesetz zur Weiterentwicklung der Finanzstruktur und Qualität in der gesetzlichen Krankenversicherung (GKV-FQWG) von 2014 sind die Zuweisungen aus dem Gesundheitsfonds systematisch niedriger als die Ausgaben der Krankenkassen, so dass die Kassen in aller Regel – sofern sie die Differenz nicht durch Abbau von Rücklagen kompensieren können – Zusatzbeiträge zur Sicherung des Haushaltsausgleichs erheben müssen. Die Zusatzbeiträge wurden seit 2009 alleine vom Mitglied aufgebracht, in Umsetzung des Koalitionsvertrages der aktuellen Regierung hat das Gesetz zur Beitragsentlastung der Versicherten in der gesetzlichen Krankenversicherung (GKV-VEG) nunmehr mit Wirkung ab 1.1.2019 vorgesehen, dass auch die Zusatzbeiträge – wie die Beiträge an den Gesundheitsfonds – paritätisch von ArbeitgeberInnen und ArbeitnehmerInnen zu leisten sind. Die Zusatzbeiträge werden seit dem GKV-FQWG auch an den Gesundheitsfonds geleitet, wo ein Einkommensausgleich stattfindet, so dass die Krankenkassen „bereinigte" Zuweisungen auf Grundlage der bundesdurchschnittlichen beitragspflichtigen Einnahmen je Mitglied erhalten, damit die Zusammensetzung der Versicherten hinsichtlich der Höhe der beitragspflichtigen Einnahmen nicht zu wettbewerblichen Vor- oder Nachteilen führt (Wasem 2015). Für 2019 geht man von einem Gesamtvolumen der Ausgaben im GKV-Bereich von 244 Milliarden Euro aus, von denen 13 Milliarden aus Zusatzbeiträgen finanziert werden; 233 Milliarden entfallen auf Leistungsausgaben der Krankenkassen, 11 Milliarden auf Verwaltungskosten.

Morbiditätsorientierter Risikostrukturausgleich

Der Risikostrukturausgleich soll dazu dienen, die Finanzwirkungen der Unterschiede zwischen den Krankenkassen auszugleichen, die allein auf eine unterschiedliche Risikostruktur der Versicherten zurückzuführen sind. Dadurch sollen Anreize zur Risikoselektion minimiert und ein fairer Wettbewerbsrahmen gewährleistet werden. Daher ist es auch wichtig, nicht die einer Krankenkasse entstehenden tatsächlichen Ausgaben zu erstatten, sondern die zu erwartenden Ausgaben. Der RSA ist prospektiv ausgestaltet, das heißt, es werden immer die Diagnose-Daten des Vorjahres für die Bildung der Risikogruppen zugrunde gelegt, für welche im Ausgleichsjahr dann die durchschnittlichen inkrementellen Mehrausgaben als Zuweisungen festgelegt werden. Damit bleiben faktisch Unfälle und Akuterkrankungen, die für Krankenkassen nicht vorhersehbar sind und daher nicht zur Risikoselektion genutzt werden können, bei den Ausgleichszahlungen unberücksichtigt. Akuterkrankungen gehören nach dieser Auffassung zum „versicherungstechnischen Risiko" der Krankenkassen und werden nicht besonders ausgeglichen, lediglich die systematische Unterdeckung chronischer und besonders schwerer Krankheiten soll vermieden werden.

Der Gesetzgeber hat dabei das Verfahren auf die Berücksichtigung von „50 bis 80" Krankheiten begrenzt, die einen schwerwiegenden Verlauf aufweisen und / oder kostenintensiv und chronisch sein müssen. Die mit der jeweiligen Krankheit in Zusammenhang stehenden durchschnittlichen Leistungsausgaben müssen, so die Vorgabe, die durchschnittlichen Leistungsausgaben aller Versicherten um mindestens 50 % überschreiten. Diese Krankheitsliste wird im Regelfall jährlich vom Bundesversicherungsamt (BVA) aufgrund aktualisierter Datengrundlagen überprüft (vgl. zuletzt Bundesversicherungsamt 2018a). Da der Begriff „Krankheit" im Gesetzestext unbestimmt ist, wurden auf Grundlage der ca. 15.400 existierenden ICD-10-GM-Codes 360 klinisch homogene „Krankheiten" definiert (zu berücksichtigen war dabei u.a., dass die Kodierpraxis des medizinischen Personals durchaus unterschiedlich ist). Entsprechend der o.g. Vorgaben wird dann gefiltert und am Ende des Prozesses steht die Auswahl der 80 zu berücksichtigenden Krankheiten.

Innerhalb dieser Krankheiten werden unter Beachtung von Kostenhomogenität und entsprechend klinischer Sinnhaftigkeit ca. 200 Morbiditätsgruppen (MG) gebildet, die zusätzlich noch entsprechend ihres Schweregrades hierarchisiert werden, somit erhält man hierarchisierte MGs (HMG), in die die Versicherten eingruppiert werden, um die Höhe der Zuschläge an die Krankenkassen zu ermitteln. Innerhalb einer Hierarchie erhält die Kassen für jeden Versicherte aber nur einen Zuschlag (nämlich den jeweils höchsten), so dass pro Versichertem theoretisch bis zu 56 morbiditätsbedingte Zuschläge möglich sind (vgl. zuletzt Bundesversicherungsamt 2017).

An dieser Stelle des Systems befindet sich der eigentliche Morbi-RSA. Nur für den Bereich der medizinischen Leistungen für Inlandsversicherte mit

Sachleistungen ist die Morbiditätsorientierung von Bedeutung. Bei Versicherten, die Kostenerstattung anstelle der Sachleistungen gewählt haben, sowie für den Bereich der Zuweisungen für Krankengeld und für die Auslandsversicherten liegen der Zuweisungen keine direkten Morbiditätsinformationen zugrunde (vgl. Bundesversicherungsamt 2017). Damit ist nur der Bereich „medizinische Leistungen für Inlandsversicherte mit Sachleistungen" für die hier anzustellenden Betrachtungen relevant. Die Versicherten werden in Alters- und Geschlechtsgruppen (AGG), Erwerbsminderungsgruppen (EMG) und die oben beschriebenen HMGs klassifiziert. Die Zuschläge werden mittels einer multivariaten linearen Regression ermittelt. Als Datenbasis für diese Berechnungen dient eine Vollerhebung aller Versicherten der am RSA teilnehmenden Krankenkassen (das sind alle gesetzlichen Krankenkassen außer der Sozialversicherung für Landwirtschaft, Forsten und Gartenbau. Versicherte, die während eines Kalenderjahres die Kasse wechseln, werden anteilig nach Versichertentagen bei den verschiedenen Krankenkassen berücksichtigt.

Rechnerisch werden die Zuschläge mit der sogenannten Grundpauschale verknüpft. Diese wird in Höhe der durchschnittlichen Pflichtausgaben je Versichertem abzüglich der DMP-Pauschale berechnet und beträgt im Abschlagsverfahren für 2019 (die endgültige Abrechnung erfolgt erst im Herbst 2020) 3.143,98 Euro (vgl. Bundesversicherungsamt 2018b). Daher ergeben sich die Zuweisungsbeträge für die einzelnen Risikovariablen als Zu- und Abschläge von der Grundpauschale, die sich in der Summe über alle Versicherten auf 0 addieren.

Wie oben erwähnt werden zusätzlich zu den morbiditätsorientierten Zuweisungen Zahlungen für Satzungs- und Ermessensleistungen (ca. 15 Euro pro Jahr) sowie für Verwaltungskosten (ca. 81 Euro pro Jahr pro Person zuzüglich ca. 2,6 Cent pro Euro Zuweisung nach Morbidität) aus dem Gesundheitsfonds gezahlt. Für jede versicherte Person, die an einem DMP teilnimmt, erhält die Krankenkasse außerdem einen gesonderten Betrag (ca. 145 Euro pro Jahr). Die Summe dieser Zahlungen an alle Krankenkassen ergibt die kalkulierten Gesamtausgaben in der GKV in Höhe von 244 Milliarden Euro. Da aber die Beitragseinnahmen ohne Zusatzbeiträge nur 231 Milliarden Euro betragen, besteht eine Unterdeckung – diese wird dadurch ausgeglichen, dass die Zuweisungen an jede Krankenkasse pro ganzjähriges Mitglied um 233,78 Euro reduziert werden. Die Summe dieser Kürzungen beträgt somit 13 Milliarden Euro – der Betrag, den die Krankenkassen insgesamt nach Einkommensausgleich aus den erhobenen Zusatzbeiträgen ausgezahlt bekommen. (Siehe dazu auch Abbildung 2.)

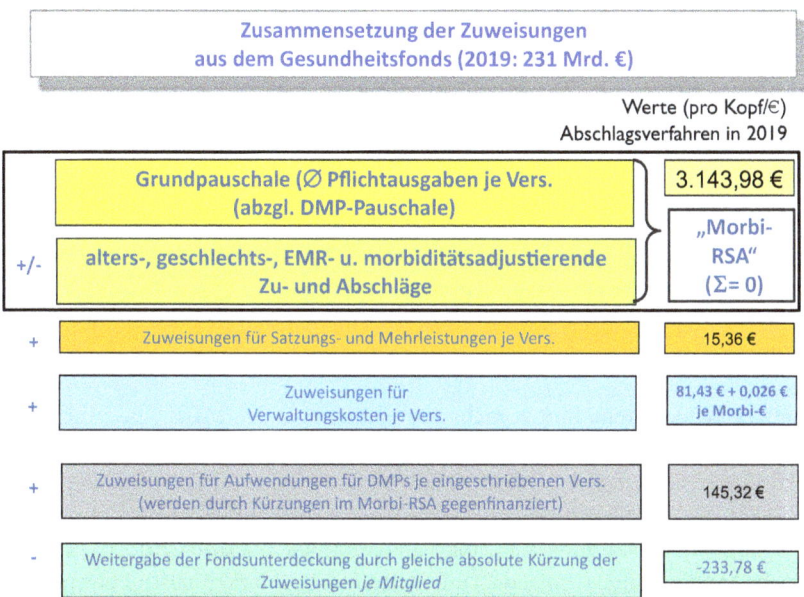

Abbildung 2: Zusammensetzung der Zuweisungen aus dem Gesundheitsfonds (2019: 231 Mrd. €)

Rolle von Arzneimitteln im RSA

Für die Eingruppierung der Versicherten in HMGs spielen ambulant verordnete Arzneimittel – neben den ambulanten und stationären Diagnosen – eine wichtige Rolle.

Zum Teil ist die Verordnung eines Arzneimittels Voraussetzung für die Anerkennung einer Krankheitsdiagnose. So ist eine Arzneimitteltherapie bei manchen Erkrankungen obligatorisch, z.B. bei Mukoviszidose, wo Medikamente z.B. der Wirkstoffgruppe A09, A11 oder B92 verordnet werden müssen, wenn ein Zuschlag ausgelöst werden soll.

Bei manchen Krankheiten dient die Arzneimittelverordnung dazu, die klinisch relevanten Fälle herauszufiltern, z.B. wird bei essentieller Hypertonie, bei gleichzeitiger Verabreichung von Medikamenten u.a. der Wirkstoffgruppe C07 oder C09 von einem klinisch relevanten Verlauf ausgegangen. Eine gelegentliche Einnahme eines Medikamentes reicht dabei zur Berücksichtigung nicht aus, bei Erwachsenen müssen in der Regel 183 Defined Daily Doses (DDD)/Jahr erreicht werden, bei Kindern 92 DDD/Jahr.

Bei anderen HMGs dient die Arzneimittelverordnung der Differenzierung von Schweregraden. Es gibt also jeweils eine Gruppe „ohne Dauermedikation" und eine Gruppe „mit Dauermedikation", wobei auch hier wieder in der Regel zur Erreichung des Kriteriums Dauermedikation 183 bzw. 92 DDD/Jahr erreicht werden müssen. Als Beispiele können hier die chronisch obstruktive Lungenerkrankung (englisch chronic obstructive pulmonary disease, COPD) oder Emphysem, Humane Immundefizienz-Viruskrankheit (HIV), Hämophilie und Multiple Sklerose genannt werden.

Neue Arzneimitteltherapien als Herausforderung für den Morbi-RSA

In letzter Zeit kommen immer mehr Arzneimittel auf den Markt, die zwar chronische Krankheiten bekämpfen, aber nicht dauerhaft eingenommen, sondern diskontinuierlich eingesetzt werden, z.B. im Rahmen einer Impulstherapie, bei der nach der Medikamentengabe eine längere Behandlungspause anschließt oder gar keine Behandlung mehr folgt. Bei Multipler Sklerose wird z.B. Alemtuzumab (Markenname: Lemtrada®) oder Cladibidrin (Markenname: Mavenclad®) in dieser Weise genutzt. Auch die Ansätze der Car-T-Zelltherapie-Ansätze (mit z.B. Tisagenlecleucel/Markenname: Kymriah®) sind hier zu nennen. Gerade in diesem letztgenannten Bereich, aber auch in anderen, sind in Zukunft noch weitere Arzneimittel zu erwarten (Berkemeier et al. 2018).

Es kann kontrovers diskutiert werden, ob diese Arzneimittel unter den jetzigen Bedingungen des Morbi-RSA nicht adäquat berücksichtigt werden. Dabei gibt es drei verschiedene Fallkonstellationen, die exemplarisch für Patienten mit Multipler Sklerose illustriert werden. Multiple Sklerose ist eine der 80 Auswahlerkrankungen – insofern ist grundsätzlich im Durchschnitt gewährleistet, dass die Krankenkassen – anders als bei Erkrankungen, die nicht zu den 80 Auswahlerkrankungen gehören (Drösler et al 2017), im Durchschnitt eine auskömmliche Zuweisung für die betreffenden Versicherten erhalten. In dieser Indikation besteht die HMG234, die eine Dauermedikation voraussetzt, sowie die HMG072, in die die/der Versicherte eingeordnet wird, wenn zwar die gesicherte Diagnose vorliegt, jedoch keine Dauermedikation erfolgt. In der HMG234 („mit Dauermedikation") beträgt (laut Abschlagszahlungen für 2019) der jährlich Zuschlag 14.121 Euro, in der HMG072 („ohne Dauermedikation") wird ein Zuschlag von 2.968 Euro ausgelöst.

Zum einen gibt es Patienten, die im Jahr vor der Impulstherapie (t-1) unter Dauermedikation stehen. Für diese werden im Jahr der Impulstherapie der Krankenkasse die Durchschnittskosten der Dauermedikation in der MS aus dem

RSA zugewiesen, weil die Patienten die Voraussetzungen zur Einordnung in die Dauermedikations-HMG 234 erfüllen. Auch im Jahr nach der Impulstherapie (t+1) ist das so, da die Impulstherapie zwar nur an wenigen Tagen verabreicht wird, die DDD aber so vom dafür zuständigen DIMDI (Deutsches Institut für Medizinische Dokumentation und Information) ausgewiesen werden, dass mindestens 183 DDD für das Jahr erreicht werden, also noch „Dauermedikation" anerkannt wird. Im Jahr nach der Impulstherapie (t+1) liegt aber dann keine Dauermedikation mehr vor, so dass der Versicherte von da an statt in HMG234, nur noch in die Morbiditätsgruppe „ohne Dauermedikation" (HMG072) eingruppiert wird. Somit hängt es von der Relation der Kosten der Impulstherapie zu den Durchschnittskosten der Dauermedikation ab, wie auskömmlich die Zuschläge insgesamt für die Krankenkasse sind.

Im zweiten Fall geht es um Patienten, die im Jahr vor der Impulstherapie (t-1) zwar diagnostiziert sind, aber keine Dauermedikation erhalten. Somit erfolgt im Jahr der Impulstherapie nur eine Eingruppierung in die HMG ohne Dauermedikation (geringerer Zuschlag), im Jahr nach der Impulstherapie, die ja genügend DDD auslöst, dann in die HMG mit Dauermedikation (höherer Zuschlag), danach aber wieder in die niedrigere HMG, die weniger auskömmlich ist. Somit ist die Wahrscheinlichkeit, dass die Krankenkasse genügend Gelder aus dem Morbi-RSA erhält, um die Kosten der neuen Therapie zu decken, auf jeden Fall geringer als in Fall 1. Zusätzlich ist die Zahlung des höheren Zuschlags (HMG 234) gegenüber dem Zeitraum der höchsten tatsächlich anfallenden Kosten um ein Jahr verschoben, was insbesondere bei Kassenwechsel relevant wird und sogar (zumindest theoretisch) Risikoselektionsanreize auslösen könnte.

Am schlechtesten sieht es für den Kostenträger aus, wenn die Krankheit im Jahr vor der Impulstherapie (t-1) noch gar nicht diagnostiziert war. Dann erfolgt nämlich im Jahr der Impulstherapie aufgrund des prospektiven Charakters des RSA-Modells gar keine gesonderte Zuweisung aus dem RSA. Im Folgejahr (t+1) wird dann der Zuschlag für die HMG mit Dauermedikation fällig, danach aber wird der Versicherte wieder in die niedrigere HMG ohne Dauermedikation klassifiziert, so dass geringere Zuschläge anfallen.

Grundstrukturen möglicher Lösungsansätze

Diskontinuierliche Arzneimitteltherapien stehen – wie die Analyse gezeigt hat – in gewisser Weise quer zur Logik des RSA. Die prospektive Ausgestaltung des RSA wird bei chronischen Erkrankungen deswegen als sachgerecht angesehen, da bei kontinuierlichen Therapien „nur" das erste Jahr der Therapie nicht zu Zuweisungen führt, die Folgejahre aber regelhaft die Therapie Zuweisungen auslösen. Bei den diskontinuierlichen Therapien aber finden Folgetherapien nicht (zumindest nicht regelmäßig) statt, hingegen werden die ansonsten in den Folgejahren anfallenden Therapiekosten von den Arzneimittelherstellern in dem kurzen Therapiezeitraum „eingepreist". Die im Vergleich zu kontinuierlichen Therapien überdurchschnittlichen Jahrestherapiekosten wiederum werden in den an Durchschnittsaufwendungen orientierten Zuweisungen nicht abgebildet.

Würde der Gesetzgeber vom prospektiven Modell des RSA zu einem **zeitgleichen Modell** wechseln, bei dem die Diagnosen des Ausgleichsjahres auch für die Berechnung der Ausgleichszahlungen zugrunde gelegt werden, würden im Jahr der diskontinuierlichen Therapie entsprechende Ausgleichszahlungen ausgelöst werden. Allerdings wird dem zeitgleichen Modell im Allgemeinen eine Abschwächung der Anreize zur Wirtschaftlichkeit zugeschrieben (Reschke et al. 2005), weswegen es in der aktuellen Debatte auch von niemandem gefordert wird.[1]

Auskömmliche Erstattungen für diskontinuierliche Therapien würden allerdings auch bei einem zeitgleichen Modell nur resultieren, wenn gleichzeitig ihre höheren Kosten berücksichtigt würden, zum Beispiel in dem die an Arzneimittel anknüpfenden Zuschläge entsprechend differenziert würden. Das Bundesversicherungsamt und sein Wissenschaftlicher Beirat lehnen eine solche **Arzneimittelkostengetriebene Differenzierung** bisher allerdings ab (Bundesversicherungsamt 2012). Die Fokussierung auf Therapieunabhängig durchschnittliche Kosten setzt in der derzeitigen Modelllogik Anreize für die Krankenkassen, auf die Verordnung kostengünstigerer Medikamente durch die Ärzte hinzuwirken und so die Gesamtkosten zu reduzieren.

Hochpreisige neue Arzneimitteltherapien werden im stationären Bereich häufig über NUB (neue Untersuchungs- und Behandlungsmethoden) oder Zusatzentgelte und nicht direkt über DRG abgerechnet, weshalb das Krankenhaus selbst keinen Anreiz zur Sparsamkeit hat. Muss das Krankenhaus die Arzneimitteltherapie hingegen aus der DRG finanzieren, bestehen Anreize zur restriktiven Umgang mit teureren Therapiealternativen. Im ambulanten Bereich bestehen wegen der Wirtschaftlichkeitsprüfungen Anreize für die Ärzte, sich eher restriktiv zu verhalten, wenn es kostenmäßig deutlich unterschiedliche Therapiealternativen gibt."

---

1 In der internationalen gesundheitsökonomischen Debatte werden zumeist prospektive Modelle bevorzugt. Aber z.B. der RSA im Affordable Care Act (ACA, in Deutschland bekannt als „Obama-Care") in den USA läuft wegen datentechnischer Restriktionen mit einem zeitgleichen Modell (Layton et al. 2018).

Um die negativen Anreize gegen den Einsatz von Arzneimitteln mit hohen Anfangsinvestitionen und geringeren Folgekosten, die zurzeit für die Krankenkassen bestehen, zu verringern, könnte ein sogenanntes „Abschreibungsmodell" ein potenzieller Lösungsansatz sein. Dabei würden die hohen Initialkosten über ein mehrjähriges Zuweisungskonzept, die „Abschreibungsdauer", innerhalb des RSA durch entsprechende Zahlungen vom Gesundheitsfonds an die Kasse ausgeglichen. Dies würde allerdings ein eigenes Modell mit jeweils der „richtigen Abschreibungsdauer" für jedes einzelne Medikament bedingen, also einen großen Aufwand bedeuten. Und auch hier müssten Modifikationen am prospektiven Charakter des RSA vorgenommen werden. Unbefriedigend wäre hier vermutlich die Situation bei Kassenwechsel vor Ende der Abschreibungsphase und auch beim vorzeitigen Tod des Versicherten.[2]

Ähnliche Überlegungen gibt es auch in der aktuellen Diskussion zu den zu geringen Anreizen zur Prävention im RSA, wie etwa im Sondergutachten des Wissenschaftlichen Beirats aus 2017 (Drösler et al. 2017) beschrieben. Aber auch hier wird letztendlich festgestellt, dass noch Forschungsbedarf besteht, um zu entscheiden, ob eine Änderung des Zuweisungsalgorithmus sinnvoll wäre oder nicht.

Ein vierter Lösungsansatz wäre die Wiederbelebung eines „Risikopools", also eine Lösung jenseits des RSA. Ein solcher Risikopool bestand in der Gesetzlichen Krankenversicherung schon von 2002 bis 2008 und erstattete den Krankenkassen Kosten für besonders teure Versicherte oberhalb eines gewissen Schwellenwertes (die Höhe wurde mehrfach verändert) zu 60 %. Mit der Reform des RSA 2009 wurde dieser Risikopool – entsprechend einer damaligen Gutachterempfehlung (Reschke et al. 2005) – abgeschafft, weil seine Notwendigkeit unter der Morbiditätsorientierung als nur noch sehr begrenzt angesehen wurde und er aufgrund seiner Ausrichtung an einer Kostenerstattung tatsächlicher Ist-Ausgaben der Krankenkassen den Anreiz der Krankenkassen zu wirtschaftlichem Verhalten verminderte. Inzwischen sind innovative Modelle einer Weiterentwicklung eines Risikopools vorgelegt worden (Schillo et al. 2016). Der Wissenschaftliche Beirat

---

2   Ein Abschreibungsmodell, das die Zuweisungen aus dem Gesundheitsfonds an die Krankenkaseen für Versicherte mit diskontinuierlichen Therapien über mehrere Jahre „streckt" weist interessante Parallelen zu der aktuellen Debatte auf, ob die Zahlungen der Krankenkassen an die Arzneimittelhersteller für solche Therapien ebenfalls über mehrere Jahre annualisiert werden sollten – und im übrigen auch Elemente von Risk Sharing beinhalten könnte, so dass die Zahlungen entfielen oder gekürzt würden, wenn in Folgejahren entgegen der Erwartung doch wieder Kosten auslösende Therapien erforderlich werden.

empfahl 2017 weitere Forschungen, bevor ein solcher Pool, der an Hochkosten oder an hohen Unterdeckungen nach Durchführung des RSA ansetzen könnte, sinnvoll zur Verringerung der negativen Deckungsbeiträge für Versicherte (u.a. mit hohen Arzneimittelausgaben) wäre (Drösler et al. 2017).

Fazit

Es ist unstrittig, dass Therapien mit hohen Initialkosten und anschließender Nachbeobachtung ohne weitere medizinische Maßnahmen, die zunehmend auf den Markt kommen, im aktuellen RSA im Vergleich zu Dauertherapien bzw. -medikationen mit negativen Anreizen für die Krankenkassen einhergehen. Dies ist sowohl durch den prospektiven Charakter des RSA-Modells als auch durch die nicht vorhandene Kostendifferenzierung (oder Pauschalierung) der Arzneimittelzuschläge bei HMGs „mit Dauermedikation" bedingt. Diese beiden Punkte sind zentrale Stellschrauben, will man das Problem der negativen Deckungsbeiträge bei solchen Therapien innerhalb des RSA angehen. Ein sogenanntes Abschreibungsmodell würde dabei eine elegante Konzeption darstellen, erforderte aber einen arzneimittelindividuellen Zuschnitt, der wohl aufgrund des hohen Aufwands eine Einführung verhindern würde. Außerhalb des RSA könnte man das Problem ggf. durch einen Risikopool für Hochkostenfälle lösen, der aber auch negative „Nebenwirkungen" erzeugen würde. So müssen die Vor- und Nachteile der verschiedenen Modelle untereinander und auch im Vergleich zum Status Quo gründlich in einem multidimensionalen Entscheidungsprozess abgewogen werden. Kern der Diskussionen sollte die Frage sein, wie „groß" das Problem überhaupt ist, in welchem Verhältnis also Aufwand und Nutzen von Reformen des RSA-Systems stehen würden.

Literatur:

Berkemeier, F., et al. (2018). Langwirksame Gentherapien: Aktuelle Entwicklungsaktivitäten und Herausforderungen für das GKV-System. Gesundheit – Mobilität – Bildung. IGES. Berlin, IGES Institut: 51.

Bundesversicherungsamt (2012). Erläuterungen zur Festlegung von Morbiditätsgruppen, Zuordnungsalgorithmus, Regressionsverfahren und Berechnungsverfahren für das Ausgleichsjahr 2013. Bonn.

Bundesversicherungsamt (2017). Festlegungen nach § 31 Abs. 4 RSAV für das Ausgleichsjahr 2019. Bonn.

Bundesversicherungsamt (2018a). Entwurf zur Auswahl der im morbiditätsorientierten Risikostrukturausgleich zu berücksichtigenden Krankheiten für das Ausgleichsjahr 2020. Bonn.

Bundesversicherungsamt (2018b). Bekanntmachung zum Gesundheitsfonds Nr. 1 /2019. Bonn.

Drösler, S., et. al. (2011). Evaluationsbericht zum Jahresausgleich 2009 im Risikostrukturausgleich. BMG. Berlin 2011.

Drösler, S., et al. (2017). Sondergutachten zu den Wirkungen des morbiditätsorientierten Risikostrukturausgleich. Erstellt durch den Wissenschaftlichen Beirat zur Weiterentwicklung des Risikostrukturausgleichs im Auftrag des Bundesministeriums für Gesundheit. Bonn, Bundesversicherungsamt.

Layton, T. J., et al. (2018). Health Plan Payment in US marketplaces: Regulated Competition with a week mandate. Risk Adjustment, Risk Sharing and Premium Regulation in Health Insurance Markets. Theory and Practise. T. G. McGuire and R. C. van Kleef. London Elsevier: 491–522.

Reschke, P., et al. (2005). Klassifikationsmodelle für Versicherte im Risikostrukturausgleich. Bonn, Bundesministerium für Gesundheit und Soziale Sicherung, Referat Information, Publikation, Redaktion.

Schillo, S., et al. (2016). High cost pool or high cost groups – How to handle high(est) cost cases in a risk adjustment mechanism? Health Policy, 2016, http://dx.doi.org/10.1016/j.healthpol.2016.01.003.

Wasem, J. (2015). GKV-Finanzarchitektur als Eckpfeiler der Wettbewerbsordnung: Stand und Weiterentwicklung. In: Gesundheits- und Sozialpolitik, 69, 2015, 28–33.

Abkürzungen

RSA:	Risikostrukturausgleich
Morbi-RSA:	morbiditätsorientierter Risikostrukturausgleich
GKV:	Gesetzliche Krankenversicherung
GKV-WSG:	Gesetz zur Stärkung des Wettbewerbs in der gesetzlichen Krankenversicherung, Wettbewerbsstärkungsgesetz
DMP:	Disease Management Programm
GKV-VEG:	Ges.etz zur Beitragsentlastung der Versicherten in der gesetzlichen Krankenversicherung, GKV-Versichertenentlastungsgesetz
BVA:	Bundesversicherungsamt
MG:	Morbiditätsgruppe
HMG:	Hierarchisierte Morbiditätsgruppe

ICD 10 GM:	Internationale statistische Klassifikation der Krankheiten und verwandter Gesundheitsprobleme, 10. Revision, German Modification
AGG:	Alters- und Geschlechtsgruppen
EMG:	Erwerbsminderungsgruppen
DDD:	Defined Daily Doses (definierte Tagesdosis, auch: angenommene mittlere Tagesdosis)
COPD:	Chronisch obstruktive Lungenerkrankung (englisch chronic obstructive pulmonary disease)
HIV:	Humane Immundefizienz-Virus
DIMDI:	Deutsches Institut für Medizinische Dokumentation und Information
ACA:	Affordable Care Act (Obama-Care)

Volker Ulrich und Dieter Cassel
Das AMNOG nach acht Jahren: Aktuelle Entwicklungen und Reformoptionen

1 Einleitung

Aktuell steht die Sicherheit der Arzneimittelversorgung im Fokus der Gesundheitspolitik (BMG 2019). Der Entwurf zum Gesetz für mehr Sicherheit in der Arzneimitteversorgung (GSAV) sieht unter anderem vor, dass künftig die Rückrufkompetenzen der Bundesoberbehörden erweitert werden und Krankenkassen bei Qualitätsmängeln auch pharmazeutische Unternehmer in Regress nehmen können. Unter Versorgungsaspekten ist vorgesehen, die Verordnung und Abgabe von Biosimilars zu fördern. Bei Orphan Drugs unterhalb der Umsatzschwelle sollen auch Umsätze außerhalb der vertragsärztlichen Versorgung erfasst werden, so dass sich die Umsatzschwelle von 50 Mio. Euro indirekt verringert. Und für Orphan Drugs sowie für Arzneimittel mit bedingter oder unter außergewöhnlichen Umständen gewährter Zulassung kann für die Nutzenbewertung eine begleitende Erhebung von Daten verlangt werden.

Der Gesetzgeber ist mit dem GSAV somit bestrebt, die Nutzenbewertung von Orphan Drugs weiterzuentwickeln, die grundsätzliche Privilegierung bleibt aber bestehen. Dass der G-BA bei einer unzureichenden Evidenzlage anwendungsbegleitende Datenerhebungen fordern kann, erscheint ein gangbarer Weg zu sein (Hecken 2019). Es gibt Indikationen, in denen es unmöglich oder unangemessen ist, für die Zulassungsphase Studien der höchsten Evidenzstufe zu fordern.

Die Industrie wendet dagegen ein, dass die bisherigen Regelungen zu Orphan Drugs ausreichen und vielen Patienten mit seltenen Erkrankungen Zugang zu innovativen Therapien ermöglichen (Thams 2019). Änderungen der von Patienten, Ärzten, Wissenschaft, Kassen und Unternehmen mitgetragenen Erstattungspraxis wie die neuen Sanktionsmöglichkeiten zur Nutzenbewertung von Orphan Drugs im GSAV hält sie deshalb nicht für angemessen. Die Absenkung der Umsatzschwelle oder die vorgesehenen individuell festlegbaren Datenerhebungen stellen aus dieser Perspektive schwer abschätzbare Unsicherheiten für die Entwicklung von neuen Therapien bei seltenen Leiden dar.

Damit gibt es erwartungsgemäß auch einige Schnittstellen mit dem im Jahr 2011 in Kraft getretenen Arzneimittelmarktneuordnungsgesetz (AMNOG).

Jenseits dieses Reformmosaiks analysiert der folgende Beitrag einige bislang vernachlässigte Wirkungszusammenhänge zwischen Nutzenbewertung, Preisfindung und Versorgungseffekten bei neuen Arzneimitteln.

2 Das AMNOG-Paradoxon

Das AMNOG zielt darauf ab, auch bei der Bewertung und Erstattung von Arzneimittel-Innovationen das Prinzip des „Value-Based Healthcare" anzuwenden (Porter 2010). Die zentrale Idee besteht darin, den Erfolg einer neuen medizinischen Intervention nicht allein am Effekt isolierter Prozeduren oder einzelner, allgemeiner Outcomes zu messen, sondern anhand des Wertes der Innovation für den Patienten. Dementsprechend sieht das AMNOG vor, dass neu zugelassene patentgeschützte Arzneimittel vor der Preisfindung ihren Zusatznutzen nachweisen müssen: Erst aufgrund einer frühen Nutzenbewertung (FNB) kann der Hersteller mit dem Spitzenverband der gesetzlichen Krankenkassen (GKV-SV) einen „Erstattungsbetrag" als Preis für sein Produkt verhandeln. Damit wurde zugleich eine neuartige Preisregulierung auf dem bis dahin noch relativ wenig regulierten Patentmarkt eingeführt, um hier einen von der GKV als Kostenträger befürchteten „systemgefährdenden" Preisauftrieb zu bremsen.

Im Rückblick gewinnt man den Eindruck, dass mit dem AMNOG ein „Circulus vitiosus" in Gang gekommen ist, bei dem die beabsichtigte Preis- und Kostendämpfung bei Arzneimittel-Innovationen (AMI) Anlass zu immer höheren Einführungs- bzw. Launchpreisen der nachfolgenden Produktgeneration geben, die gesundheitspolitisch mit noch strengeren Preisregulierungen beantwortet werden und damit paradoxerweise den nächsten Preisschub auslösen. Dies wird von uns als „AMNOG-Paradoxon" bezeichnet: Je erfolgreicher das AMNOG mit seiner auf Kostendämpfung zielenden Preisregulierung heute ist, umso höher werden die Launchpreise – und damit auch die Erstattungsbeträge – morgen bei den künftig zu erwartenden Innovationen sein, sollen die Patienten nicht unter der sonst nachlassenden Innovationsdynamik mit dem dadurch bedingten Ausbleiben arzneimittel-therapeutischer Fort-schritte leiden (Cassel 2018).

Die Gründe dafür sind schnell genannt: Weltweit immer stärker steigende F&E-, Regulierungs- und Vermarktungskosten müssen auf geringere Verordnungsmengen (epidemiologisches Marktpotenzial) der einzelnen AMI mit attestiertem Zusatznutzen umgelegt werden. Hierzu tragen maßgeblich die rasant zunehmenden Markteintritte von Orphan-Medikamenten (Orphans), die immer subtilere Bildung kleinster stratifizierter Patientenpopulationen, die hohen Anteile schlechter oder diffuser Bewertungen (kein Zusatznutzen; geringerer Nutzen als die ZVT) und nicht zuletzt eine unzureichende Marktdurchdringung (Diffusion) bei. Würde man versuchen, den hieraus resultierenden Preisauftrieb durch eine noch rigidere Preisregulierung mit direkten Preisinterventionen wie Moratorien, Festpreise, Höchstpreise u. ä. zu stoppen, könnten Markteintritte für AMI wirtschaftlich nicht mehr attraktiv sein und sich die Marktaustritte von bereits etablierten AMNOG-Präparaten mehren. Letztlich würde dadurch hierzulande die Versorgung der Patienten mit fortschrittlichen Arzneimittel-Therapien gefährdet (Cassel/Ulrich 2017, S. 55 ff.).

Dazu ist es bislang aber nicht gekommen. Das zeigt sich insbesondere an den weiter kräftig steigenden Launchpreisen und Therapiekosten der neuen Biopharmazeutika bzw. Gentherapien und schlägt sich in der anhaltenden Kontroverse um „Mondpreise" als Mythos oder Ausgabentreiber nieder (Cassel/Ulrich 2016). Hieraus wird zugleich ein weiteres Paradoxon ersichtlich: Es besteht darin, dass es trotz des Preisauftriebs bei neuen Medikamenten nicht zu der vielfach befürchteten „Kostenexplosion" bzw. „Ausgabenlawine" im Bereich der Arzneimittelversorgung gekommen ist: „Es gibt keine Ausgabenlawine, auch wenn die Preise in ungewohnte Höhen steigen" (Häussler, 2019, S. 5).

Wie Abbildung 1 bestätigt, ist nämlich die Entwicklung der GKV-Arzneimittelausgaben insofern völlig unauffällig, als ihr prozentualer Anteil sowohl an den GKV-Ausgaben als auch am Bruttoinlandsprodukt (BIP) über die letzten Jahre hinweg praktisch konstant geblieben ist. Dies ist sicherlich auch ein Verdienst der Gesundheitspolitik: Sie hat schon seit längerem auf dem Generikamarkt den Preiswettbewerb schrittweise intensiviert und damit – quasi kompensatorisch zum Patentmarkt – zur moderaten Entwicklung der Arzneimittelausgaben insgesamt entscheidend beigetragen (Danzon et al. 2005; Stargardt/Schreyögg 2016).

Darüber hinaus gibt es aber auch im Patentmarkt ökonomische Wirkungszusammenhänge, die eine ausufernde Ausgabenentwicklung im Wege der Selbstregulierung verhindern können. Hierbei spielt ein wirksamer arzneimitteltherapeutischer Produkt- bzw. Innovationswettbewerb eine entscheidende Rolle (Zukunftsrat der Bayerischen Wirtschaft 2018). Denn der durch Patentschutz für eine gewisse Zeit vor Imitationen geschützte Innovator behält nur solange sein Produktmonopol, wie keine Konkurrenten mit neuartigen, überlegenen Wirkstoffen oder Wirkstoffkombinationen in den Markt eintreten und seine bisherige Monopolstellung bestreiten (Cassel/Ulrich 2015, S. 87 ff.).

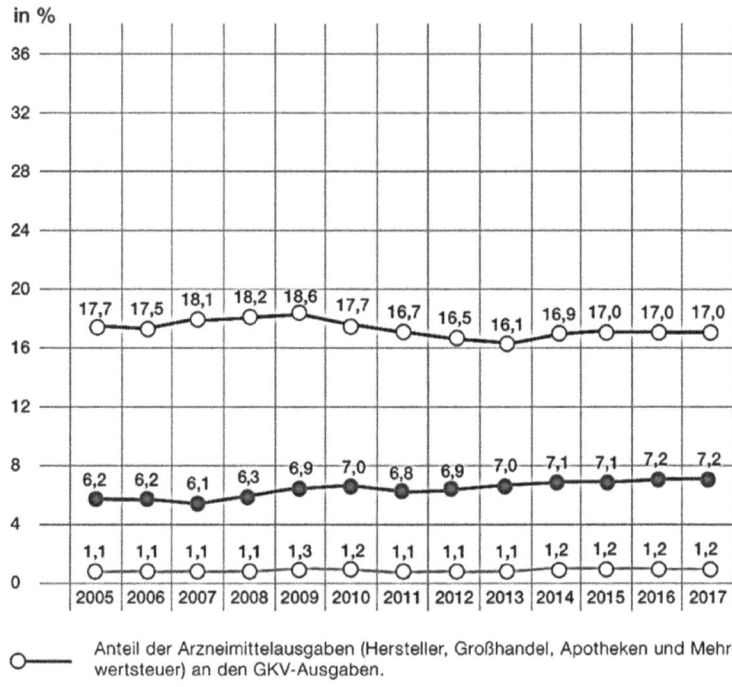

Abbildung 1: Entwicklung ausgewählter Ausgabenanteile im Gesundheitssystem (2005–2017)
Quelle: Eigene Darstellung nach Daten des BPI und BMG 2018.

Kommt es nämlich – wie seit 2014 bei den modernen Hepatitis-C-Präparaten nach dem Launch von Sovaldi® als erstem dieser Produkte – alsbald zum Markteintritt therapeutisch gleich- oder höherwertiger Folgeprodukte anderer Hersteller, müssen diese im Wettbewerb um Marktanteile ihre Launchpreise niedriger ansetzen und danach auch niedrigere Erstattungsbeträge akzeptieren. Infolgedessen sinken die Therapiekosten umso mehr, je größer der Versorgungsanteil der nachfolgenden AMI und je geringer die Marktbedeutung des „Altoriginals" wird. Für dessen Hersteller bedeuten sinkende Absatzmengen und Erlöse zugleich eine „implizite" Preissenkung.

Erfahrungsgemäß folgt die Marktschließung bei Produktinnovationen dem Verlauf einer S-Kurve: In der Anfangsphase sind die Verkaufsmengen noch gering und nehmen dann in der Expansionsphase zu. Das ist auch bei Arzneimittel-Innovationen meist nicht anders. Deshalb bleiben die Umsätze selbst bei hohen Launchpreisen im ersten Jahr in der Regel überschaubar und der Budget-Effekt für die Krankenkassen erträglich. Werden danach die Launchpreise durch Erstattungsbeträge abgelöst und damit mehr oder weniger stark abgesenkt und setzt dann noch der therapeutische Wettbewerb mit seinen impliziten Preissenkungen ein, wirkt dies den steigenden Verordnungsmengen in der Expansionsphase entgegen und begrenzt den sonst zu erwartenden Ausgabenschub.

Im Fall von Sovaldi®, in dem sich beide Seiten auf eine Absenkung des Launchpreises von 16.270 Euro pro Packung mit 28 Tabletten auf einen Erstattungsbetrag von 13.666,67 Euro geeinigt hatten, betrug die Ersparnis pro Packung 2.603,33 Euro und pro Tablette 92,98 Euro. Hiernach kostete die zwölfwöchige Standardtherapie die Kassen zu Apothekenverkaufspreisen (AVP) und nach Abzug aller gesetzlichen Abschläge 50.512 Euro. Das erscheint hoch, muss aber bei Heilung einer sonst tödlichen Krankheit im Sinne einer umfassend angelegten gesellschaftlichen Kosten-Nutzen-Abwägung nicht zu viel Geld sein.

Haben Medikamente das Potenzial zur vollständigen Heilung einer Krankheit, laufen die Hersteller zudem Gefahr, wirtschaftlich gesehen das Opfer ihres eigenen therapeutischen Erfolges zu werden, denn ihr Markt schrumpft dauerhaft auf das zur Behandlung von Neuerkrankungen notwendige Verordnungsvolumen. Dies hat – zusammen mit niedrigeren Launchpreisen der Sovaldi®-Folgeprodukte und ihrer anschließenden Ablösung durch ebenfalls niedrigere Erstattungsbeträge sowie mit vermehrter Gewährung zusätzlicher Vertragsrabatte – zu einem bemerkenswerten Rückgang der GKV-Ausgaben für die neuen Hepatitis C-Therapien geführt: Sie fielen von rund 1,3 Mrd. Euro in der Spitze in 2015 auf schätzungsweise nur noch 363 Mio. Euro in 2018. (Cassel/Ulrich 2018, S. 56 f.; IMS PharmaScope 2019).

Wenn Krankenkassen – wie auch insbesondere bei den neuen Krebsmedikamenten – über „Mondpreise" klagen, kritisieren sie zudem ihr eigenes Verhandlungsergebnis. So liegen in der Onkologie der GKV-Spitzenverband als Verhandlungsführer für die die Krankenkassen und die Hersteller gar nicht so weit auseinander: Der Unterschied zwischen der Preisvorstellung des Unternehmens vor Beginn der Verhandlung und dem tatsächlich ausgehandelten Preis beläuft sich auf rund 14 Prozent (Cassel/Ulrich 2019). Die Jahrestherapiekosten, die der G-BA bei der Nutzenbewertung neuer Therapien ausweist, überschätzen teilweise die Kosten in der realen Versorgung.

Das zeigt ein Vergleich mit tatsächlichen Marktdaten, den die BARMER Krankenkasse im Jahr 2017 veröffentlichte (Barmer 2017, S. 85). So geht der G-BA im Falle des Wirkstoffes Pomalidomid von Jahrestherapiekosten von 127.814 Euro aus, laut BARMER fallen aber durchschnittlich 44.419 Euro an – eine Differenz von 188 Prozent. Oder der Checkpoint-Inhibitor Pembrolizumab: hier ist die Differenz sogar 244 Prozent. Ähnliche Unterschiede lassen sich auch für viele andere Präparate aufzeigen. Dafür gibt es einen wesentlichen Grund: Die Zahlen des G-BA gehen davon aus, dass die Arzneimittel-Therapien ganzjährig angewandt werden. Um den in den Studien gezeigten therapeutischen Effekt zu erzielen, müssen die Medikamente in Wirklichkeit aber eher selten ununterbrochen 12 Monate eingenommen werden. Deshalb fallen die tatsächlichen Jahrestherapiekosten meist deutlich geringer aus.

3 FNB-Ergebnisse nach Untersuchungsebenen 2011–2018

Werden solche Wirkungsmechanismen oder Therapiegegebenheiten übersehen, kann dies leicht zu einer Überschätzung der Ausgabendynamik bei Arzneimitteln – und in Folge dessen zu verstärkter Kostendämpfung mittels Absenkung der Preise bzw. Erstattungsbeträge von neuen Medikamenten führen. Ein Hebel dazu böte die Frühe Nutzenbewertung (FNB); denn je geringer der attestierte Zusatznutzen ausfällt, desto niedriger ist erwartungsgemäß auch der nachfolgend vereinbarte Erstattungsbetrag (EB). Allerdings würde dadurch der Anreiz abnehmen, in pharmazeutische F&E zu investieren, so dass langfristig gesehen die Patientenversorgung mit fortschrittlichen Arzneimitteltherapien beeinträchtigt würde. Am Anfang dieser Spirale steht also die FNB mit ihren Bewertungsergebnissen.

Abbildung 2 zeigt die Resultate der FNB nach Untersuchungsebenen für den Zeitraum von 2011 bis Ende August 2018. Insgesamt sind 284 Verfahren erfasst worden. Davon hat der gemeinsame Bundesausschuss (G-BA) in 163 Fällen (57 Prozent) einen Zusatznutzen (ZN) attestiert, in 43 Prozent der Verfahren gilt der ZN als nicht belegt. Das Glas ist somit halbvoll bzw. halbleer, je nachdem, wie man diese Ergebnisse betrachtet.

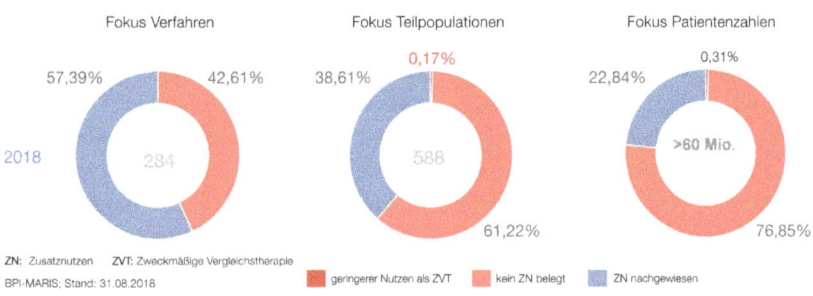

Abbildung 2: Bewertungsergebnisse nach Untersuchungsebenen (2011–2018)
Quelle: Darstellung nach BPI-Maris; Stand: 31.08 2018.

Bei den 284 Verfahren wurden insgesamt 588 Subgruppen gebildet und bewertet. Anders als in den Verfahren, überwiegt bei den Subgruppen das Ergebnis „kein ZN": In 359 Gruppen (61 Prozent) sah der G-BA nämlich den ZN als nicht belegt an; in einer Gruppe (0,2 Prozent) erkannte er sogar einen geringeren Nutzen gegenüber der Vergleichstherapie (ZVT). Dem standen lediglich 228 Teilpopulationen (39 Prozent) mit einem belegten ZN gegenüber.

Noch schlechter erscheinen die Bewertungsergebnisse des G-BA, wenn man darauf abstellt, wie viele Patienten in den verschiedenen Bewertungskategorien betroffen sind. Hiernach wären über alle Verfahren bzw. Indikationen hinweg über 60 Mio. Patienten grundsätzlich mit den neuen Arzneimitteln therapierbar. Davon hätten nach Einschätzung des G-BA maximal nur etwa 23 Prozent einen ZN, dagegen 77 Prozent keinen therapeutischen Vorteil, darunter einige sogar einen geringeren Nutzen.

Von Interesse ist auch die Verteilung der Fälle mit nachgewiesenen ZN auf die verschiedenen Nutzenkategorien („erheblich", „beträchtlich", „gering" und „nicht quantifizierbar"). Abbildung 3 zeigt im oberen Teil die prozentualen Anteile der Bewertungen, die auf diese vier Kategorien entfallen.

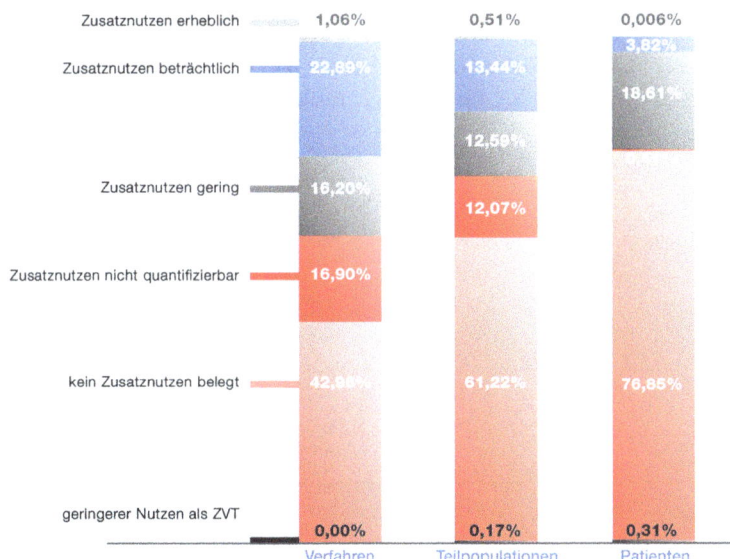

Abbildung 3: Bewertungsergebnisse nach Kategorien und Untersuchungsebenen (2011–2018)
Quelle: Darstellung nach BPI-Maris; Stand: 31.08.2018.

Wie nicht anders zu erwarten, hat der G-BA das höchste Prädikat „erheblich" lediglich im Ausnahmefall vergeben, nämlich nur in jeweils 3 von 284 Verfahren (rd. 1,1 Prozent) und in 10 von 588 Teilpopulationen (0,2 Prozent). Dementsprechend können nur 0,006 Prozent der Patienten in der Zielpopulation von diesen 3 Medikamenten mit einem „erheblichen ZN" profitieren. Etwas günstiger fällt die Bewertung in der zweithöchsten Kategorie „beträchtlicher ZN" aus: Ihre Anteile betragen bei den Teilpopulationen 13 Prozent und auf der Patientenebene 4 Prozent.

Dagegen attestiert der G-BA den meisten Präparaten mit nachgewiesenem ZN einen „geringen" oder „nicht quantifizierbaren" ZN auf diesen beiden Untersuchungsebenen. So kommt die Kategorie geringer ZN auf einen Anteil von rd. 13 Prozent bei den Subgruppen und 19 Prozent bei den Patienten, beim „nicht quantifizierbaren" ZN lauten diese Anteile 12 Prozent und 0,5 Prozent. Aus ökonomischer Sicht sind diese Resultate aber kaum zufriedenstellend, weil derart bewertete Präparate nur zum Teil Aussicht auf auskömmliche Erstattungsbeträge und Verordnungsmengen bieten.

Von Interesse ist auch die Frage, warum in den einzelnen Teilpopulationen kein ZN nachgewiesen wurde. Den Angaben in Abbildung 4 liegen wie bisher 588 Teilpopulationen zugrunde, von denen 360 (61 Prozent) vom G-BA keinen ZN attestiert bekamen. Davon durchliefen nur 54 (15 Prozent) ein Bewertungsverfahren, in dem der G-BA zu dem Ergebnis kam, dass ein ZN nicht belegt sei.

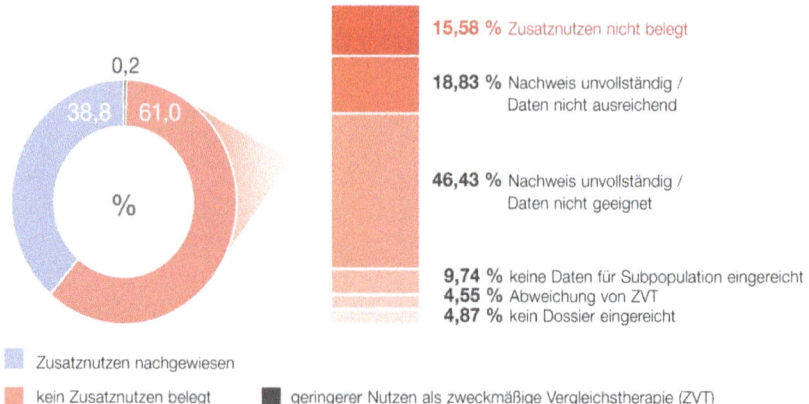

Abbildung 4: Begründungen des G-BA bei in der Kategorie „kein Zusatznutzen" (2011--2018)
Quelle: Darstellung nach BPI-Maris; Stand: 31.08.2018.

Dagegen attestierte der G-BA in den übrigen 306 Gruppen, also in 85 Prozent der Fälle, aus verschiedenen Gründen keinen ZN. Da in diesen Fällen materiell gar keine Bewertung erfolgte, „gilt" hier der ZN als nicht belegt. Dies geschah bei 167 Gruppen (46 Prozent) mit der Begründung des G-BA, dass die vom Hersteller erbrachten Nachweise unvollständig oder die vorgelegten Daten nicht geeignet seien; in weiteren 64 Gruppen (18 Prozent) erschienen dem G-BA die gelieferten Daten als nicht ausreichend.

Wenn kein ZN attestiert wird, hat das also in der weit überwiegenden Zahl der Fälle rein formale oder methodische Gründe. Sie können – abgesehen von nicht vorgelegten Daten und Dossiers – aus Abweichungen von den Anforderungen des G-BA bei der ZVT, der bestverfügbaren Evidenz, bei direkten oder indirekten Vergleichen, im Studiendesign, bei Surrogatparametern u. a. mehr resultieren (Rasch/Dintsios 2015). Deshalb ist zu beachten, dass „kein ZN" nicht heißt, dass einige der so gekennzeichneten Wirkstoffe bzw. Präparate tatsächlich nicht doch einen ZN haben können, der attestiert worden wäre, wenn sie der G-BA materiell bewertet hätte.

Insgesamt gesehen sprechen diese Befunde dafür, den gesamten Bewertungsablauf kritisch zu hinterfragen. Es ist nicht ausgeschlossen, dass Arzneimittel ohne attestierten ZN nicht doch im Versorgungsalltag von therapeutischem Vorteil sein können. Zudem lassen sich die wachsende Zahl von erneuten Nutzenbewertungen und ihre von der FNB abweichenden Ergebnisse als Zeichen dafür deuten, dass mit der frühen Nutzenbewertung des G-BA noch kein abschließendes Urteil über den therapeutischen Wert neuer Arzneimittel gesprochen sein kann (Greiner/Witte 2018, S. 37). Dies gilt es zu bedenken, wenn die FNB-Ergebnisse als valide Basis der nachfolgenden Preisfindung und geplanter Arzt- bzw. Arzneimittel-Informationssysteme dienen sollen.

3 Versorgungseffekte und Entwicklungstendenzen

3.1 Verfügbarkeiten

Die Erforschung und Entwicklung von neuen Medikamenten ist ein höchst langwieriger, risikobehafteter und kostspieliger Prozess. Forschende pharmazeutische Unternehmer benötigen deshalb verlässliche Rahmenbedingungen und positive Ertragserwartungen. Anderenfalls verlassen sie den nationalen Markt oder treten erst gar nicht ein. Auch aus globaler Perspektive können verringerte F&E-Anstrengungen einen gebremsten therapeutischen Fortschritt (mit)verursachen und dadurch langfristig zu einer Entwicklung führen, welche zu Lasten der Versorgung der Patienten mit innovativen Arzneimitteln beiträgt.

Abbildung 5 zeigt, dass im achten AMNOG-Jahr 15 Prozent der Arzneimittel-Innovationen nicht mehr am deutschen Markt verfügbar sind. Darunter sind freilich auch einige Präparate, die aus globalen unternehmensstrategischen Gründen vom Markt genommen wurden oder als wirksamere Nachfolgeprodukte desselben oder eines konkurrierenden Herstellers gelten.

Bei bestimmten chronischen Erkrankungen sind Marktaustritte möglicherweise zu verschmerzen, da häufig Therapiealternativen aus dem Bestands- und Generikamarkt zur Verfügung stehen. Das gilt aber nicht für Therapiegebiete, etwa bei der Epilepsie oder auch bei bestimmten onkologischen Erkrankungen, bei denen ein möglichst breites Versorgungsspektrum oder die Gewährleistung der Versorgungssicherheit im Vordergrund stehen.

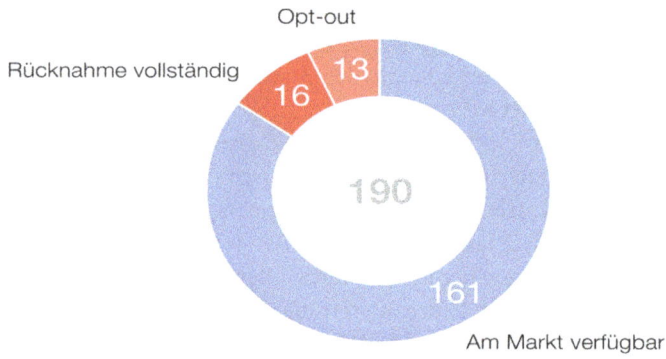

Abbildung 5: Verfügbarkeit von Arzneimittel-Innovationen nach Abschluss von Nutzenbewertung und Preisfindung (2011–2018)
Quelle: Darstellung nach BPI-Maris; Stand: 31.08.2018.

In einer Analyse für den Zeitraum zwischen Januar 2011 und Juni 2016 zeigen Staab et al. (2016), dass eine große Mehrheit der nicht mehr verfügbaren Medikamente die Bewertung kein Zusatznutzen belegt erhalten hat. Allerdings wurden knapp zwei Drittel der Medikamente zum Zeitpunkt der Nutzenbewertung zumindest in einer Leitlinie empfohlen und über 80 Prozent zum Ende des Betrachtungszeitraums im Juni 2016. Dabei war die Heterogenität in den Leitlinien hoch, wie auch die Akzeptanz klinischer Endpunkte zwischen der G-BA Bewertung und den Leitlinien sehr unterschiedlich ausfiel. Dies deutet darauf hin, dass diese unterschiedlichen Perspektiven angeglichen werden sollten und eine engere Abstimmung im Rahmen des Bewertungsprozesses stattfinden sollte, um Marktrücktritte seltener zu machen.

3.2 Mischpreise

Unter gewissen Bedingungen kann ein Arzneimittel mehrere, sich unterscheidende Bewertungen haben. Das ist die Regel bei stratifizierten Indikationen, bei denen das Arzneimittel für verschiedene Patientengruppen bewertet wird. Solche Konstellationen werden bei der Preisfindung im AMNOG-Verfahren durch die Bildung von Mischpreisen abgedeckt. Sie stellen sicher, dass ein verhandelter Preis für ein Arzneimittel allgemein gültig ist, d. h. er gilt unabhängig davon, welcher ZN in den einzelnen Patientengruppen attestiert wurde. Das Grundproblem der Mischpreise besteht aus ökonomischer Sicht darin, dass das AMNOG den Begriff „Wirtschaftlichkeit" nicht explizit definiert. Damit fehlen konkrete Vorschriften zur Preisfindung bei unterschiedlichem ZN in den Subgruppen stratifizierter Indikationen, um dem „Wirtschaftlichkeitsgebot" des § 12 (1) SGB V gerecht werden zu können.

Diese Lücke wird bislang eher pragmatisch geschlossen: Keiner der maßgeblichen Akteure stellt nämlich trotz anhaltender Kritik von Seiten der Krankenkassen die praktizierten Verhandlungs- und Schiedsverfahren einschließlich ihrer Ergebnisse grundsätzlich infrage, zumal sie das BMG als die Rechtsaufsicht führende Instanz toleriert und damit legitimiert (Bausch 2017). Das führt praktisch dazu, dass der Mischpreis im Verordnungsfall häufig nicht dem jeweiligen individuellen Zusatznutzen eines Patienten entspricht, was ja aufgrund der Mischpreislogik auch nicht zu erwarten ist.

Das Landessozialgericht Berlin-Brandenburg (LSG BB) hat dieses Verfahren im Jahr 2017 in einem Prozess um ein Antidiabetikum in Frage gestellt: Ein Mischpreis könne zu Verzerrungen führen, da er für Patientensubgruppen mit ZN zu niedrig und für jene ohne ZN zu hoch sei. Das wird von den LSG-Richtern als nicht nutzenadäquat angesehen (LSG BB vom 22.02.2017; Cassel/Ulrich 2017, S. 105 ff.). Inzwischen hat allerdings das Bundessozialgericht (BSG) am 4.7.2018 bestätigt, dass es auch weiterhin nur einen Preis für verschreibungspflichtige Arzneimittel geben wird und damit das Urteil des LSG BB aufgehoben.

Das BSG-Urteil erteilt den Vertragsärzten aber keinen Freibrief, neue Arzneimittel mit gemischten Subgruppenergebnissen ungehemmt verordnen zu können. Der Mischpreis hebelt nach dem BSG-Urteil nämlich den Grundsatz des wirtschaftlichen Verordnungsverhaltens nicht aus. Dass sich Vertragsärzte möglicherweise dem Risiko von Regressen aussetzen, wenn sie Patienten ein Arzneimittel aus einer Subgruppe ohne ZN verordnen, steht somit auch nach dem BSG-Urteil der Rechtmäßigkeit der Mischpreisbildung nicht entgegen. Im § 130b (2) SGB V wird vorgegeben, dass in Vereinbarungen zum Erstattungsbetrag via „Praxisbesonderheiten" sichergestellt werden kann, dass eventuelle unwirtschaftliche Verordnungen vermieden werden können. Weiterhin verweist das BSG darauf, dass mit der vom Gesetzgeber geplanten Einführung eines Arzt- bzw. Arzneimittel-Informationssystems bestimmte Regelungen zur wirtschaftlichen Verordnungsweise so ausgestaltet werden könnten, dass der Vertragsarzt eventuelle Regressrisiken vermeiden kann und somit keine mischpreisbedingten Versorgungseffekte mehr entstehen.

Allerdings bleibt das BSG-Urteil hinter den ökonomischen Erwartungen zurück. In diesem Kontext vertreten wir die Ansicht, dass Mischpreise grundsätzlich als wirtschaftlich gelten sollten, weil sie so kalkuliert sind, dass Unter- und Überdeckungen sich ausgleichen (Cassel/Ulrich 2017, S. 103 ff.) Aber es ist durchaus erkennbar, dass das BSG Verordnungen von Mischpreispräparaten auch bei negativ bewerteten Subgruppen für angemessen hält, falls es keine preiswerteren Alternativen gibt oder die zweckmäßige Vergleichstherapie nicht vertragen wird oder möglicherweise nicht wirkt.

3.3 Arztinformationssystem

Die Ergebnisse der Nutzenbewertung haben auch im achten AMNOG-Jahr nur begrenzten Einfluss auf die Marktentwicklung neuer Wirkstoffe. Das Ziel, dass Ärzte häufiger als bisher Medikamente verordnen, denen der G-BA einen ZN gegenüber der Standardtherapie bescheinigt hat, konnte nicht in dem erwünschten Ausmaß erreicht werden. Das Arzneimittelversorgungsstärkungsgesetz (AMVSG 2017) sieht die Entwicklung eines Arztinformationssystems (AIS) vor, das die Informationen aus der FNB den Ärzten in ihrer Praxissoftware zur Verfügung stellen soll.

Dazu wurde im Oktober 2018 ein Verordnungsentwurf (EAMIV – Elektronische Arzneimittelinformations-Verordnung) vorgelegt mit dem Ziel, die Ärztinnen und Ärzte besser über den ZN neuer Arzneimittel zu informieren. Im Vordergrund soll somit die Informationsabsicht und nicht etwa das Ziel einer Verordnungssteuerung stehen. Dementsprechend gibt der Gesetzgeber im vorliegenden Verordnungsentwurf die Mindestanforderungen vor, die an ein noch zu realisierendes Arzneimittel-Informationssystem zu stellen sind.

Die bisherige Kritik am zuvor intendierten AIS stammt insbesondere aus der Ärzteschaft, die in ihren Positionspapieren die Befürchtung äußern, dass ein AIS die Therapiefreiheit einschränken und letztlich der Verordnungssteuerung durch die Krankenkassen dienen könnte. Auch die Pharmaunternehmen äußern die Sorge, dass das AIS zur Verordnungssteuerung und Kostenbremse eingesetzt werden könnte (Greiner/Witte 2018, S. 143ff.). Es bleibt abzuwarten, ob und inwieweit die EAMIV und ihre Umsetzung diesen Bedenken Rechnung trägt.

Mit Blick auf die weitere Ausgestaltung wird es entscheidend sein, ob die Informationen aus der Beschlussfassung des G-BA zukünftig in inhaltlich aufbereiteter oder in ursprünglicher Form den Ärzten zur Verfügung gestellt werden sollen. Die strukturierte Aufbereitung der Nutzenbewertungsinformationen hätte sicherlich Vorteile, um Versorgungsziele zu erreichen. Diese müssten aber vom Gesetzgeber zunächst klar benannt werden, da bislang noch offen ist, welche Versorgungseffekte angestrebt werden.

Auch ist noch nicht geklärt, wie die bestehenden Widersprüche zwischen Zusatznutzenbewertung und Therapieerfordernissen gelöst werden, ohne dass es zu einer schlechteren Versorgung der Patienten kommt. Das betrifft beispielsweise die Frage, ob die G-BA Beschlüsse lediglich für den Praxisgebrauch aufbereitet werden oder ob das AIS auch Leitlinieninformationen enthalten soll. Grundsätzlich wurde die FNB etabliert, um Preisverhandlungen durch die vorhergehende Nutzenbewertung auf eine bessere Informationsbasis zu stellen. Daraus kann aber nicht unbedingt ein bestimmtes Verschreibungsverhalten der Ärzte abgeleitet werden. Die FNB ist letztlich immer nur eine Momentaufnahme, die sich im Wesentlichen auf Informationen im Rahmen der Zulassung des Arzneimittels stützt. Sie liefert keine sicheren, sondern nur wahrscheinliche Erkenntnisse zum voraussichtlichen Nutzen der Medikamente in der Versorgungspraxis.

Das BMG hat am 22.3.2019 einen überarbeiteten Referentenentwurf der EAMIV zur Stellungnahme vorgelegt. Darin wurden unter anderem Veränderungen im Hinblick auf die Darstellung der Jahrestherapiekosten inklusive der vorgesehenen Aktualisierungen sowie der ursprünglich vorgesehenen „Öffnungsklausel" vorgenommen, mit der weitere, über die Inhalte der G-BA-Beschlüsse zur FNB hinausgehende Informationen ermöglicht werden sollen.

3.4 Europäische Nutzenbewertung

Die EU-Kommission plant die Einführung einer europäischen Nutzenbewertung neuer Arzneimittel. Seit Januar 2018 liegen die Pläne dem europäischen Gesetzgeber (Europäischer Rat und EU-Parlament) vor. Die EU-Mitgliedstaaten haben bei diesen Themen bereits seit vielen Jahren freiwillig im Rahmen des Europäischen Netzwerks für Health Technology Assessment (EUnetHTA) zusammengearbeitet (Angelis et al. 2018). Diese bestehende Kooperation soll nun auf eine verbindliche rechtliche Basis gestellt und verstetigt werden, um die Zusammenarbeit auch nach Auslaufen der Projektförderung 2020 sicherzustellen.

Grundsätzlich erscheint eine europäische Nutzenbewertung sinnvoll, denn eine Italienerin ist nicht anders krank als eine Französin und ein Spanier profitiert nicht anders von einer Arzneimitteltherapie als ein Deutscher. Allerdings steht und fällt die Bewertung der Medikamente mit der Qualität der zugrundeliegenden Studien und der angewandten Bewertungsmethodik. Diesbezüglich hat sich die FNB als erster Teil des AMNOG-Procedere im Laufe der acht Jahre schon zu einem brauchbaren Verfahren zur Ermittlung des Zusatznutzens entwickelt.

Das Europäische Parlament hat inzwischen am 3.10.2018 den Verordnungsentwurf der Europäischen Kommission angenommen und weitere Klarstellungen zu den Rechten der Mitgliedstaaten vorgeschlagen. Künftig bewerten HTA-Experten aus den Mitgliedstaaten in einer Koordinierungsgruppe gemeinsam, ob ein neues Arzneimittel einen ZN gegenüber der Standardtherapie aufweist oder nicht. Das Ergebnis soll für alle Mitgliedstaaten verbindlich sein – eigene Bewertungen sollen sie nicht mehr vornehmen. Ethische Aspekte sowie die Preisgestaltung und Erstattungsfragen sollen aber nach wie vor in die Zuständigkeit der Mitgliedstaaten fallen. Dies ist auch wünschenswert, da die Zahlungsfähigkeit und Zahlungsbereitschaft mit Blick auf die Arzneimittelversorgung in den Mitgliedsländern der EU erwartungsgemäß sehr heterogen sind (Cassel/Ulrich 2012).

Der Vorteil einer europäischen Nutzenbewertung bestünde aus ökonomischer Sicht darin, dass sie eine striktere Trennung von Nutzenbewertung und Preisfindung ermöglichen würde und damit die bestehende Strategieanfälligkeit des AMNOG-Verfahrens vermeiden oder zumindest abschwächen könnte. Hinzu kämen noch beträchtliche Kostenersparnisse durch Wegfall nationaler Bewertungsverfahren sowie eine bessere Verzahnung von Zulassung und Nutzenbewertung bei der Europäischen Zulassungsbehörde EMA. Perspektivisch ist eine Einigung im „Trilog" zwischen Parlament, Kommission und Rat aber kaum vor Ende dieses Jahrzehnts zu erwarten.

4 Ausblick

Das AMNOG ist für die Preisfindung bei patentgeschützten Arzneimittel-Innovationen ein inzwischen weitgehend akzeptiertes Regulierungskonzept, auf das sich die Akteure in einem fortwährenden Lernprozess eingestellt haben. Preise für neu zugelassene Patentpräparate nach dem Prinzip „Money for Value" nutzenorientiert zu bilden, hat sich inzwischen auch in mehreren Ländern mit vergleichbaren ökonomischen Rahmenbedingungen etabliert. Die empirischen Ergebnisbefunde hierzulande deuten jedoch darauf hin, dass zunehmend versorgungsbezogene Wirkungen des AMNOG in den Blick rücken sollten und sich Fragen nach seiner Weiterentwicklung, insbesondere auch aus europäischer Perspektive, aufdrängen. Diskussionsbedarf besteht aktuell hinsichtlich der Möglichkeiten, ein AMNOG-basiertes Informationssystem für potenzielle Anwender, vor allem aber die verordnenden Ärzte, zu etablieren, ohne dabei

Gefahr zu laufen, dass es zur administrativen Steuerung der Arzneimittelversorgung instrumentalisiert wird. Bedenkenswert ist aber auch die gesundheitsökonomische Forderung, die FNB um Kosten-Nutzen-Analysen zu ergänzen, die stärker auf die praktischen Therapieerfahrungen (Real World Evidence) aufbauen und neue Bewertungsperspektiven eröffnen könnten.

Das AMNOG leistet bislang noch keine umfassende Medizin-Technikfolgenabschätzung. In anderen Länder wird beispielsweise berechnet, was ein neues Medikament für das Gesundheitssystem insgesamt an Einsparungen bringen kann: ambulante statt stationärer Behandlung, Erhalt der Erwerbsfähigkeit oder eine niedrigere Pflegewahrscheinlichkeit. Das hierzulande dominierende sektorale Denken hat schwerwiegende Folgen für die AMNOG-Bewertung: Neue Medikamente werden bewertet, ohne den gesellschaftlichen Nutzen systematisch zu erfassen und zu bewerten. Letztlich kann man über den Wert einer Arzneimittel-Innovation aber nur dann ein umfassendes Urteil fällen, wenn ihm eine gesellschaftliche Nutzen- und Kostenbewertung zugrundliegt. Es bleibt zu hoffen, dass sich das AMNOG dieser Herausforderung stellt und sich dabei einmal mehr als „lernendes System" erweist.

Literatur

Angelis, A. et al. (2018): Using health technology assessment to assess the value of new medicines: results of a systematic review and expert consultation across eight European countries, in: European Journal of Health Economics, 19(1), S. 123–152. DOI: 10.1007/s10198-017-0871-0.

Bundesministerium für Gesundheit – BMG (2019): Mehr Sicherheit in der Arzneimittelversorgung, URL: www.bundesgesundheitsministerium.de.

Bausch, J. (2017): Der Mischpreis steht auf der Kippe – Das LSG Berlin-Brandenburg torpediert das AMNOG, in: IMPLICONplus 4/2017.

Cassel, D. (2018): Vom AMNOG- zum TRUMP-Paradoxon, in: market access & health policy, 3(2018), S. 5–10.

Cassel, D.; Ulrich, V. (2012): Herstellerabgabepreise auf europäischen Arzneimittelmärkten als Erstattungsrahmen in der GKV-Arzneimittelversorgung. Zur Problematik des Konzepts internationaler Vergleichspreise. Gutachten für den Verband Forschender Arzneimittelhersteller e.V. (vfa), Berlin.

Cassel, D.; Ulrich, V. (2015): AMNOG auf dem ökonomischen Prüfstand. Funktionsweise, Ergebnisse und Reformbedarf der Preisregulierung für neue Arzneimittel in Deutschland. Gesundheitsökonomische Beiträge, Bd. 56, Baden-Baden.

Cassel, D.; Ulrich, V. (2016): Ungebremste Umsatzdynamik, Mondpreise und unverändert hohe Einsparpotenziale in der GKV-Arzneimittelversorgung?

Potemkinsche Dörfer im Arzneiverordnungs-Report (AVR) 2016. In: RPG – Recht und Politik im Gesundheitswesen, 22(2016,4), S. 89–102.

Cassel, D.; Ulrich, V. (2017): AMNOG-Check 2017. Gesundheitsökonomische Analysen der Versorgung mit Arzneimittel-Innovationen. Schwerpunktthema: Gefährdungsmomente der GKV-Versorgung bei AMNOG-Präparaten. Gesundheitsökonomische Beiträge, Bd. 58, Baden-Baden.

Cassel, D.; Ulrich, V. (2018): AMNOG-Daten 2018. Herausgeber Bundesverband der Pharmazeutischen Industrie e.V. (BPI), Berlin.

Cassel, D.; Ulrich, V. (2019): AMNOG-Daten 2019. Herausgeber Bundesverband der Pharmazeutischen Industrie e.V. (BPI), Berlin.

Danzon, P. et al. (2005), The Impact of Price Regulation on the Launch Delay of New Drugs-Evidence from Twenty-Five Major Markets in the 1990s, in: Health Economics, 14, S. 269–292.

Grandt, D. und Schubert, I. (Hg.) (2017): BARMER Arzneimittelreport 2017, Schriftenreihe zur Gesundheitsanalyse, Band 3, www.barmer.de.

Greiner, W.; Witte, J. (2018): AMNOG-Report 2018. Nutzenbewertung von Arzneimitteln in Deutschland. Schwerpunkt: Arztinformationssystem – Wie kommen die Ergebnisse in die Praxis? Beiträge zur Gesundheitsökonomie und Versorgungsforschung (Band 22), Herausgeber: Andreas Storm, Heidelberg.

Hecken, J. (2019): Mehr Regeln für Orphan Drugs?, in: Pharmareport 1, 4/2019, S. 5.

Porter, M.E. (2010): What is Value in Health Care?, in: New England Journal of Medicine 363, S. 2477–2481.

Rasch, A.; Dintsios, M. (2015): Subgruppen in der Frühen Nutzenbewertung von Arzneimitteln: eine methodische Bestandsaufnahme, in: Zeitschrift für Evidenz, Fortbildung und Qualität im Gesundheitswesen, 109), S. 69–78.

Staab, T.R. et al. (2018): Market withdrawals of medicines in Germany after AMNOG: A comparison of HTA ratings and clinical guideline recommendations, in: Health Economics Review, 1(23), DOI: https://doi.org/10.1186/s13561-018-0209-3.

Stargardt, T.; Schreyögg, J. (2016): The Impact on Cross-Reference Pricing on Pharmaceutical Prices – Manufacturers' Pricing Strategies and Price Regulation, in: Applied Health Economics and Health Policy 5(4), S. 235–247.

Thams, C. (2019): Mehr Regeln für Orphan Drugs?, in: Pharmareport 1, 4/2019, S. 5.

Zukunftsrat der Bayerischen Wirtschaft (2018): Gesundheit und Medizin – Herausforderungen und Chancen Analyse und Handlungsempfehlungen, www.vbw-zukunftsrat.de.

Wolfgang Axel-Dreyden
Arztinformationssysteme

Arztinformationssysteme (AIS) sind vom Gesetzgeber eingefordert worden, weil sich ihm der Eindruck vermittelte, dass mögliche Versorgungsverbesserungen basierend auf den Beschlüssen des Gemeinsamen Bundesausschusses (GBA) zum Zusatznutzen innovativer Arzneimittel nicht ankommen. Es ist noch nicht sehr lange her, dass sich diesen Eindruck auch selber hatte und kommuniziert habe. Neuere Daten aus der Kassenärztlichen Vereinigung Westfalen-Lippe (KVWL) zeigen aber, dass sich das Blatt gewendet hat. So ist die Verordnung innovativer Arzneimittel im Beobachtungszeitraum zwischen den dritten Quartalen der Jahre 2017 und 2018 um gut 16% angestiegen. Dagegen ist der Umsatz der Arzneimittel mit fortbestehendem Patentschutz, aber ohne Nutzenbewertung, leicht rückläufig.

Daher muss man sich die Frage stellen, welchem Zweck ein Arzt- oder besser Arzneimittelinformationssystem künftig vorrangig dienen soll und muss. Meiner Ansicht nach muss nach wie vor die Information im Fokus stehen. Das bedeutet, dass der Arzt bei einer therapeutischen Entscheidung Informationen erhalten soll, die für die Behandlung des konkreten Patienten wichtig sein können. Aus diesem Grund müssen die Informationen allerdings bestimmten Voraussetzungen folgen:

- sie sollen dem Arzt zur Verordnung bei gegebener Indikation motivieren
- sie sollen dem Arzt Vorordnungssicherheit auch bei hochpreisigen Arzneimitteln bieten
- sie dürfen keinen erhöhten Regressdruck bewirken
- sie dürfen die therapeutischen Optionen auch außerhalb der mit Zusatznutzen bewerteten Subindikationen nicht einschränken, soweit sie sich im Zulassungsspektrum des innovativen Arzneimittels befinden
- die Information muss sich in den „work-flow" des Arzt-Patientenkontaktes integrieren
- sie muss relevant sein
- sie muss schnell erfassbar und einordnungsfähig sein.

Damit ein AIS insbesondere die letztgenannten Kriterien nach den eigenen Vorstellungen optimal erfüllt, muss der Arzt die Möglichkeit haben, zwischen den im Markt befindlichen technischen Umsetzungen eines AIS unabhängig von seinem Praxisverwaltungssystem (PVS) auszuwählen und dieses barrierefrei in sein eigenes PVS zu integrieren.

Auf jeden Fall wird die Entwicklung, Fortführung und Pflege eines AIS Aufwände bei den Softwarelieferanten erzeugen, die diese als Kosten an die Ärzte weiterreichen. Diese Kosten müssen realistisch erfasst und dem Arzt als zusätzlicher Aufwand erstattet werden.

Der eingangs berichtete Eindruck bezüglich eines weiterhin sehr zögerlichen Marktzugangs bei Innovationen mit anerkanntem Zusatznutzen ist zum Teil sicherlich auch auf die Zielrichtung des Bewertungsprozesses zurück zu führen. Bestehender oder fehlender Zusatznutzen ist letztlich ein Indikator, der zur Verhandlung eines wirtschaftlichen Erstattungspreises dient. Allerdings wird ein Zusatznutzen erfahrungsgemäß einer Innovation nicht für das gesamte Spektrum der arzneimittelrechtlichen Zulassung anerkannt, sondern für Teil- bzw. Subindikationen innerhalb derselben. Dies hatte zur Folge, dass die Verhandlungen wirtschaftlicher Erstattungspreise überwiegend zu Mischpreisen führten.

Mischpreise bewerten den Wert bei Einsatz des jeweiligen Arzneimittels sowohl innerhalb als auch außerhalb der positiv monographierten Teilindikation. Dazu werden sowohl der Preis der Vergleichsmedikation, ein fiktiver Mehrwert für den Zusatznutzen und vermutete Verordnungsfrequenzen in den einzelnen Anwendungen zusammengeführt. Infolge dessen muss ein indizierter Einsatz einer Innovation mit verhandeltem Erstattungspreis wirtschaftlich sein. Eine Funktion des AIS, die die Verordnungsfähigkeit in die positiv bewerteten Teilindikationen lenkt, ist damit nicht nur falsch. Sie würde de facto auch zu einem unzulässigen Verordnungsausschluss für die übrigen Einsatzgebiete innerhalb der arzneimittelrechtlichen Zulassung führen.

Das wesentliche Problem, das sich aus der Verhandlungsmethode heraus ergibt, liegt darin, dass ein von den getroffenen Annahmen abweichendes tatsächliches Verordnungsverhalten bezüglich der Frequenz der differenzierten Einsatzoptionen eine der Verhandlungsparteien übervorteilen kann. So bewirkt eine überproportionale Verordnung außerhalb der mit Zusatznutzen bewehrten Indikationen fehlerhaft hohen Kosten für die Seite der Krankenversicherer, in der anderen Richtung führt sie zu geringen Umsätzen für die pharmazeutischen Unternehmen. Eine Steuerung aus dem AIS heraus kann dieses Problem nicht lösen, da nicht die arzt- und patientenindividuelle Verordnung, sondern die Kumulation aller Verordnungen die beschriebene Schieflage auslöst.

Die Lösung dieser denkbaren Fehlentwicklung bestünde in einer über die bestehende Kodierpflicht der Ärzte hinausgehenden Informationsdienstleistung, mit der die Realverordnungspraxis abgebildet und bewertet werden kann.

Auf dieser Basis könnten bei von den Annahmen abweichenden Ergebnissen Nachverhandlungen ermöglicht werden.

Ein AIS kann auch in anderen Fragen der Wirtschaftlichkeit keine Steuerung vornehmen. Dies ist auch gar nicht vonnöten, da die gesetzlichen Krankenkassen bereits verschiedenste Möglichkeiten der Preissteuerung haben und nutzen. Diese reichen von altbekannten Rabattverträgen für patentfreien Arzneimittel über Rabattvereinbarungen für patentgeschützte, open house-Verträge z.B. für Biologicals, bis hin zu Cappingverträgen oder Rückerstattungsvereinbarungen zu Innovationen. Diese Vertragsmöglichkeiten können in einem AIS weder in ihrer Vielfalt, ihren Auswirkungen auf die individuelle Therapieauswahl bei Medikamenten ohne identische Alternative, noch auf die tatsächlich den Versicherern entstehenden Kosten abgebildet werden.

Zudem ist der Fokus auf die in einem Jahreszeitraum (Prüfzeitraum) entstehenden Kosten bei etlichen innovativen Therapieansätzen nicht mehr angebracht. So ersetzen neue, auf einen begrenzten Zeitraum geplante kostenträchtige Behandlungen immer häufiger bislang lebensbegleitende Therapien (Beispiel: Hepatitis C Behandlung). Die Kosten fallen dabei konzentriert in einem kurzen Zeitfenster an und belasten ein ärztliches Verordnungsbudget ad hoch. In der Summe hätte die auf lange Zeit angesetzte Vergleichstherapie die Krankenversicherung kaum weniger belastet, wäre aber auf der Arztseite wegen ihrer zeitlichen Dimension nicht in Erscheinung getreten. Das legt den Schluss nahe, dass die bisherige Wirtschaftlichkeitsbetrachtung auf Grundlage der in einem Prüfzeitraum entstandenen Kosten das Potenzial birgt, entgegen dem politischen Willen insbesondere den Einzug hochpreisiger Innovationen in die Versorgung der Patienten zu behindern. Ärztliche Behandlung ist nicht mehr an den Momentausgaben der Krankenversicherungen zu messen, sondern allenfalls an neu zu definierenden Versorgungszielen oder anderen Qualitätsaspekten.

Schlussendlich können Arztinformationssysteme hilfreiche Instrumente sein, die Versorgung von Patienten in Deutschland verbessern. Sie müssen sich in den Alltag friktionsfrei integrieren und angstfreie Verordnung auch hochpreisiger Arzneimittel ermöglichen. Sie dürfen über die Information keine weiteren Funktionen wie z.B. Steuerungsaspekte enthalten. Die kostenseitige Wirtschaftlichkeit kann über das Vertragsverhältnis zwischen Krankenversicherern und pharmazeutischen Unternehmen hergestellt werden. Die ärztliche Verantwortung ist die qualitätsgesicherte, zutreffende Therapieauswahl. Daher muss sich begleitend zur Einführung von AIS auch der Fokus der Wirtschaftlichkeitsbeurteilung ärztlichen Handelns von den Kosten auf die Qualität verlagern.

Johann-Magnus v. Stackelberg, Dr. Anja Tebinka-Olbrich und
Dr. Kerstin Pietsch

Aktuelle Herausforderungen für die Arzneimittelversorgung

1. Ausgabenentwicklung im Bereich Arzneimittel

Aus der Amtlichen Statistik KJ 1 geht hervor, dass die Arzneimittelausgaben trotz verschiedener Kostensteuerungsinstrumente seit Jahren kontinuierlich steigen (vgl. Abb. 1). Wesentliche Gründe für den besonders großen Anstieg im Jahr 2014 waren nicht nur das Auslaufen des erhöhten Herstellerabschlages zum 31.12.2013, sondern auch die Verordnung von Arzneimitteln im Bereich der neuen Hepatitis-C-Behandlung. Einerseits durch Wettbewerb und andererseits durch die abgeschlossene Behandlung vorhandener Patienten entwickelten sich diese Ausgaben später sogar rückläufig. Derzeit bewegt sich das Ausgabenniveau in diesem Therapiebereich auf einem stabilen Niveau.

Der Arzneiverordnungsreport 2018 beziffert die Arzneimittelausgaben in 2017 insgesamt auf 39,9 Mrd. EURO. Damit liegen sie 1,4 Mrd. EURO (3,7%) über den Ausgaben des Jahres 2016 (vgl. Schwabe, U. und Ludwig, W.-D. 2018, S. 3). Hauptursache sind weiterhin patentgeschützte Arzneimittel mit Umsätzen von 18,5 Mrd. EURO, die ihren Anteil am Gesamtumsatz damit in den letzten Jahren von 33% auf 45% gesteigert haben. Patentarzneimittel kosten mittlerweile im Mittel 6,98 EURO pro Tagesdosis und sind damit fast 20 Mal teurer als Generika mit durchschnittlichen 0,36 EURO pro Tagesdosis. Auch konnten Biologika seit 2007 ihren Umsatz fast verdreifachen und liegen im Jahr 2017 bei 11,7 Mrd. EURO. Dieser Ausgabenanstieg wird dadurch begünstigt, dass ein großer Teil der Arzneimittel noch unter Patentschutz steht und bei patentfreien Wirkstoffen Biosimilars immer noch einen geringen wenn auch zunehmenden Marktanteil aufweisen.

2. Trends in der Arzneimittelversorgung

Aktuell sind verschiedene Entwicklungen zu beobachten, welche die Ausgaben für Arzneimittel weiter steigen lassen. Dies sind u.a. die seit Jahren zu beobachtende Preissteigerung bei Neueinführungen, eine steigende Anzahl teurer Orphan Drugs, der vermehrte Einsatz von Arzneimitteln in Kombinationstherapien und der Trend hin zu Neuartigen Arzneimitteltherapien (sog. ATMPs, Advanced Therapy Medicinal Products).

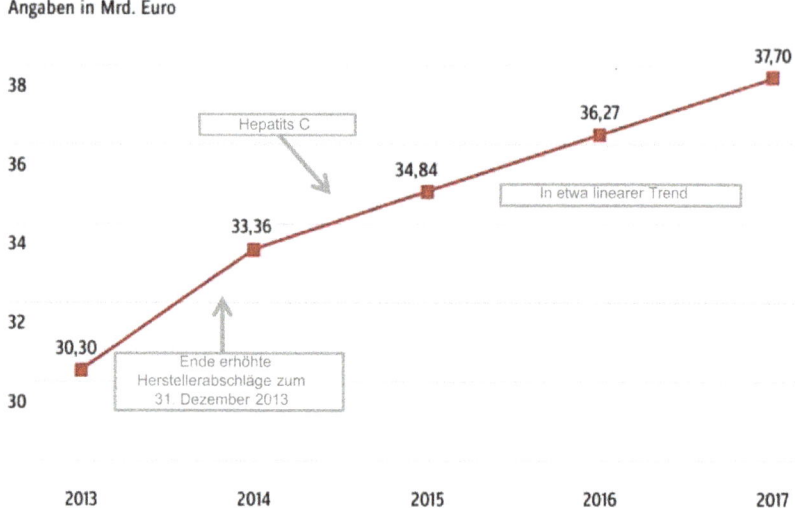

Abbildung 1: Ausgaben für Arzneimittel (Apotheken, Versandhandel und Sonstige)
Quelle: Amtliche Statistik KJ 1; Darstellung: GKV-Spitzenverband (modifiziert).

2.1 Preisanstieg bei neuen Arzneimitteln: Trotz oder wegen AMNOG?

Seit Einführung des AMNOG steigen die durchschnittlichen Packungspreise neuer patentgeschützter Arzneimittel stark an, d.h. von im Mittel ca. 1.000 EURO pro Packung in 2010 auf nunmehr 6.000 EURO pro Packung in 2018 (vgl. Schröder, M. und Telschow, C. 2018, S. 178, Abb. 5.5). So kosten von den 34 im Jahr 2017 neu in den Markt eingeführten Wirkstoffen 24 Arzneimittel mehr als 20.000 EURO pro Jahr. Die meisten der sich darunter befindlichen Onkologika haben Jahrestherapiekosten über 60.000 EURO. Insgesamt 7 Orphan-Arzneimittel stellen die Spitzenreiter mit mehr als 100.000 EURO pro Jahr (Schwabe, U. und Ludwig, W.-D. 2018, S. 13ff). Das mag zum Teil daran liegen, dass die Preisfreiheit des 1. Jahres ausgenutzt wird, um den Umsatz zu maximieren. Zudem liegt die Vermutung nahe, dass die pharmazeutischen Unternehmen, die Rabatte, die sie im Rahmen der Erstattungsbetragsverhandlungen ab dem 13. Monat nach Inverkehrbringen geben werden, bei Marktzugang „einpreisen". Die entscheidende Schwäche des AMNOG-Verfahrens liegt hier in den nicht rückwirkend geltenden Erstattungsbeträgen. Besonders gravierend wirkt sich dies bei Arzneimitteln ohne festgestellten Zusatznutzen aus, für die seitens des

Gesetzgebers sogar konkrete Vorgaben für eine preisliche Obergrenze vorgeschrieben sind.

2.2 Orphan Drugs

In der Europäischen Union (EU) gilt eine Krankheit als selten, wenn sie nicht mehr als fünf je 10.000 Personen betrifft. Lange Zeit wurde die Beforschung und Entwicklung von Arzneimitteln gegen diese seltenen Erkrankungen, sog. Orphan Drugs, wegen der geringen Anzahl an Patienten und der damit verbundenen geringeren Umsatzerwartung durch die pharmazeutische Industrie vernachlässigt. Daher wurden Anreizstrukturen für die pharmazeutischen Unternehmen geschaffen, sowohl auf EU-Ebene (z. B. kostenfreie wissenschaftliche Beratung zur Marktzulassung, Reduktion der Gebühren der Marktzulassung, Marktexklusivität für zehn bzw. eine Erweiterung um zwei Jahre bei pädiatrischen Indikationen, vgl. Schröder, M. und Telschow, C. 2018, S. 185), als auch innerhalb der einzelnen Länder (z. B. Steuervergünstigungen und Forschungsförderung, vgl. Roll et al. 2011). In Deutschland kommt die Bevorteilung im Rahmen der frühen Nutzenbewertung hinzu. Ein Orphan Drug erfährt nur eine volle Zusatznutzenbewertung bei einem Umsatz von mehr als 50 Mio. EURO in jeweils 12 aufeinanderfolgenden Kalendermonaten. Davor gilt der medizinische Zusatznutzen gemäß § 35a Absatz 1 Satz 11 SGB V durch die Zulassung als belegt. Der Gemeinsame Bundesausschuss (G-BA) bestimmt dann gemäß 5. Kapitel § 12 Absatz 1 Nummer 1 Satz 2 der Verfahrensordnung des G-BA (VerfO) nur das Ausmaß des Zusatznutzens.

Die Anzahl der Orphan Drugs stieg in den letzten Jahren kontinuierlich an. Sie verursachen eine deutlich stärkere Umsatzdynamik als der Restmarkt (vgl. Schröder, M. und Telschow, C. 2018, S. 186). Auch beim Vergleich der im AMNOG-Markt in den Jahren 2011 bis 2017 abgegebenen DDD („Defined Daily Dose"/Tagesdosen; siehe Abb. 2) zum Umsatz auf Basis des Apothekenverkaufspreises (siehe Abb. 3) zeigt sich, dass ein relativ geringer Anteil (ca. 1–2%) der DDD am AMNOG-Gesamtmarkt einem erheblichen Anteil am Umsatz (ca. 10–15%) gegenüber steht (jeweils oberste Schicht in den Abb. 2 und 3).

Leider profitieren Patienten nicht entsprechend, denn der G-BA stellt häufig einen unklaren bzw. nicht ausreichend quantifizierbaren Zusatznutzen fest (vgl. Abb. 4). Die Datenlage ist wegen der erleichterten Zulassungsbedingungen bei der EMA (vgl. Verordnung (EG) Nr. 141/2000 des Europäischen Parlaments und des Rates vom 16. Dezember 1999 über Arzneimittel für seltene Leiden) häufig nicht ausreichend, um den Zusatznutzen im Rahmen der frühen Nutzenbewertung nach §35a SGB V befriedigend quantifizieren zu können. Daher spricht der G-BA in mehr als der Hälfte (58,1%) aller Nutzenbewertungen zu Teilindikationen bei Orphan Drugs einen nicht-quantifizierbaren Zusatznutzen aus (zum Vergleich: Bei Nicht-Orphan-Arzneimitteln sind es nur 4,5% mit nicht-quantifizierbaren Zusatznutzen). Vermehrt wird im Falle von Orphan Drugs das Ausmaß „nicht-quantifizierbar" allein wegen der gesetzlichen Fiktion des Zusatznutzens vergeben (vgl. u. a. G-BA-Beschlüsse zu Obinutuzumab (G-BA 2018a) und Niraparib (G-BA 2018b). Der G-BA führt hier zum Ausmaß des Zusatznutzens bspw. aus: „Der G-BA stuft das Ausmaß des allein aus rechtlicher Sicht nach § 35a Absatz 1 Satz 11 Halbsatz 1 SGB V zu unterstellenden Zusatznutzens von Obinutuzumab bzw. Niraparib auf Basis der Kriterien in § 5 Absatz 7 der AM-NutzenV unter Berücksichtigung des Schweregrades der Erkrankung und des therapeutischen Ziels bei der Behandlung der Erkrankung derzeit als nicht quantifizierbar ein."

Die Problemlage wird auch deutlich anhand der aktuell 10 Teilindikationen bei Orphan Drugs, die nach einer Vollbewertung nach Überschreitung der 50 Mio. EURO Umsatzgrenze (vgl. §35a Absatz 1 Satz 12 SGB V) aufgrund der mangelhaften Evidenzlage keinen echten Zusatznutzen durch den G-BA zugesprochen bekamen (z. B. Pomalidomid (G-BA 2016a), Ibrutinib (G-BA 2016b), Macitentan (G-BA 2017), Daratumumab (G-BA 2018c)). Vor diesem Hintergrund lässt sich bezweifeln, dass der oft sehr hohe Preis immer gerechtfertigt ist.

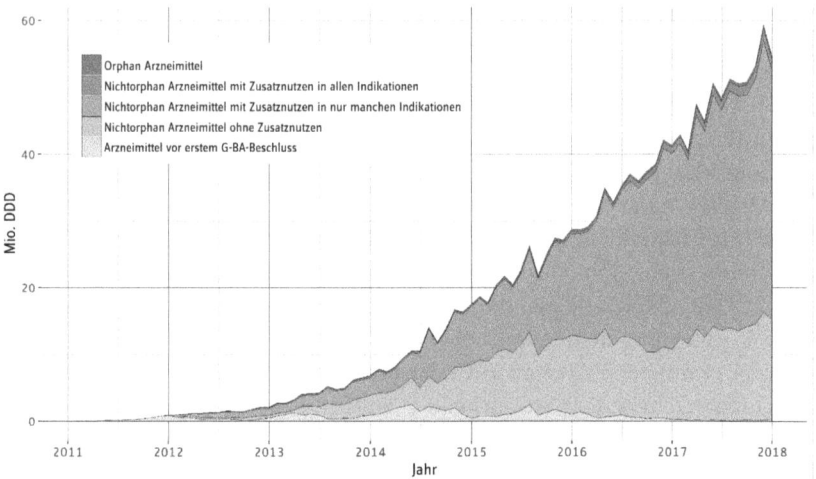

Abbildung 2: Monatliche Verordnungsmengen von AMNOG-Arzneimitteln in Mio. DDD in den Jahren 2011 bis 2017 (gestapelte Darstellung nach Zusatznutzenstatus).
Quelle: GKV-Spitzenverband; Eigene Darstellung.

Aktuelle Herausforderungen für die Arzneimittelversorgung 133

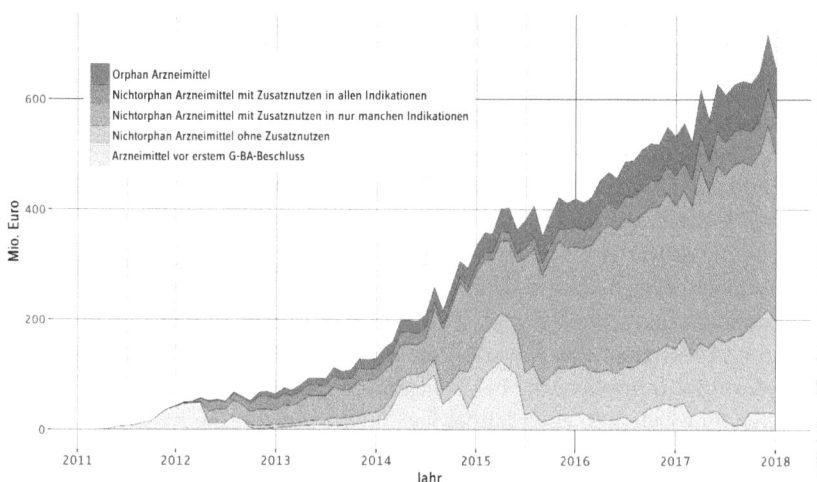

Abbildung 3: Monatlicher Umsatz (AVP) von AMNOG-Arzneimitteln in Mio. EURO in den Jahren 2011 bis 2017 (gestapelte Darstellung nach Zusatznutzenstatus).
Quelle: GKV-Spitzenverband; Eigene Darstellung.

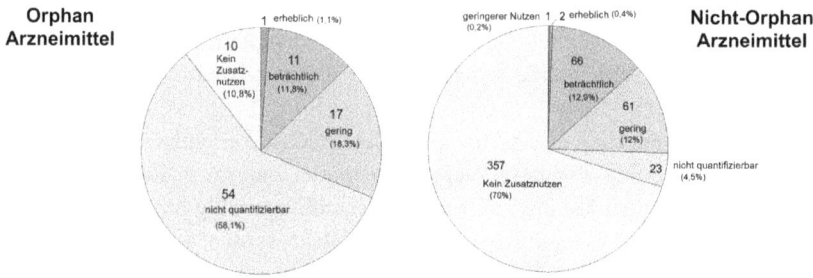

Abbildung 4: Ausmaß des Zusatznutzens bei Orphan-Arzneimitteln und Nicht-Orphan-Arzneimitteln auf Ebene von Teilindikationen (Patientengruppen der G-BA-Beschlüsse, Stand 15.01.2019).
Quelle: GKV-Spitzenverband; Eigene Darstellung.

2.3 Arzneimittel für Neuartige Therapien: Heilversprechen vs. Fehlende Langzeitdaten

Es gibt eine wachsende Anzahl Neuartiger Therapien im Bereich der stratifizierten Medizin, auch ATMPs (Advanced Therapy Medicinal Products) genannt (siehe dazu auch Tabelle 1; ATMP mit oder vor Zulassung). Zu diesen neuartigen

Arzneimitteln gehören im Wesentlichen drei Produktklassen: somatische Zelltherapeutika, Gentherapeutika und biotechnologisch bearbeitete Gewebezubereitungen (vgl. https://www.pei.de/DE/arzneimittel/atmp-arzneimittel-fuer-neuartige-therapien/atmp-arzneimittel-fuer-neuartige-therapien-node.html). Charakteristisch für sie ist die einmalige Anwendung zu extrem hohen Kosten bei In-Aussichtstellen der Heilung. So werden bspw. beim kürzlich zugelassenen Gentherapeutikum Luxturna® Kosten von über 800.000 Euro für eine Anwendung er-wartet. Langzeitdaten, die sowohl langfristige Sicherheit als auch Wirksamkeit belegen können, fehlen jedoch.

Ein anderes aktuelles Beispiel, stellt die CAR-T-Zelltherapie (Yescarta® von Gilead und Kymriah® von Novartis) dar. Es handelt sich hierbei um genetisch veränderte Immunzellen, die bei bestimmten Hochrisiko-Leukämie-Formen angewendet werden. In einer Studie (vgl. Nutzenbewertung zu Tisagenlecleucel (akute lymphatische B-Zell-Leukämie) unter https://www.g-ba.de/informationen/nutzenbewertung/386/#tab/nutzenbewertung) waren bei mehr als 50% der Patienten nach 3 Monaten keine Krebszellen mehr nachzuweisen. Die Langzeitperspektive in Bezug auf Wirksamkeit und Sicherheit ist jedoch bisher nicht abschätzbar. Die Kosten allein für die Arzneimittel belaufen sich auf rund 300.000 EURO. Hinzu kommen erhebliche Behandlungskosten, die bspw. bei der Anwendung des Arzneimittels im Krankenhaus entstehen. Wegen der hohen Wahrscheinlichkeit lebensbedrohlicher Nebenwirkungen (Zytokinsturm, Gehirnschädigung) können darüber hinaus weitere Kosten entstehen.

Zur Kostensteuerung dieser Therapien bieten sich auf selektiver wie auch kollektiver Ebene erfolgsabhängige Vergütungsmodelle an (z. B. Ratenzahlungen in Abhängigkeit vom konkret messbaren Behandlungserfolg bzw. -misserfolg). Dazu muss in den Verhandlungen bspw. festgelegt werden, welche Endpunkte zu berücksichtigen sind, welche Daten zur Erfolgsmessung (Abrechnungsdaten, Registerdaten etc.) zugrunde gelegt werden und welches Adjustierungsintervall sinnvoll und machbar ist. Man muss sich auch darüber Gedanken machen, wie z. B. der Tod des Patienten dem Therapieversagen zugeordnet werden kann oder welche Folgetherapien zum Zahlungsstopp führen sollen.

Dabei muss stets gewährleistet sein, dass Risiken der Arzneimitteltherapie, die mit der Unausgereiftheit des Produkts und dem Evidenzmangel zusammenhängen, von den Pharmaunternehmen getragen werden und nicht auf die Patienten, die Ärzte oder die Versichertengemeinschaft übertragen werden.

Aktuelle Herausforderungen für die Arzneimittelversorgung 135

Wirkstoffname	Markenname	Hersteller	Klassifikation	Erwarteter Versorgungs-sektor	Indikation	EMA-Zulassung
Allogene T - Zellen	Zalmoxis	Dompé	Zelltherapie	stationär	Stammzelltrans - plantation	18.08.2016
darvadstrocel	Alofisel	Takeda	Zelltherapie	ambulant	Fisteln bei Morbus Crohn	23.03.2018
tisagenlecleucel	Kymriah	Novartis	Gentherapie (Car-T)	stationär	ALL, DLBCL (Lymphom)	27.08.2018
axicabtagene ciloleucel	Yescarta	Gilead	Gentherapie (Car-T)	stationär	DLBCL (Lymphom)	27.08.2018
voretigen - neparvovec	Luxturna	Spark	Gen- Therapie	ambulant	angeborener Sehverlust	22.11.2018
BB305	LentiGlobin™	BluebirdBio	Zelltherapie	?	- Thalassämie	beantragt (November 2018)
?	?	Celgene	Gentherapie (Car-T)	stationär	DLBCL (Lymphom)	Geplant 2019
lisocabtagene maraleucel bb2121	?	Celgene	Gentherapie (Car-T)	stationär	Multiples Myelom	Geplant 2019

Tabelle 1: Arzneimittel für Neuartige Therapien (ATMP); Produkte mit oder vor der Zulassung in Europa.
Quelle: GKV-Spitzenverband; Eigene Recherchen (Stand: Januar 2019).

2.4 Kombinationstherapien auf dem Vormarsch: Entspricht das „Mehr an Kosten" einem „Mehr an Nutzen"?

In der Onkologie werden vermehrt neue Wirkstoffkombinationen zur Zulassung gebracht, bei denen mehrere Wirkstoffe simultan oder sequentiell eingesetzt werden (vgl. dazu auch v. Stackelberg, J.-M., et al. 2018a). Prägnante Beispiele hierfür sind in der Behandlung des Melanoms und des Multiplen Myeloms (s. u.), aber auch in anderen Indikationen (z. B. Brustkrebs: Pertuzumab + Trastuzumab + Docetaxel; Magenkrebs: Ramucirumab + Paclitaxal; Kolorektalkarzinom: Aflibercept + Chemotherapie; Nierenzellkarzinom: Lenvatinib + Everolimus; Lungenkarzinom: Necitumumab + Chemotherapie; Leukämie: Idelalisib + Ofatumumab) anzutreffen. In den einschlägigen Studienverzeichnissen finden sich mittlerweile bereits 3- und 4-fach-Kombinationen aus neuen, hochpreisigen Wirkstoffen. Problematisch dabei ist, dass sich die Kosten der Monotherapien meist vollständig addieren (1 + 1 ≈ 2), der dazugewonnene Nutzen jedoch unbedeutend ist oder weit hinter einer Addition zurückbleibt (1+1 < 2).

Ein Beispiel zu einem sog. Add-on ohne Zusatznutzen zeigt Abbildung 5. Die in der Indikation Melanom angewandte Kombinationstherapie aus Nivolumab und Ipilimumab konnte in der frühen Nutzenbewertung gegenüber einer Nivolumab-Monotherapie in drei Patientengruppe keinen Zusatznutzen zeigen (1a, 1b und 2; G-BA-Beschluss vom 15.12.2016), in einer Patientengruppe (1b) wurde in einer Bewertung nach Fristablauf dann sogar ein geringerer Nutzen durch den G-BA attestiert (G-BA-Beschluss vom 20.12.2018), während sich die Kosten jedoch nahezu verdoppelt haben, bei wesentlich gesteigerten Nebenwirkungen. Da zunächst nur die Fachinformation für Nivolumab um die Möglichkeit der Kombinationstherapie erweitert wurde, gab es ausschließlich zu Nivolumab eine erneute Nutzenbewertung mit anschließender Preisverhandlung. Ohne die Änderung in der Fachinformation zu Ipilimumab wurde dieser Wirkstoff nicht erneut nutzenbewertet und damit auch keine erneute Preisverhandlung ausgelöst (zu Aufgreifkriterien für die Nutzenbewertung siehe G-BA VerfO. 5. Kapitel § 1 Absatz 2). Es gab damit innerhalb einer AMNOG-Verhandlung zunächst keine Möglichkeit, den Preis von Ipilimumab auf den Umstand des kombinierten Einsatzes anzupassen. Das Beispiel verdeutlicht, dass bisher bei einer solchen Konstellation geeignete Mechanismen fehlen, um Preise für diese Kombinationstherapien adäquat verhandeln zu können. Klärungsbedürftig ist, wie mit einer solchen Add-On-Konstellation hinsichtlich des Grundsatzes des AMNOG umgegangen werden soll: kein Mehr an Kosten ohne ein Mehr an Nutzen. Dies bedeutet, dass ein Arzneimittel bei Anwendung in der Kombination und gleichzeitig nicht gezeigtem Zusatznutzen gegenüber der Monotherapie annähernd 0 EURO kosten würde.

Aktuelle Herausforderungen für die Arzneimittelversorgung   137

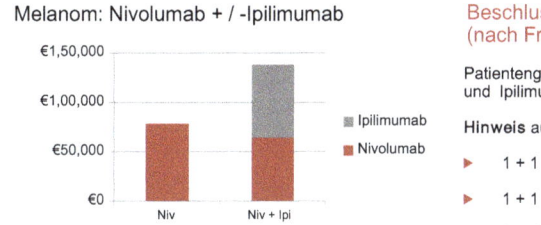

Abbildung 5: Kombinationstherapie im Melanom; Nivolumab + Ipilimumab: Geringerer Nutzen vs. Nivolumab-Monotherapie in einer Teilindikation.
Quelle: *GKV-Spitzenverband; Eigene Darstellung.*

Weitere eindrucksvolle Beispiele zu überproportional gesteigerten Kosten im Vergleich zum daraus resultierenden Nutzen bei Kombinationstherapien, lassen sich im Behandlungsumfeld des Mulitplen Myeloms illustrieren. In diesem Anwendungsgebiet werden zunehmend Wirkstoffe kombiniert, die einerseits immer höhere Kosten verursachen ohne auf der anderen Seite jedoch einen dafür angemessenen Lebensdauervorteil zu zeigen. Abbildung 6 zeigt alle möglichen Kombinationen mit den dazugehörigen Jahrestherapiekosten, die zurzeit in dieser Indikation Anwendung finden. Dabei sind die Therapien farblich markiert, die hinsichtlich ihrer Lebensverlängerung (vgl. auch Richardson, P. G. et al. 2007; Dimopoulos, M. A. et al. 2015) verglichen werden.

So konnte durch das in 1995 zugelassene Dexamethason (heute generisch; Jahrestherapiekosten von 900 EURO) ein medianes Überleben von 23,7 Monaten erreicht werden. Die Kombination von Lenalidomid (Bestandsmarktarzneimittel) und Dexamethason, die in 2007 zugelassen wurde, konnte ein medianes Überleben von 39,6 Monaten zeigen. Im Vergleich zur alleinigen Behandlung mit Dexamethason stehen somit 16 Monate längeres Leben, Jahrestherapiekosten von bereits 97.500 EURO gegenüber. Die 3-fach-Kombination aus Lenalidomid, Dexamethason und Elotuzumab, die 2016 zugelassen wurde und mit der ein medianes Überleben von 43,7 Monaten gezeigt werden konnte, kostet jedoch bereits 185.469 EURO. Das bedeutet, dass durch die weitere Verdoppelung der Kosten im Vergleich zur 2-fach-Kombination nur noch eine Steigerung des medianen Überlebens um ca. 4 Monate erzielt werden konnte. Hier drängt sich die Frage auf, ob diese erheblichen Kostensteigerungen im Hinblick auf das Ausmaß des gewonnenen Nutzens noch gerechtfertigt sind. Dies auch vor dem Hintergrund, dass sich bereits 4-fach-Kombinationen (vgl. https://clinicaltrials.gov, z. B. Carfilzomib, Elotuzumab, Lenalidomid und Dexamethason oder

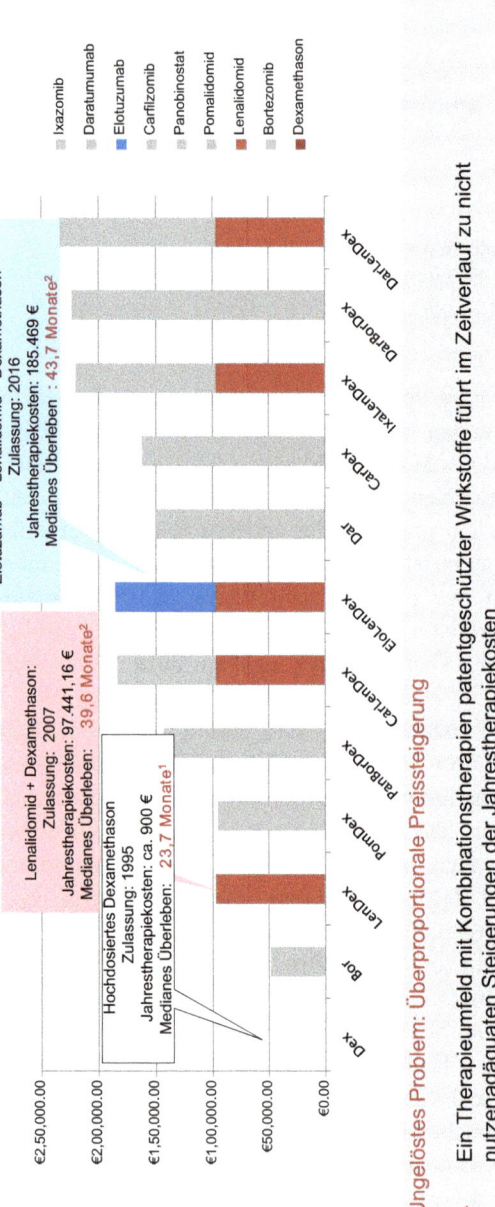

Abbildung 6: Jahrestherapiekosten des ersten Behandlungsjahres pro Patient versus Überlebensvorteile bei Kombinationstherapien im Multiplen Myelom (Berechnungsmethode G-BA (2016d); Stand Lauer-Taxe: 01.12.2017).

Quelle: *GKV-Spitzenverband; Eigene Darstellung.* ([1]*Richardson, P. G. et al. 2007;* [2]*Dimopoulos, M. A. et al. 2015*).

Daratumumab, Ixazomib, Lenalidomid und Dexamethason sowie Daratumumab, Carfilzomib, Lenalidomid und Dexamethason) die zu noch erheblicheren Kostensteigerungen führen werden, in Testung befinden.

Die genannten Beispiele zeigen, dass im Umgang mit Kombinationstherapien Steuerungsanreize gefunden werden müssen, um auch hier angemessene Preise verhandeln zu können. Eine Nutzenbewertung nach §35a SGB V aller an der Kombinationstherapie beteiligten Arzneimittel wäre dafür notwendig. Es bedarf geeigneter Datenquellen zur zeitnahen Detektion von Kombinationen und deren Monitoring. Zudem müsste die Möglichkeit von Mehrparteienverhandlungen und weiterhin paritätisch besetzte Schiedsstellen geschaffen werden, für die Fälle, in denen die kombinierten Arzneimittel nicht vom gleichen Unternehmen stammen.

3. Mischpreis und Wirtschaftlichkeit

Seit Einführung des AMNOG in 2011 wird in den Beschlüssen des G-BA der Zusatznutzen eines neuen patentgeschützten Arzneimittels gegenüber einer zweckmäßigen Vergleichstherapie dargestellt. Sobald es für einen Wirkstoff mehrere Teil-Anwendungsgebiete gibt, wird eine differenzierte Nutzenbewertung seitens des G-BA für alle Teilindikationen vorgenommen. Für einige dieser Gruppen kann dann möglicherweise ein Zusatznutzen des neuen Arzneimittels gezeigt werden, für andere jedoch nicht. Es ist aber auch möglich, dass für alle Gruppen ein Zusatznutzen ausgesprochen wird, die Höhe des Zusatznutzens sich aber zwischen den Gruppen unterscheidet. Auch sind Fälle existent, in denen alle Gruppen keinen Zusatznutzen haben, jedoch die zweckmäßige Vergleichstherapie sich unterscheidet. Diese Konstellationen stellen die anschließenden Preisverhandlungen (und ggf. auch eine Schiedsstelle) gemäß §130b SGB V vor Herausforderungen: Es werden sogenannte Teilerstattungsbeträge für die Teilindikationen verhandelt. In den Zusatznutzen-Gruppen ist ein preislicher Aufschlag auf die jeweilige zweckmäßige Vergleichstherapie (zVT) je nach Höhe des Zusatznutzens gerechtfertigt. In den Gruppen ohne Zusatznutzen sollen nach § 130b SGB V die Kosten nicht über denen der jeweiligen zVT liegen. Bei diesen Fällen ist es gängige Praxis, die verschiedenen Teilerstattungsbeträge zu einem Mischpreis für den Wirkstoff als Ganzes zusammenzuführen.

Aus Abbildung 7 geht hervor, für wie viele Wirkstoffe zum Stand vom 15.01.2019 gültige Erstattungsbeträge existieren, für die der G-BA mehrere Teilindikationen bewertet hat. Dies betrifft insgesamt 121 Arzneimittel (39 + 26 + 56 = 121). Potentiell tragen somit 62% der Arzneimittel einen Mischpreis.

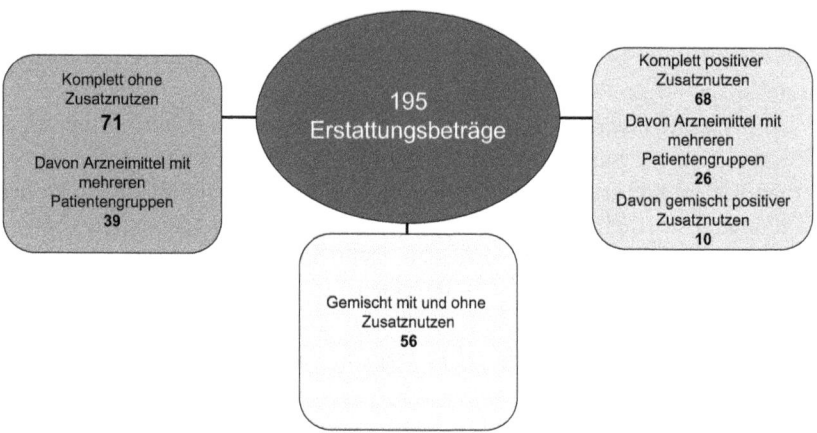

Abbildung 7: Anzahl gültiger Erstattungsbeträge.
Quelle: GKV-Spitzenverband; Eigene Darstellung.

3.1 Das Urteil des Bundessozialgerichts

In einem Verfahren im Jahr 2017 gegen den Schiedsspruch zu Albiglutid, hatte das Landessozialgericht (LSG) Berlin-Brandenburg in seinem Urteil vom 28.06.2017 für Aufregung gesorgt, da es die Rechtmäßigkeit von Mischpreisen angezweifelt hatte (vgl. L 9 KR 213/16 KL). Im anschließenden Revisionsverfahren bestätigte das Urteil des Bundessozialgerichts vom 04.07.2018 (BSG Az: B 3 KR 20/17 R) jedoch die Rechtmäßigkeit des Mischpreises zur Sicherstellung eines einheitlichen Abgabepreises (§ 78 Absatz 3 Satz 1 i. V. m. Absatz 3a Satz 2 Hs. 2 AMG). Das Urteil enthält weitere damit in Verbindung stehende Klarstellungen: So soll der Mischpreis die Verordnungsanteile der Teilindikationen in der Versorgungsrealität widerspiegeln. Gleichwohl liegt die Wirtschaftlichkeitsverantwortung für die Einzelverordnung weiterhin beim Vertragsarzt. Somit müssen im Regelfall, weitere Möglichkeiten entwickelt werden, damit Ärztinnen und Ärzte die Wirtschaftlichkeit ihrer Verordnung einschätzen können. Das Urteil betont diesbezüglich, dass ein geeignetes Arztinformationssystem (AIS) gewährleisten kann, dass der Arzt erkennt, ob die Verordnung eines teuren Arzneimittels mit einem Zusatznutzen für seinen Patienten verbunden ist oder ob er ein günstigeres Arzneimittel verordnen könnte.

3.2 Elektronische Arztinformations-Verordnung (EAMIV)

Bereits seit längerer Zeit in Diskussion ist eine Weiterentwicklung der Praxisverwaltungssoftware (PVS) der Ärzte bezüglich eines Arztinformationssystems (AIS). Nachdem das Arzneimittel-Versorgungsstärkungsgesetz (AMVSG) die Weichen dafür schon im Mai 2017 gelegt hatte, hat die Rechtsverordnung zum Arztinformationssystem (EAMIV) jedoch lange auf sich warten lassen. Aus Sicht des GKV-Spitzenverbandes haben in die Rechtsverordnung in der Fassung des Referentenentwurfes vom 15.10.2018 (vgl. auch Bundesministerium für Gesundheit 2018) bereits viele relevante Sachverhalte Eingang gefunden. So wird es erleichtert, die Informationen aus den §35a SGB V-Beschlüssen des G-BA in der Versorgung ankommen zu lassen.

Über den Referentenentwurf der EAMIV hinaus sieht es der GKV-Spitzenverband als notwendig an, weitere Kerninhalte in einem solchen Arztinformationssystem zu implementieren. Dazu gehört eine Hierarchisierung der Beschlussinformationen, da die Information über den Zusatznutzen des jeweiligen Arzneimittels für die Ärzteschaft schnell und übersichtlich auf den ersten Blick zur Verfügung stehen muss im Vergleich zu anderen Informationen wie bspw. die statistischen Werte der einzelnen Endpunkte. Auch sollen alle sich über die Zeit änderbaren Informationen, die keinen neuen G-BA-Beschluss hervorrufen, in einem 14-tägigen Rhythmus in der maschinenlesbaren Fassung des Beschlusses aktualisiert werden (wie z. B die Therapiekosten oder auch das Anatomisch-Therapeutisch-Chemische Klassifikationssystem (ATC-Code)). Eine Integration von Leitlinien in die Praxisverwaltungssoftware ist nicht sinnvoll. Darüber hinaus wird die Abbildung aller Anlagen der Arzneimittel-Richtlinie gefordert, nicht nur der AMNOG-Beschlüsse.

Um auch dem Arzt eine bessere Orientierung bezüglich der Wirtschaftlichkeit der durch ihn getätigten Verordnung geben zu können, sollte im Einklang mit dem zuvor beschriebenen BSG-Urteil für eine Weiterentwicklung des AIS darüber hinaus überlegt werden, Hinweise zu den Teilpreiskomponenten in der Arzt-Software aufzunehmen. Dabei handelt es sich um die jeweiligen Preise der Teilindikationen, welche Grundlage für die Mischpreisbildung sind. Diese Teilpreiskomponenten würden zur reinen Information für die Ärzteschaft ausgewiesen werden. Abrechnungen mit den Krankenkassen erfolgen – wie üblich – über den einheitlichen Mischpreis. Die Teilpreiskomponenten wären eine Hilfestellung bei der Verordnung, vor allem bei preislich stark voneinander abweichenden Teil-Anwendungsgebieten. Ärztinnen und Ärzte hätten damit einen besseren Überblick über die preislichen Unterschiede des jeweiligen Teil-Anwendungsgebiets (vgl. auch GKV-Spitzenverband 2018a).

3.3 Der adjustierte Mischpreis braucht geeignete Datengrundlagen

Der Mischpreis bestimmt sich aus der Gruppengröße der jeweiligen Teilindikation sowie dem Preis der Teilindikation mit bzw. ohne Zusatznutzen. Da zu Beginn des Produktzyklus im Markt nur Abschätzungen des Patientenpotentials innerhalb einzelner Teilindikationen getroffen werden können, muss ein adäquater Erstattungsbetrag in bestimmten zeitlichen Abständen an die tatsächlich eingetretenen Verordnungsanteile angepasst werden. Wenn die tatsächlichen Verordnungen bspw. in einer weniger werthaltigen, also mit niedrigerem Teilpreis in den Mischpreis eingegangenen Patientengruppe zahlreicher als angenommen ist, führt das – ohne Adjustierung des Mischpreises – zu Mehrausgaben für die Versichertengemeinschaft ohne Nutzenzuwächse (vgl. dazu auch Abb. 8). Um diese Adjustierung des Mischpreises vorzunehmen, ist es unabdingbar, die tatsächlichen Verordnungsrelationen in den Teilindikationen zu kennen. Mit den derzeitig vorhandenen Datenquellen können diese nur in Ausnahmenfällen bestimmt werden.

So ist es den Verhandlungspartnern nach §130b SGB V seit dem GKV-Versorgungsstrukturgesetz aus 2012 gestattet, die Morbi-RSA-Daten nach § 217f SGB V für die Erstattungsbetragsverhandlungen zu nutzen, insbesondere für die Berechnung von „Kosten bei „unterschiedlichen Behandlungspfaden" (BT-Drs. 17/8005, S. 119f). Jedoch zeigt die Verhandlungsrealität, dass diese Daten aus verschiedenen Gründen nicht ausreichen, um die gewünschten Zwecke zu erfüllen. So liegen die Daten erst mit einem Zeitverzug von bis zu anderthalb Jahren vor. Darüber hinaus decken die Daten nur einen zusammenhängenden 2 Jahres-Zeitraum ab. Die Therapiezeiträume vieler chronischer oder chronifizierter Krankheiten (speziell auch in der Onkologie) sind jedoch wesentlich länger. Auch ist die Kodierung der Indikation durch den Arzt anhand des ICD-10 Codes (ICD: „International Statistical Classification of Diseases and Related Health Problems") unzureichend, um die Detailtiefe der Teilindikationen bzw. Patientengruppen aus den G-BA-Nutzenbewertungen abbilden zu können. Somit bleiben bei Nutzung der § 217f-Daten viele wichtige Fragestellungen unbeantwortet.

Eine andere Datenquelle stellt die GKV-Arzneimittel-Schnellinformation (sog. GAmSi-Daten) nach § 84 Absatz 5 SGB V dar. Dies sind Abrechnungsdaten der Apothekenrechenzentren für die ambulant abgegebenen Arzneimittel innerhalb der GKV. Der Vorteil der Daten nach § 84 Absatz 5 SGB V ist, dass der Datenverzug max. 3 Monate statt 1,5 Jahre beträgt. Großer Nachteil ist jedoch, dass GAmSi-Daten nicht Versichertenbezogen vorliegen und keine Indikationsinformation enthalten. Somit ist es nicht möglich, typisierbare

Behandlungsoptionen wie Kombinationsverordnungen vs. Monotherapien oder unterschiedliche „Therapiepfade" über längere Zeit monitorieren zu können. Hier besteht Änderungsbedarf. Eine Möglichkeit für eine datenschutzgerechte Lösung könnte ein anonymisierter Versichertenbezug sein, der durch eine Abrechnungszeitraumübergreifende stabile Chiffre im GAmSi-Datensatz nach § 84 SGB V implementiert werden könnte. Beide Verhandlungspartner könnten diesen Datensatz dann innerhalb der Erstattungsbetragsverhandlung nutzen.

Folge des Status quo ist somit, dass gesetzlich vorgesehene Vereinbarungsoptionen wie Preis-Mengen-Modelle nach § 130b Absatz 1a SGB V sowie der Einsatz eines Arzneimittels in Teilindikationen mit Praxisbesonderheit momentan häufig ungenutzt bleiben. Es kann jedoch keine Lösung sein, die Daten kommerzieller Anbieter zu akzeptieren und einzukaufen, ohne Transparenz über die Datenerzeugung oder die Möglichkeit der Plausibilisierung zu besitzen.

Eine Möglichkeit zur Schaffung von Transparenz sieht der GKV-Spitzenverband in der Übermittlung der Teilindikation, in der ein Arzt ein Arzneimittel verordnet. Auch dies wäre in einer weiteren Ausbaustufe der AIS/PVS denkbar (vgl. auch v. Stackelberg, J.-M., et al. 2018b). So könnte die sich aus der Rechtsprechung des BSG zu Albigutid (2018) ergebende notwendige Adjustierung des Mischpreises vorgenommen werden. Dies würde umgekehrt auch den Ärztinnen und Ärzten mehr Sicherheit bei der Bewertung der Wirtschaftlichkeit ihrer Verordnung geben.

4. Weitere aktuelle Arzneimittelthemen

Auch abseits der Themenfelder Nutzenbewertung und Erstattungsbeträge stand der Arzneimittelmarkt im Jahr 2018 im Fokus der Gesundheitspolitik und der Öffentlichkeit. Wesentliche Felder waren dabei der Themenkomplex Lieferengpässe sowie die Apothekenversorgung und -vergütung.

4.1 Lieferengpässe

Für Patientinnen und Patienten sind Lieferengpässe dann kritisch, wenn dadurch die Versorgung mit lebensnotwendigen Arzneimitteln gefährdet werden könnte. Auch wenn in der Regel die Versorgung durch eine Behandlungsalternative möglich ist oder zeitweise durch eine Bevorratung sichergestellt werden kann, sind Lieferengpässe unter keinen Umständen akzeptabel. Lieferengpässe bei medizinisch notwendigen Arzneimitteln müssen schon vor ihrem Entstehen verhindert werden.

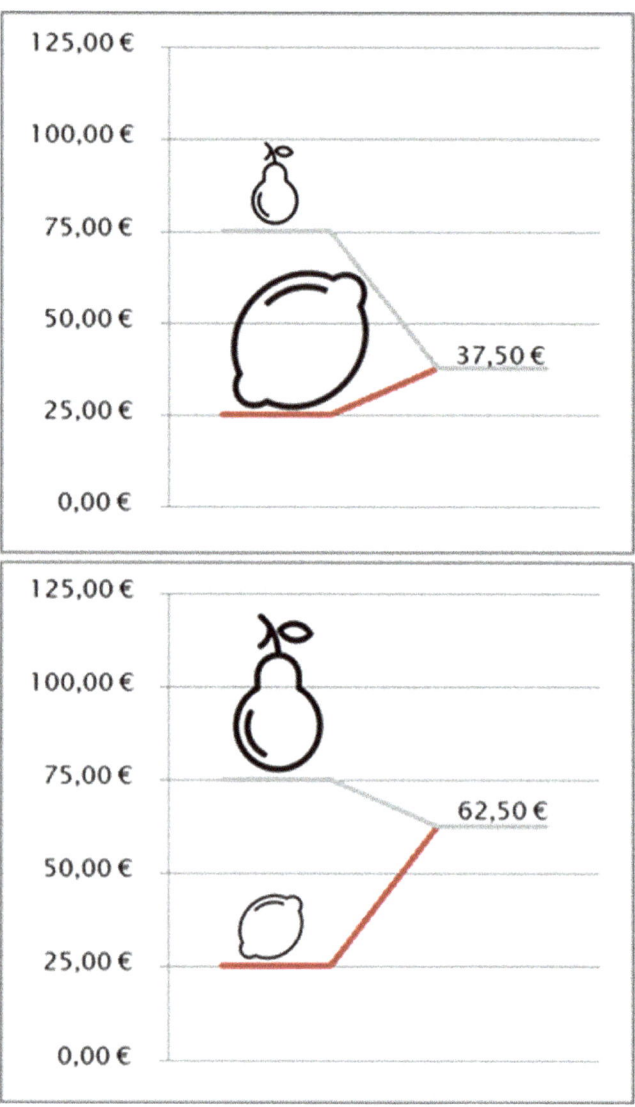

Abbildung 8: Marktpotential der Teilindikationen gemäß G-BA-Beschluss versus Verordnungsrealität in Verbindung mit dem Mischpreis.
Quelle: GKV-Spitzenverband; Eigene Darstellung.

4.1.1 Abgrenzung von Lieferengpässen und kurzfristiger Nicht-Verfügbarkeit

Der Begriff der Lieferengpässe wird mittlerweile inflationär verwendet. Nicht jedes Mal wenn in einer Apotheke ein Arzneimittel nicht unmittelbar verfügbar ist, liegt tatsächlich ein Lieferengpass vor. Deshalb ist eine Unterscheidung notwendig, insbesondere auch vor dem Hintergrund, dass die unterschiedlichen Abstufungen unterschiedliche Maßnahmen erfordern. Wenn ein bestimmtes Arzneimittel zu einem bestimmten Zeitpunkt in einer Apotheke nicht verfügbar ist – es jedoch bestellt werden kann – ist dies nur in einem akuten Notfall problematisch. Gelöst wird diese Situation durch die Vorgaben des zum 1. Januar 2019 neu gefassten Rahmenvertrags nach § 129 SGB V, der für genau diese Konstellation Abgaberegeln vorschreibt. In der „nicht-akuten"-Situation kann das Arzneimittel bestellt werden und steht dem Patienten dann zur Verfügung. Auch Rabattverträge dienen der besseren Planbarkeit der Vorratshaltung in einer Apotheke.

Im zweiten Fall ist ein bestimmtes Arzneimittel durch einen pharmazeutischen Großhandel nicht lieferfähig. Der naheliegende Schritt wäre es nun, dieses Arzneimittel bei einem anderen Großhändler anzufragen. Es wäre also sinnvoll, wenn Apotheken verpflichtend Verträge mit mindestens zwei Großhändlern schließen müssten.

Auch Transparenz über die Nicht-Lieferfähigkeit eines Arzneimittels durch einen Großhändler ist notwendig. Konkret könnte eine Meldeverpflichtung des Großhandels geschaffen werden, bei der der Großhandel nicht-lieferfähige Arzneimittel anzugeben hat. Beide Punkte zusammen genommen würden neben den direkten Effekten der besseren Lieferfähigkeit auch den Anreiz für die Großhändler erhöhen, entsprechende Reserven anzulegen.

4.1.2 Ursachen für Lieferengpässe

Fast durchgängig lassen sich tatsächliche Lieferengpässe auf unternehmerische Entscheidungen zurückführen. Zu nennen sind insbesondere Produktionsverlagerungen auf wenige Standorte oder gar nur einen einzigen Standort weltweit, eine Reduktion des Sortiments, Rohstoffengpässe in der Produktion, Marktaustritte als gezielte Unternehmensstrategie zur Absatzsteigerung von patentgeschützten Originalpräparaten sowie die größere Transparenz über Qualitätsmängel in der Produktion und damit verbundene Auflagen durch Zulassungsbehörden (z. B. Versagung von Chargenfreigaben, notwendige Produktionsstopps). Diese Ursachen von Lieferengpässen hat der Sachverständigenrat zur Begutachtung der Entwicklung im Gesundheitswesen in seinem Gutachten „Bedarfsgerechte Versorgung – Perspektiven für ländliche Regionen und ausgewählte Leistungsbereiche" aus 2014 eingehend (vgl. https://www.svr-gesundheit.de/fileadmin/user_upload/Gutachten/2014/SVR-Gutachten_2014_Langfassung.pdf) dargestellt. Auch der GKV-Spitzenverband ist der Auffassung, dass die Vergütungssystematik der GKV keinen Einfluss auf betriebswirtschaftliche Produktionsentscheidungen hat. Im Vordergrund stehen vielmehr Skaleneffekte und Größenvorteile.

4.1.3 Transparenz über Lieferengpässe

Mit der dezentralen Meldepflicht für den stationären Bereich wurde durch das GKV-AMVSG zuletzt ein wichtiger Schritt zur Transparenzverbesserung bei Lieferengpässen getan. Diese beschränkt sich allerdings auf den stationären Bereich. Dringend notwendig ist die Verbesserung der Transparenz durch die Einrichtung eines verpflichtenden Meldesystems, in dessen Rahmen auch Informationen über alternative Anbieter bzw. Wirkstoffe für die Patientenversorgung bereitgestellt werden. Im Sinne einer Frühwarnung müssen die entsprechenden Informationen allen Beteiligten kurzfristig zur Verfügung gestellt werden. Dieses zunächst für die Ebene der pharmazeutischen Unternehmer konzipierte Meldesystem müsste perspektivisch auch zu verpflichtenden Meldungen der Großhändler und der Apotheken ausgebaut werden. Nur so lassen sich Engpässe lückenlos dokumentieren, bei Verordnungsentscheidungen berücksichtigen und auch beheben. Auf Basis solcher Meldungen wäre auch sichergestellt, dass Leistungserbringer rechtzeitig Kenntnis über Lieferengpässe und mögliche Behandlungsalternativen erhalten und die Bundesoberbehörden zeitnah mit geeigneten Maßnahmen auf Engpässe reagieren können. Eine zentrale Meldeverpflichtung schafft aufgrund ihrer Sichtbarkeit für Leistungserbringer sowie Patientinnen und Patienten zudem den starken Wettbewerbsanreiz für pharmazeutische Unternehmer, Produktionsprozesse so zu planen, dass Lieferengpässe nicht erst entstehen. Dass ein verpflichtendes Meldesystem ein wirksames Instrument darstellt, zeigt der Blick in die USA. Pharmazeutische Hersteller sind hier seit 2012 verpflichtet, Lieferengpässe zeitnah der Arzneimittelzulassungsbehörde (U.S. Food & Drug Administration, FDA) mitzuteilen. Diese Informationen werden unter Angabe der Gründe für den Engpass auf der Internetseite der FDA bereitgestellt. Die Einführung des Meldesystems zeigte bereits frühzeitig Wirkung: Im Jahr 2012 ist die Zahl der Lieferengpässe von 251 im Vorjahr auf dann 117 gefallen. Im Jahr 2016 hatte die FDA gerade einmal 23 Engpässe zu verzeichnen.

Die Meldeverpflichtung ist sinnvoll um geeignete weitere Maßnahmen zu ergänzen. Um die Lieferfähigkeit von Arzneimitteln sicherzustellen, könnten die Länderbehörden mit erweiterten Durchgriffsrechten im Sinne einer Sanktionsbewehrung ausgestattet werden. Dies hätte einen präventiven Charakter und würde den bereits in § 52b des Arzneimittelgesetzes (AMG) bestehenden Bereitstellungsauftrag des pharmazeutischen Unternehmers klarstellen. Darüber hinaus ist eine Bevorratung von Arzneimitteln durch die Lieferkette – also den Großhandel und die Apotheken – zu garantieren. Diese Maßnahme wäre geeignet um kurzfristige Schwankungen in der Lieferfähigkeit von medizinisch notwendigen Arzneimitteln ausgleichen zu können.

4.1.4 Planbarkeit der Nachfrage

Für die Lieferbarkeit von Arzneimitteln ist auch die Planbarkeit der Nachfrage ein wichtiger Faktor. Im Rahmen von Rabattverträgen zwischen Krankenkassen und pharmazeutischen Unternehmern lassen sich die produzierten Mengen an die erwartete Nachfrage anpassen. Dies ermöglicht eine längerfristige Planung der Produktionskapazitäten. Vor diesem Hintergrund sind die selektivvertraglichen Möglichkeiten zum Abschluss von Rabattverträgen zu stärken.

4.1.5 Einfluss der Vergütung

Die verschiedentlich erhobenen Forderungen nach einer erhöhten Vergütung für Arzneimittel setzen dagegen nicht sachgerecht an der Ursache von Lieferengpässen an. Auch bei einer höheren Vergütung bliebe für pharmazeutische Unternehmer der wettbewerbliche Anreiz zur Konzentration von Produktionsstandorten bestehen. Allenfalls würden die Gewinne der Hersteller zulasten der Versichertengemeinschaft angehoben, ohne dass damit die Lieferfähigkeit uneingeschränkt garantiert wäre.

4.2 Apothekenversorgung und -vergütung

Der Verwaltungsrat des GKV-Spitzenverbandes hat am 6. Juni 2018 ein Positionspapier zur Neuordnung der Apothekenstrukturen und -vergütung beschlossen (vgl. GKV-Spitzenverband 2018b). Hintergrund ist die anhaltende Diskussion über die zukunftsorientierte Ausrichtung der Arzneimittelversorgung durch Apotheken. Die Chancen von innovativen und flexibleren Ansätzen in der Versorgung sollten stärker genutzt werden. In Zeiten einer zunehmenden Digitalisierung müssen neue Wege in der pharmazeutischen Versorgung eröffnet werden.

4.2.1 Versorgungstrukturen flexibilisieren

Die Regulierung des Apothekenmarktes in Deutschland erfolgt derzeit noch unter dem Leitgedanken der Bewahrung historisch gewachsener Privilegien und Strukturen. Nicht der Patient steht dabei im Fokus sondern vielmehr der Apotheker und seine Vergütung. Zentraler Leitgedanke einer Arzneimittelversorgung durch Apotheken sollte jedoch die Patientenorientierung sein. Notwendig sind patientenorientierte Strukturveränderungen im Apothekenmarkt. Die derzeitigen Strukturen sind sowohl in wirtschaftlicher Hinsicht als auch in Bezug auf die Patientenversorgung auf den Prüfstand zu stellen.

Um weitergehende Verbesserungen zu ermöglichen, bedarf es deutlich flexibilisierter Strukturen. Neue Versorgungsmodelle könnten u. a. durch eine im Einzelfall ermöglichte Reduzierung der Öffnungszeiten oder aber eine verstärkte mobile Versorgung in strukturschwachen Regionen ermöglicht werden. Durch den stärkeren Einsatz der digitalen Möglichkeiten ergeben sich weitere Ansatzpunkte zur Verbesserung der Versorgung vor allem in ländlichen Regionen. So könnte bspw. Telepharmazie durch pharmazeutisches Fachpersonal mit Teleassistenz zum approbierten Apotheker in der Hauptapotheke ebenso präsent wie bei vergleichbaren Modellen in der ärztlichen Versorgung geleistet werden.

4.2.2 Apothekenvergütung neuordnen

In der politischen Diskussion der letzten Jahre standen vor allem Honorarforderungen der Apothekerschaft und weniger die Verbesserung der Patientenversorgung im Vordergrund. Die Transparenz der Honorarstruktur muss wesentlich verbessert werden. Zudem muss die Vergütung kostendeckend und leistungsgerecht ausgestaltet sein sowie Anreize für die Konzentration auf apothekerliche Kerntätigkeiten setzen. Insbesondere ist ein stärkerer Fokus auf die Patientenberatung bei der Arzneimittelabgabe erforderlich.

Auf Grundlage eines vom Bundesministerium für Wirtschaft und Energie veröffentlichten Gutachtens (vgl. An der Heiden, I. und Meyrahn, F. 2018) liegen inzwischen erstmalig valide Zahlen über die Apothekenvergütung vor. Diese seit langem notwendige Transparenz legt die bestehenden Defizite der Vergütungssystematik offen: Die Honorare der Apothekerschaft sind ungleich verteilt, es bestehen erhebliche Wirtschaftlichkeitsreserven und in vielen Regionen besteht eine unwirtschaftliche Überversorgung.

Auf dieser Grundlage sind die Rahmenbedingungen so weiterzuentwickeln, dass innovative Versorgungslösungen zugelassen und bei der Vergütung die Leistungsgerechtigkeit sichergestellt werden können. Ein besonderes Augenmerk ist auch auf die Bereiche mit überdurchschnittlich hohem Einsparpotential zu legen. Dies gilt vor allem für die deutlich überfinanzierte Vergütung individuell hergestellter parenteraler Zubereitungen. Weitere Mehrausgaben für die Arzneimittelversorgung durch Apotheken sind aufgrund der aufgedeckten Wirtschaftlichkeitsreserven dagegen nicht zu rechtfertigen.

4.2.3 Versandhandel beibehalten und Höchstpreise einführen

Die bisherigen Erfahrungen seit mehr als einem Jahrzehnt zeigen, dass der Versandhandel eine sichere Versorgung gewährleistet. In Regionen mit niedriger Bevölkerungsdichte kann der Versandhandel helfen, längere Anfahrtswege zu vermeiden. Dies ist insbesondere für Patientinnen und Patienten mit eingeschränkter Mobilität relevant. Der Versandhandel bietet in diesen Fällen erhebliche Vorteile und leistet damit einen wichtigen ergänzenden Beitrag zur flächendeckenden Arzneimittelversorgung.

Ein Verbot des Versandhandels brächte Nachteile für diese Patientengruppen. Daher ist festzuhalten, dass der Versandhandel eine sinnvolle Ergänzung für die Patientenversorgung ist und beibehalten werden muss. Nicht zu vernachlässigen ist auch, dass der Wettbewerb durch den Versandhandel Anreize für eine intensivere Beratung setzt, von der die Patientinnen und Patienten profitieren.

Um nach dem Urteil des Europäischen Gerichtshofs im Jahr 2016 einen angemessenen Wettbewerbsrahmen zwischen dem Versandhandel und niedergelassenen Apotheken zu gewährleisten, ist die Arzneimittelpreisverordnung für Versandarzneimittel auf ein Höchstpreismodell umzustellen. Eine Vergütung für Versandarzneimittel, die vom Höchstpreis abweicht, kann dann vertraglich zwischen Versandapotheke und Krankenkasse vereinbart werden. Dies würde den geforderten Preiswettbewerb europarechtskonform umsetzen und mögliche Fehlanreize in der Patientenversorgung abfangen.

5. Literatur

An der Heiden, I. und Meyrahn, F. (2018): Gutachten im Auftrag des Bundesministeriums für Wirtschaft und Energie (2018): Ermittlung der Erforderlichkeit und des Ausmaßes von Änderungen der in der Arzneimittelpreisverordnung (AMPreisV) geregelten Preise; 16.03.2018; https://www.bmwi.de/Redaktion/DE/Publikationen/Studien/ermittlung-der-erforderlichkeit-und-des-ausmasses-von-aenderungen-der-in-der-arzneimittelpreisverordnung.html; Zugriff 30.01.2019.

Bundessozialgericht (2018): Albiglutid / Eperzan® (Az: B 3 KR 20/17 R), Urteil vom 04.07.2018.

Deutscher Bundestag, Drucksache (2011): BT-Drs. 17/8005: 17. Wahlperiode, Stand 30. 11. 2011, S. 119.

Dimopoulos, M. A., Lonial, S., White, D., Moreau, P., Palumbo, S., San Miguel, S., Shpilberg, O., Anderson, K. C., Grosicki, S., Spicka, I., Walter-Croneck, A., Magen-Nativ, H., Mateos, M.-V., Belch, A., Reece, D., Beksac, M., Bleickhardt, E., Poulart, V., Katz, J., Singhal, A. K., Richardson, P. G. (2015): Eloquent-2 Update: A Phase 3, Randomized, Open-Label Study of Elotuzumab in Combination with Lenalidomide/Dexamethasone in Patients with Relapsed/Refractory Multiple Myeloma – 3-Year Safety and Efficacy Follow-up, Blood 2015 Nr. 126: S. 28; und ASH-Abstract 28.

G-BA (2016a). Arzneimittel-Richtlinie/Anlage XII: Pomalidomid. Beschluss vom 17.03.2016. https://www.g-ba.de/informationen/nutzenbewertung/194/. Zugegriffen 30.01.2019.

G-BA (2016b). Arzneimittel-Richtlinie/Anlage XII: Ibrutinib. Beschluss vom 21.07.2016. https://www.g-ba.de/informationen/nutzenbewertung/215/. Zugegriffen 30.01.2019.

G-BA (2016c). Arzneimittel-Richtlinie/Anlage XII: Nivolumab. Beschluss vom 15.12.2016. https://www.g-ba.de/informationen/nutzenbewertung/240/. Zugegriffen 30.01.2019.

G-BA (2016d). Arzneimittel-Richtlinie/Anlage XII: Elotuzumab. Beschluss vom 01.12.2016. https://www.g-ba.de/informationen/nutzenbewertung/238/. Zugegriffen 30.01.2019.

G-BA (2017). Arzneimittel-Richtlinie/Anlage XII: Macitentan. Beschluss vom 06.04.2017. https://www.g-ba.de/informationen/nutzenbewertung/266/. Zugegriffen 30.01.2019.

G-BA (2018a). Arzneimittel-Richtlinie/Anlage XII: Obinutuzumab. Beschluss vom 05.04.2018. https://www.g-ba.de/informationen/nutzenbewertung/321/ Zugegriffen 30.01.2019.

G-BA (2018b). Arzneimittel-Richtlinie/Anlage XII: Niraparib. Beschluss vom 07.06.2018. https://www.g-ba.de/informationen/nutzenbewertung/336/. Zugegriffen 30.01.2019.

G-BA (2018c). Arzneimittel-Richtlinie/Anlage XII: Daratumumab. Beschluss vom 15.02.2018. https://www.g-ba.de/informationen/nutzenbewertung/307/. Zugegriffen 30.01.2019.

G-BA (2018d). Arzneimittel-Richtlinie/Anlage XII: Nivolumab. Beschluss vom 20.12.2018. https://www.g-ba.de/informationen/nutzenbewertung/372/. Zugegriffen 30.01.2019.

Nutzenbewertung G-BA zu Tisagenlecleucel (2018): https://www.g-ba.de/ informationen/nutzenbewertung/386/#tab/nutzenbewertung. Veröffentlicht am 17.12.2018. Zugegriffen 30.01.2019. https://www.pei.de/DE/arzneimittel/ atmp-arzneimittel-fuer-neuartige-therapien/atmp-arzneimittel-fuer-neuartige-therapien-node.html; (Zugegriffen 30.01.2019). https://clinicaltrials.gov; Zugegriffen: 30.01.2019.

GKV-Spitzenverband (2018a): Unsere Zukunftsperspektive: der adjustierte Mischpreis; https://www.gkv-90prozent.de/ausgabe/11/meldungen/11_indika tionsspezifische_preise/11_indikationsspezifische_preise.html; Zugegriffen 30.01.2019.

GKV-Spitzenverband (2018b): Neuordnung der Apothekenstrukturen und -vergütung. Positionspapier des GKV-Spitzenverbandes (beschlossen vom Verwaltungsrat am 6. Juni 2018).

Landessozialgericht Berlin-Brandenburg (2017): Albiglutid / Eperzan® (L 9 KR 213/16 KL). Urteil: 28.06.2017.

Referentenentwurf des Bundesministeriums für Gesundheit (2018): Verordnung über die Mindestanforderungen der Informationen nach § 73 Absatz 9 Satz 2 SGB V in elektronischen Programmen für die Verordnung von Arzneimitteln durch Vertragsärzte und zur Veröffentlichung der Beschlüsse nach § 35a Absatz 3a SGB V, (Elektronische Arzneimittelinformations-Verordnung – EAMIV), Stand: 15.10.2018; https://www.bundesgesundheitsministerium.de/service/gesetze-und-verordnungen/guv-19-lp/bessere-information-ueber-den-zusatznutzen-von-neuen-arzneimitteln.html; Zugegriffen: 30.01.2018.

Richardson, P. G., Sonneveld, P., Schuster, M., Irwin, D., Stadtmauer, E., Facon, T., Harousseau, J.-L., Ben-Yehuda, D., Lonial, S., Goldschmidt, H., Reece, D., San Miguel, J., Bladé, J., Boccadoro, M., Cavenagh, J., Alsina, M., Rajkumar, S. V., Lacy, M., Jakubowiak, A., Dalton, W., Boral, A., Esseltine, D.-L., Schenkein, D., Anderson, K. C. (2007): Extended follow-up of a phase 3 trial in relapsed multiple myeloma: finaltime-to-event results of the APEX trial, Blood Nr. 110: S. 3557–3560; doi: https://doi.org/10.1182/blood-2006-08-036947.

Roll, K., Stargardt, T., Schreyögg, J. (2011): Zulassung und Erstattung von Orphan Drugs im internationalen Vergleich. Das Gesundheitswesen Nr. 73: S. 504–514.

Sachverständigenrat zur Begutachtung der Entwicklung im Gesundheitswesen: Bedarfsgerechte Versorgung – Perspektiven für ländliche Regionen und ausgewählte Leistungsbereiche – Gutachten (2014): https://www.svr-gesundheit.de/fileadmin/user_upload/Gutachten/2014/SVR-Gutachten_2014_Langfassung.pdf/ Zugegriffen: 30.01.2019.

Schröder, M., Telschow, C. (2018): Der GKV-Arzneimittelmarkt 2017: Trends und Marktsegmente. In Schwabe, U., Paffrath, D., Ludwig, W.-D., Klauber, J.

(Hrsg.): Arzneiverordnungs-Report 2018, Springer.-Verlag GmbH Germany, S. 173 ff.

Schwabe, U. und Ludwig, W.-D. (2018): Arzneiverordnungen 2017 im Überblick; In Schwabe, U., Paffrath, D., Ludwig, W.-D., Klauber, J. (Hrsg.): Arzneiverordnungs-Report 2018, Springer-Verlag GmbH Germany, S. 3ff.

Verordnung (EG) Nr. 141/2000 des Europäischen Parlaments und des Rates vom 16. Dezember 1999 über Arzneimittel für seltene Leiden.

v. Stackelberg, J.-M., Haas, A., Tebinka-Olbrich, A., Zentner, A., Ermisch, M., Schubert, A., Erdmann, D. (2018a): Ergebnisse des AMNOG- Erstattungsbetragsverfahrens; In Schwabe, U., Paffrath, D., Ludwig, W.-D., Klauber, J. (Hrsg.): Arzneiverordnungs-Report 2018, Springer-Verlag GmbH Germany, S. 217ff.

v. Stackelberg, J.-M., Tebinka-Olbrich, A., Pietsch, K. (2018b): Ausgabensteuerung: Vom Preis-Mengen-Fokus zur Indikationsqualität; In König, H., Nachtkamp, H., Schlieper, U., Wille, E. (Hrsg.): Reformbedarf im Krankenhaus- und Arzneimittelbereich nach der Wahl: 22. Bad Orber Gespräche über kontroverse Themen im Gesundheitswesen (Allokation im marktwirtschaftlichen System, Band 74). Peter Lang GmbH, Internationaler Verlag der Wissenschaften. Berlin 2018. S. 139 ff.

Markus Frick

Innovationskraft stärken, um die Gesundheitsversorgung zu verbessern

Deutschland ist ein zentraler Hochtechnologiestandort und Exportland für Arzneimittel

Wenn in Deutschland über Arzneimittel gesprochen wird, so geht es regelmäßig um Themen der Regulierung und Kosten allein aus Systemperspektive. Dabei wird völlig übersehen, dass Arzneimittel und die daran gekoppelte Forschung, Entwicklung und Produktion ein Pfund sind, mit dem Deutschland als Hochtechnologiestandort und Exportland wuchern kann:

- Deutschland liegt mit ca. 25 Prozent der gesamten europäischen F&E-Aufwendungen auf dem zweiten Platz.
- Deutschland liegt weltweit auf Platz 2 bei der Anzahl der klinischen Studien. Dass Großbritannien gerade zum Überholen ansetzt, zeigt nur, dass Deutschland sich hier in einem hoch kompetitiven Umfeld behaupten muss.
- Deutschland ist eine der „Apotheken der Welt" und erzielt deutliche Exportüberschüsse nicht nur gegenüber den großen europäischen Staaten, sondern auch gegenüber den weltweit größten Märkten China, Japan und den USA.

Arzneimittel bringen Verbesserungen für immer mehr Patienten

Arzneimittel spielen eine zentrale Rolle in unserer vom medizinischen Fortschritt geprägten Zeit. Dass es dabei um wichtige Verbesserungen für Menschen und unsere Gesellschaft geht, verdeutlichen medizinische Kenngrößen, von denen hier einige beispielhaft genannt seien:

- Trotz altersbedingter Zunahme onkologischer Erkrankungen konnte die Sterblichkeit an Krebs in Deutschland seit 1990 um ca. 25 Prozent gesenkt werden – mit anhaltender Tendenz.
- Die chronische Hepatitis C ist von einer anhaltenden Geißel zu einer inzwischen in fast allen Fällen heilbaren Erkrankung geworden. Noch in den neunziger Jahren lagen die Heilungen im einstelligen Prozentbereich (1 – -7 Prozent), während sie jetzt bei ca. 95 Prozent liegen. Typisch für den Fortschritt ist hier auch, dass nach einer Sprunginnovation ab 2014 durch

differenziert wirkende Folgeinnovationen die Heilungsrate nochmals von ca. 90 auf 95 Prozent erhöht werden konnte.
- Für seltene Erkrankungen gibt es immer häufiger spezifische Therapien. Dieser Erfolg ist ein Ergebnis des politischen Willens und spezifischer Förderungen der internationalen Zulassungsbehörden sowie der Einzelstaaten. Allein in Deutschland sind seit 2011 fünfundvierzig neue Arzneimittel für seltene Erkrankungen hinzugekommen. Dabei bleiben die Kosten für die Krankenkassen mit nur 3,7 Prozent der Arzneimittelausgaben unter Kontrolle.

Dies macht deutlich, dass neben den Patienten auch die Gesellschaft insgesamt an diesem Fortschritt teilhat, sei es durch mitbetroffene Angehörige, sei es durch wiedergewonnene soziale Teilhabe und Arbeitsfähigkeit der Patienten. Und es wird deutlich, dass die zunehmende Lebenserwartung einerseits Folge des Fortschrittes ist, andererseits durch damit einhergehende Alterszunahme der Menschen weiterer Fortschritt umso wichtiger bleibt. Die Bekämpfung von altersassoziiert auftretenden Erkrankungen gewinnt somit eher noch an Dringlichkeit, das gilt z. B. für Krebserkrankungen, ganz sicher aber auch für die im Alter gehäuft auftretenden Demenzerkrankungen. Bislang ist der Durchbruch hier noch ausgeblieben, wenngleich die pharmazeutische Industrie auch auf diesem Feld schon lange in Forschung investiert und dies auch weiterhin tut:

- Allein in den zehn Jahren von 2002 bis 2012 wurden über 400 klinische Studien hierzu durchgeführt, vier Fünftel davon durch die pharmazeutische Industrie.
- Dass davon bislang lediglich ein Wirkstoff bis zur Zulassung gekommen ist, zeigt, wie schwierig es ist, auf diesem Feld substanziellen Fortschritt zu erzielen.
- Die pharmazeutische Industrie arbeitet trotzdem weiter auf diesem wichtigen Feld – allein vierzehn der Firmen, die im vfa organisiert sind.

Der äußerst mühsam zu erkämpfende Fortschritt bei Demenzerkrankungen wirft auch ein Schlaglicht darauf, was die Entwicklung neuer Arzneimitteltherapien insgesamt so langwierig, aufwändig und kostenintensiv macht: Von 5.000 bis 10.000 Substanzen, die sich im Screening als vielversprechend erwiesen haben, bleibt am Ende der vorklinischen und klinischen Entwicklung ein einziges neues Arzneimittel. Der Mehrzahl dieser Arzneimittel gelingt es zudem nicht, ihre Entwicklungskosten im Laufe der Vermarktung zu refinanzieren, zumal die Arzneimittelmärkte und insbesondere der deutsche Markt hoch reguliert sind. Allein die großen Preisregulierungsinstrumente Festbetrag, gesetzliche Rabatte und Rabattverträge mit Krankenkassen entlasten die Kassen auf Kosten der Hersteller um ca. 17 Milliarden Euro bzw. ca. 44 Prozent der jährlichen Gesamtausgeben für Arzneimittel. Zu erwähnen ist hier, dass das AMNOG den Herstellern weitaus höhere Abschläge abverlangt, als politisch vorgesehen war: Statt der geplanten Maximaleinsparung von 2 Milliarden Euro sind allein für das Jahr 2018 schon knapp 3 Milliarden Euro zu erwarten. Hoch ist die Regulierungsdichte auch bei den Instrumenten, die das Verordnungsvolumen einschränken, wobei deren Effekt naturgemäß nicht so einfach in Eurobeträge übersetzt werden kann. Aber auch hier zeigt die Gesetzgebung, mehr noch aber die untergesetzlichen Normgebung der Selbstverwaltung seit Jahren den klaren Trend, das an sich schon komplexe Regulierungsdickicht weiter auszubauen.

Arzneimittel: Trotz vieler Fortschritte nur moderate Kostenentwicklung

Eine Folge dieser massiven Regulierung ist, dass die Wachstumsraten im Arzneimittelbereich seit einem Jahrzehnt hinter denen der anderen großen Leistungsbereiche wie auch hinter dem Wachstum des Gesamtetats der GKV zurückfallen. Dies ist um so überraschender, als mit dem AMNOG 2011 eine an die Innovation geknüpfte Erstattung eingeführt werden sollte. Angesichts des sehr erfreulichen Innovationsgeschehens bei Arzneimitteln hätte dieser Bereich, dem Grundgedanken des AMNOG folgend, überdurchschnittlich ausfallen müssen. Dass im Arzneimittelbereich tatsächlich die hohe Innovationskraft mit nur unterdurchschnittlichem Vergütungszuwachs gepaart ist, verdeutlicht die nachfolgende Grafik für den Zeitraum von 2007 bis 2017.

In der letzten Dekade (2007 – −2017) ist der Arzneimittelbereich pro Jahr um durchschnittlich 3,4 Prozent gewachsen und liegt damit deutlich unter dem GKV-Ausgabenwachstum insgesamt von 4,1 Prozent und den anderen großen Leistungsblöcken (Krankenhausleistungen mit 4,0 Prozent und ärztliche Leistungen mit 4,9 Prozent). Aus den aktuellen Prognosen wie auch aus den Gesetzesvorhaben lässt sich absehen, dass dieser Trend sich in den Jahren 2019 und 2020 fortzusetzen droht. Hier muss Sorge getragen werden, dass nicht erstattungsseitig falsche Anreize gesetzt werden und das derzeit noch erfreulich hohe Innovationstempo bei Arzneimitteln abgebremst wird. Gerade eine alternde Gesellschaft benötigt eine kontinuierliche Verbesserung des pharmakologischen Armentariums.

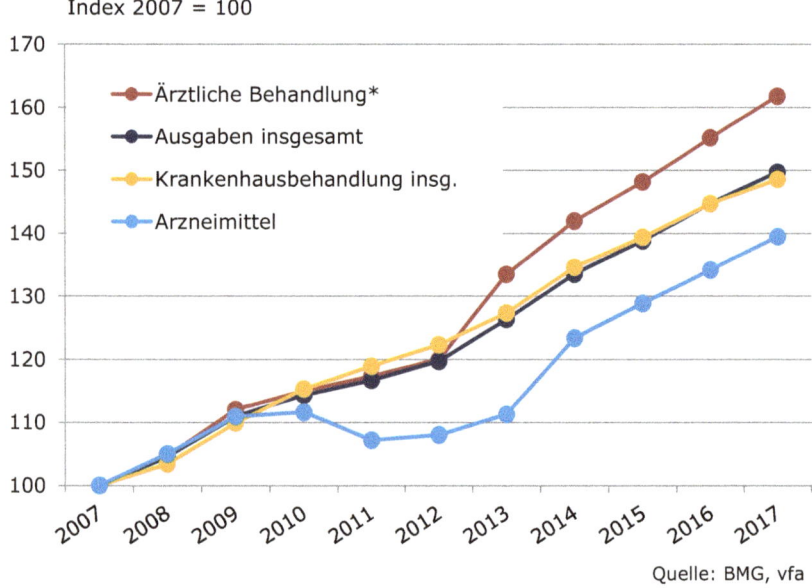

Abbildung 1: Ausgabenentwicklung der GKV im letzten Jahrzehnt (2007–2017)

Um so erstaunlicher ist, dass trotz geringer Wachstumsraten der Arzneimittelausgaben die Neuentwicklungen z. B. in der Onkologie zunächst einmal nicht als das begrüßt werde, was sie sind, nämlich ein Fortschritt für Patienten und das Gesundheitssystem. Vielmehr wird dieser Fortschritt thematisiert als eine angebliche Kostenbedrohung, wobei Preise mit Kosten verwechselt werden. Diese Thematisierung verkennt, dass „die Onkologie" nicht eine singuläre Erkrankung beschreibt, sondern sich aus einer Vielzahl von Einzelerkrankungen zusammensetzt, die jeweils nur überschaubare bis kleine Patientenzahlen betreffen und eigenständige Arzneimittelentwicklungen benötigen. Deshalb verteilen sich die Entwicklungskosten auf kleine Patientenkollektive, so dass deutlich höhere Preise die Folge sind. Dass trotzdem der Anstieg der Gesamtkosten äußerst moderat bleibt, liegt an der geringen Patientenzahl jeder Einzelerkrankung. Eine analoge Diskussion erleben wir bei den Arzneimitteln für seltene Erkrankungen. Hier droht eine empirisch unbegründete Kostendiskussion zu immer neuen Einschränkungen zu führen, die ein erfolgreiches Innovationsmodell trotz dringlich benötigten Fortschritts nachhaltig gefährden.

Mit dem Arzneimittelneuordnungsgesetz (AMNOG) von 2011 ist die Erstattung in Deutschland auf eine völlig neue Basis gestellt worden: Arzneimittel werden bei jeder neuen oder erweiterten Zulassung von der Selbstverwaltung auf ihren Zusatznutzen gegenüber einer vom G-BA gewählten Therapie bewertet. Anschließend erfolgt eine Aushandlung des Preises zwischen dem Spitzenverband der Krankenkassen und dem Hersteller. Im Falle eines nicht nachgewiesenen Zusatznutzens soll das Arzneimittel einem Festbetrag unterworfen werden. Ist dies nicht möglich, ist ein Preis zu verhandeln, der die Kosten der Vergleichstherapie nicht übersteigen soll. Letzteres ist damit begründet, dass man die Verordnungsfähigkeit auch bei nicht belegtem Mehrnutzen sichern will. Zentrales Grundprinzip des AMNOG ist eine Preisregulierung unter Erhaltung der Verordnungsfähigkeit. So postuliert die Gesetzesbegründung ausdrücklich, dass mit dem AMNOG „keine Auswahlentscheidung für das einzelne Arzneimittel verbunden" sei und dass die „Vereinbarung eines Erstattungsbetrages ... ebenso wenig eine verordnungssteuernde Wirkung [habe], wie die Festsetzung eines Festbetrages".[1]

AMNOG: Preisfindung oder Einschränkung der ärztlichen Verordnungen?

Abweichend vom zentralen Prinzip der Sicherstellung der Verordnungsfähigkeit im AMNOG gibt es in jüngerer Zeit vor allem auf Seiten von Kostenträgern Bestrebungen, das AMNOG durch ein verpflichtendes digitales Arztinformationssystem (AIS) zur Steuerung der ärztlichen Verordnungen zu verwenden. Dabei wird übersehen, dass die Einstufung eines nicht belegten Zusatznutzens im AMNOG keinesfalls bedeutet, dass ein Zusatznutzen auszuschließen ist, zumal diese Einstufung in gut 70 Prozent der Fälle aus formalen Gründen erfolgt. Übersehen wird ferner, dass solche Arzneimittel immer ein positives Nutzen-Risiko-Profil ausweisen, also keinesfalls „schlechter" sind und dass sie z. B. wegen eines anderen Nebenwirkungsspektrums oder anderer Vorbehandlung durchaus die beste Therapieoption sein können.

Diese Unterschiede sind von hoher klinischer und numerischer Relevanz: So zeigt eine systematische Untersuchung aller AMNOG-Bewertungen im Bereich der Onkologie, dass der allgemein akzeptierte Stand der medizinischen Erkenntnis, wie er sich in den Leitlinien manifestiert, und die G-BA-Beschlüsse regelhaft

---

1 BT-Drs. 17/2413, S. 31

in 40 bis 60 Prozent der Fälle auseinander klaffen[2]. Dies gilt, wenn man der weit verbreiteten – aber falschen – Annahme folgt, ein nicht belegter Zusatznutzen laut AMNOG sei gleichbedeutend damit, dass eine Verordnung klinisch nicht angezeigt sei. Die konkrete Studie hat die Ergebnisse der AMNOG-Bewertungen mit den Empfehlungen aktueller evidenzbasierter klinischer Leitlinien verglichen. Dabei zeigte sich, dass die Nichtübereinstimmung bei der Auswahl der Patientengruppen bei 38 Prozent und bei den Ergebnissen sogar bei 60 Prozent liegt (siehe Abbildung 2):

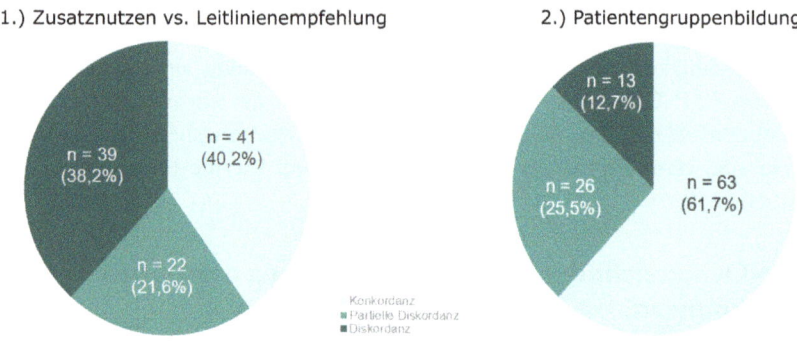

Abbildung 2: Diskonkordanz von evidenzbasierten Leitlinien und G-BA-Beschlüssen zu Onkologie

Dabei ist eines hervorzuheben: Weder die G-BA-Beschlüsse oder die Leitlinien sind „falsch". Die systematische Diskordanz ergibt sich folgerichtig, weil es sich um unterschiedliche Bewertungen mit unterschiedlichem Zweck handelt. Das bedeutet aber auch, dass die auf die Preisermittlung optimierte Methodik des AMNOG eben nicht gleichermaßen geeignet ist, Therapien bzw. Ärzte zu steuern. Die Definition des medizinischen Standes ist die Domäne der Ärzteschaft bzw. Fachgesellschaften und findet ihre Konkretisierung z. B. in evidenzbasierten Leitlinien. Dieser grundsätzliche und

---

2 „Sind G-BA-Beschlüsse für die Versorgungssteuerung geeignet? Analyse der Widersprüche von Leitlinienempfehlungen und G-BA-Beschlüssen zur frühen Nutzenbewertung am Beispiel der Onkologie" (Abschlussbericht für den vfa, 22.07.2017) Autoren: Ruof, Holzerny, Hofner, Koch, Felder

systematische Unterschied zwischen G-BA-Beschlüssen und Leitlinien liegt schon darin begründet, dass Leitlinien in holistischer Weise für jede typische Behandlungskonstellation die beste Therapie aus allen Optionen nennen müssen, während AMNOG-Bewertungen i.d.R. nur einen Vergleich zwischen zwei Therapien vornehmen. Für die evidenzbasierte Bewertung bedeutet das auch, dass die Bewertungen des G-BA auf einer kleineren Evidenzbasis fußen, nämlich nur auf den Studien, die ein neues Arzneimittel mit der ausgewählten Kontrolltherapie vergleichen, während all die Studien außen vor bleiben, die andere Vergleichstherapien haben.

Bei der Einführung des verpflichtenden elektronischen Arztinformationssystems muss dringend darauf geachtet werden, diese grundsätzlichen Unterschiede zu beachten und nicht die AMNOG-Beschlüsse fälschlich als neuen Stand der ärztlichen Erkenntnis missdeuten. Aktuell besteht die nur zu berechtigte Sorge, dass das neue AIS die Ärzte mit Regressdruck dazu veranlassen könnte, in der Versorgung vom bisherigen ärztlichen Standard abzurücken. Die erhoffte Qualitätsverbesserung lässt sich nur erreichen, wenn der Gesetzgeber klarstellt, dass die Ärzte bei der medizinisch sachgerechten Verordnung von bereits durch das AMNOG preisgeregelten Arzneimitteln nicht weiter für die zusatznutzenbasierten Preise in Regress genommen werden, sondern nur noch für die medizinische Güte der Verordnung. Ansonsten verkommt das AIS zu einem Verordnungsrestriktionsinstrument mit konsekutiver Verschlechterung der Versorgungsqualität.

AMNOG: Schon lange keine „frühe" Zusatznutzenbewertung mehr

Für die meisten überraschend ist die Feststellung, dass das AMNOG schon lange keine alleinige „frühe" Zusatznutzenbewertung mehr bedeutet. Im Jahr 2018 hat sogar die Zahl der Mehrfachbewertungen die der Erstbewertung eines Wirkstoffes überholt. Tatsächlich hat das AMNOG von Anfang an viele Wege in die Mehrfachbewertung geboten (z. B. bei neuer Evidenz, nach Beauflagung, bei Zulassungserweiterung etc.), wurde aber fälschlich immer lediglich als „frühe" Zusatznutzenbewertung wahrgenommen. Die daraus immer mal wieder abgeleitete Idee einer „Spätbewertung" entbehrt daher jeder sachlichen Grundlage: Inzwischen lässt sich feststellen, dass bereits heute das AMNOG in allen relevanten Fällen eine erneute Bewertung zulässt und regelhaft auch durchführt, so dass bereits heute mehr als 57 Prozent, also mehr als die Hälfte der bis 2014 erstmalig bewerteten Wirkstoffe, die AMNOG-Bewertung mehrfach durchlaufen haben (siehe Abbildung 3).

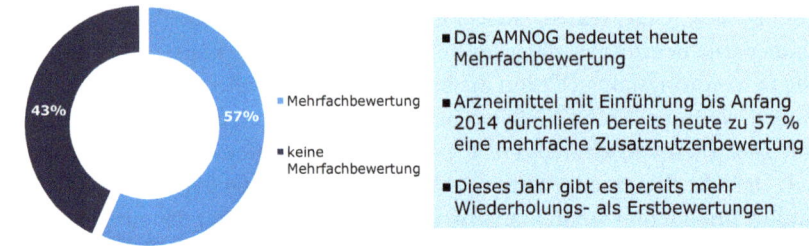

Abbildung 3: Anteil der Mehrfachbewertungen derselben Wirkstoffe im AMNOG

Neue Gesetzgebung: Berücksichtigung von Real-World-Evidence oder weitere Abschläge?

Der Referentenentwurf des Gesetzes für mehr Sicherheit in der Arzneimittelversorgung (GSAV) enthält in der Fassung vom 15.11.2018 mehrere neue Regulierungsansätze: Zu nennen ist hier die geplante Substitution von biologischen Wirkstoffen durch die Apotheker bei gleichzeitiger Quotierung der ärztlichen Verordnungen. Noch weitergehendere Konsequenzen dürfte die geplante Mandatierung des G BA haben, bei bestimmten Zulassungsformen (Orphan Drugs, konditionale Zulassung und Zulassung unter „exceptional circumstances") den Hersteller zur Schaffung bzw. Vorlage nicht-randomisierter Evidenz zu verpflichten. Die anschließende Diskussion hat im Wesentlichen auf beauflagte Registerstudien fokussiert, wobei weiterhin größte Zweifel bestehen, ob das IQWiG und der G-BA solche Studien überhaupt akzeptieren werden, um den Zusatznutzen eines Wirkstoffes zu bewerten und zu quantifizieren. Tatsächlich drohen hier Studienauflagen, deren Umsetzung sehr aufwändig und teuer ist, deren Ergebnisse aber grundsätzlich nicht gewürdigt werden. Hingegen gäbe der aktuelle Gesetzesentwurf der Selbstverwaltung sogar den Anreiz, die von ihr eher ungeliebten Registerstudien nur zu beauflagen, um dann festzustellen, dass diese ungeeignet sind, um einen Zusatznutzen zu belegen oder gar zu quantifizieren. Diese Ablehnung würde dann durch Neuverhandlungen, im Falle von Orphan Drugs sogar durch einen Abschlag, zu weiteren Preissenkungen führen. Es dürfte sich für die Selbstverwaltung also lohnen, Register zwar zu beauflagen, die Ergebnisse aber nicht zu akzeptieren. Es ist nicht zu erwarten, dass diese Bedingungen zur Akzeptanz von Registerstudien durch die Organe der Selbstverwaltung führen wird.

Zudem sollen die Register mit Verordnungseinschränkungen einhergehen. So sollen nur noch die Ärzte die entsprechenden Arzneimittel verordnen dürfen, die ihre Patienten in das Register einbringen und nur solche Patienten sollen diese Arzneimittel erhalten, die zur Teilnahme an der Registerstudie bereit sind.

Es bleibt abzuwarten, ob die Fehlanreize des Gesetzesentwurfes noch korrigiert werden. Grundsätzlich zeigt sich aber auch hier die Tendenz, das AMNOG zu einem Instrument der Verordnungsrestriktion zu verändern.

Europäische Zusatznutzenbewertung ins AMNOG integrieren

Die Bewertung von Arzneimitteln durch die Zulassungsbehörden (Fokus auf Nutzen-Risiko-Verhältnis) und die HTA- bzw. Erstattungsinstitutionen (Fokus: Zusatznutzen) basiert regelhaft auf denselben, international durchgeführten klinischen Studien. Ein Mehr an Abstimmung zu den zentralen Fragen des Studiendesigns ist der einzige Weg, um effizienten Umgang mit Evidenz zu schaffen. Wegweisend dürfte hier die von der europäischen Kommission angestoßene Schaffung einer europäischen Zusatznutzenbewertung (EU-HTA) sein. Die dahinter liegende Idee ist die Wiederholung des Erfolgsmodells der Europäisierung der Zulassung. Auf diese Weise führen harmonisierte Vorgaben für europaweite Studien zu passgenauer Evidenz für die Zusatznutzenbewertung. Durch die Beteiligung der nationalen Erstattungsinstitutionen wie den G-BA bereits bei der Planung der internationalen Studien, ließe sich das für alle Seiten unbefriedigende Standardproblem des AM-NOG eingrenzen, dass der G-BA aufgrund des „falschen" Studiendesigns die vorliegende Evidenz unberücksichtigt lassen muss und die Bewertung ausspricht, dass der Zusatznutzen nicht nachgewiesen sei.

Die EU-HTA-Initiative der EU-Kommission ist trotz aller Vorteile in Deutschland sehr unterschiedlich aufgenommen worden. Auf Seiten der Gegner scheint die Sorge dominant zu sein, dass die nationale Autonomie bei der Preisfindung eingeschränkt oder die Selbstverwaltung geschwächt werden könnte. Allerdings scheinen diese Befürchtungen durch den Inhalt des Entwurfes nicht gedeckt:

- Europäisiert werden soll lediglich das sogenannte „Assessment", also die technische-wissenschaftliche Bewertung der Studiendaten, die in Deutschland regelmäßig durch das IQWiG erfolgt.
- Die Bewertung des Zusatznutzens einschließlich der Quantifizierung des Zusatznutzens verbliebe national beim G-BA.
- Die Preisbildung verbliebe national.

Auf diese Weise wird eine bessere Studienbasis und damit Bewertungsqualität erreicht, ohne die nationale Autonomie bei der normativen Zuweisung des Zusatznutzens und der Preisbildung einzuschränken.

Die aktuelle Diskussion dreht sich darum, inwieweit das technische Assessment national bindend sein soll. Der Kommissionsentwurf geht von einer hohen Bindungswirkung aus, da ansonsten die europäische Bewertung unverbindlichen „Hobbycharakter" behielte und die nationalen HTA-Agenturen sich nur wenig einbringen würden. Dies folgt der Erfahrung der Europäisierung der Zulassung: Auch diese konnte nur zum Erfolg werden, weil die Teilnahme der nationalen Institutionen verbindlich war. Für die weitere politische Diskussion dürfte entscheidend sein: Ein völlig unverbindliches europäisches Assessment kann deshalb nicht funktionieren, es wäre faktisch das Ende eines europäischen HTA-Prozesses mit allen seinen Vorteilen. Politisch steht Europa vor der Entscheidung, ob es eine Harmonisierung der technisch-wissenschaftlichen Bewertung mit allen ihren offensichtlichen Vorteilen will oder nicht. Das entscheidet sich faktisch an der Beantwortung der Frage der Verbindlichkeit. Unabhängig davon bleiben die Bewertung des Zusatznutzens durch den G-BA und die Preisfindung national.

Fazit:

Innovative Arzneimittel sind zentraler Treiber des medizinischen Fortschritts. Die Translation der sprunghaften Entwicklung der Biowissenschaften hat in den letzten Jahren zu verfeinerter Diagnostik und immer spezifischeren Therapien vor allem für Patienten mit schweren Erkrankungen geführt. Deutschland hat sich dabei als einer der wichtigsten Standorte dieser hochtechnisierten Arzneimittelentwicklung und -herstellung etabliert und profitiert von einem starken Exportüberschuss, sogar gegenüber außereuropäischen Ländern wie den USA, Japan und China.

Trotz ihres hohen Innovationsanteils zählen Arzneimittel nicht zu den Kostentreibern des Gesundheitssystems; das jährliche Wachstum lag in den letzten zehn Jahren mit 3,4 Prozent unterhalb der Gesamtentwicklung und auch unterhalb der größeren Leistungsbereiche wie Krankenhäuser oder vertragsärztliche Versorgung.

Charakteristisch für den Bereich der Arzneimittelversorgung ist schon heute die hohe Regulierungsdichte, die durch neue Gesetze, aber auch durch die Selbstverwaltung kontinuierlich verschärft wird. Hier besteht die begründete Sorge davor, dass Überregulierung die nötigen Innovationsreize abwürgt und davor, dass die Patienten nicht ausreichend und frühzeitig von innovativen

Therapien profitieren können. Als konkretes Beispiel genannt sei die Tendenz, das AMNOG um Zugangsrestriktionen zu ergänzen, sei es, dass Arzneimittel nur noch für Patienten erstattet werden, die an Studien teilnehmen, sei es, dass das AIS in einer Weise implementiert wird, die die Regressgefahr der Ärzte erhöht und vor einer Verordnung von innovativen Arzneimitteln abschreckt.

Insgesamt ist zu wünschen, dass zukünftige Regulierungen mit Augenmaß und Blick auf Planungssicherheit erfolgen; nicht jeder vermeintlich komplizierte Einzelfall benötigt eine Neuregulierung. Hilfreich wäre zudem, eine stärkere Verzahnung von Zulassung und Zusatznutzenbewertung zu erreichen; letztlich fußen beide auf denselben Daten und den Prinzipien der evidenzbasierten Medizin. Da die Studien grundsätzlich international sind, wäre es zu begrüßen, wenn die Zusatznutzenbewertung dem erfolgreichen Vorbild der Zulassung folgt und sich zunehmend europäisch organisiert. Durch den Vorschlag der EU-Kommission würde eine bessere Studienbasis und damit Bewertungsqualität erreicht, ohne die nationale Autonomie bei der normativen Zuweisung des Zusatznutzens und der Preisbildung einzuschränken.

Verzeichnis der Autoren

Professor Dr. Florian Buchner
Universität Duisburg-Essen,
Campus Essen
Lehrstuhl für Medizinmanagement
Fakultät für
Wirtschaftswissenschaften
Thea-Leymann Straße 9
45127 Essen

Professor Dr. Dieter Cassel
Gerhard-Mercator-Universität
Duisburg
Fakultät 3 –
Wirtschaftswissenschaften
Lotharstraße 65
47048 Duisburg

Dr. Wolfgang-Axel Dryden
Kassenärztliche Vereinigung
Westfalen Lippe
Vorstand
Robert Schimrigk Straße 4–6
44141 Dortmund

Dr. Markus Frick
vfa-Die forschenden
Pharma-Unternehmen
Geschäftsführer Markt und Erstattung
Hausvogteiplatz 13
10117 Berlin

Professor Josef Hecken
Vorsitzender des Geinsamen
Bundesausschusses
Wegelystraße 8
10623 Berlin

Martin Litsch
AOK-Bundesverband
Vorstandsvorsitzender
Rosenthaler Straße 31
10178 Berlin

Professor Dr. Gerald Lux
Universität Duisburg-Essen,
Campus Essen
Lehrstuhl für Medizinmanagement
Fakultät für
Wirtschaftswissenschaften
Thea-Leymann Straße 9
45127 Essen

Karin Maag, MdB
Deutscher Bundestag
Gesundheitspolitische
Sprecherin der
CDU/CSU-Bundestagsfraktion
Platz der Republik 1
11011 Berlin

Dr. Anja Tebinka-Olbrich
Spitzenverband der Krankenkassen
Abteilung Arznei- und Heilmittel
Reinhardtstraße 28
10117 Berlin

Dr. Kerstin Pietsch
Spitzenverband der Krankenkassen
Abteilung Arznei- und Heilmittel
Reinhardtstraße 28
10117 Berlin

Dr. Sonja Schillo
Universität Duisburg- Essen,
Campus Essen
Lehrstuhl für Medizinmanagement
Fakultät für
Wirtschaftswissenschaften
Thea-Leymann Straße 9
45127 Essen

Frank Schöning
BAYER VITAL GmbH
Geschäftsführer Pharmaceuticals
Gebäude K 56
51368 Leverkusen

Professor Dr. Jonas Schreyögg
Universität Hamburg
Hamburg Center for Health Economics
Lehrstuhl für Management im Gesundheitswesen
Esplanade 36
20354 Hamburg

Johann-Magnus von Stackelberg
Stellvertretender Vorsitzender
GKV-Spitzenverband
Reinhardtstraße 28
10117 Berlin

Susanne Staudt
Universität Duisburg-Essen,
Campus Essen
Lehrstuhl für Medizinmanagement
Fakultät für
Wirtschaftswissenschaften
Thea-Leymann Straße 9
45127 Essen

Professor Dr. Gregor Thüsing, LL.M.
Universität Bonn
Fachbereich Rechtswissenschaft
Direktor des Instituts für Arbeitsrecht
und Recht der sozialen Sicherheit
Adenauer-Allee 24–42
53113 Bonn

Professor Dr. Volker Ulrich
Universität Bayreuth
Lehrstuhl für VWL III
Postfach
95440 Bayreuth

Professor Dr. Jürgen Wasem
Universität Duisburg-Essen,
Campus Essen
Lehrstuhl für Medizinmanagement
Fakultät für
Wirtschaftswissenschaften
Thea-Leymann Straße 9
45127 Essen

Professor Dr. Eberhard Wille
Josef-Braun-Ufer 23
68165 Mannheim

STAATLICHE ALLOKATIONSPOLITIK IM MARKTWIRTSCHAFTLICHEN SYSTEM

Band 1 Horst Siebert (Hrsg.): Umweltallokation im Raum. 1982.
Band 2 Horst Siebert (Hrsg.): Global Environmental Resources. The Ozone Problem. 1982.
Band 3 Hans-Joachim Schulz: Steuerwirkungen in einem dynamischen Unternehmensmodell. Ein Beitrag zur Dynamisierung der Steuerüberwälzungsanalyse. 1981.
Band 4 Eberhard Wille (Hrsg.): Beiträge zur gesamtwirtschaftlichen Allokation. Allokationsprobleme im intermediären Bereich zwischen öffentlichem und privatem Wirtschaftssektor. 1983.
Band 5 Heinz König (Hrsg.): Ausbildung und Arbeitsmarkt. 1983.
Band 6 Horst Siebert (Hrsg.): Reaktionen auf Energiepreissteigerungen. 1982.
Band 7 Eberhard Wille (Hrsg.): Konzeptionelle Probleme öffentlicher Planung. 1983.
Band 8 Ingeborg Kiesewetter-Wrana: Exporterlösinstabilität. Kritische Analyse eines entwicklungspolitischen Problems. 1982.
Band 9 Ferdinand Dudenhöfer: Mehrheitswahl-Entscheidungen über Umweltnutzungen. Eine Untersuchung von Gleichgewichtszuständen in einem mikroökonomischen Markt- und Abstimmungsmodell. 1983.
Band 10 Horst Siebert (Hrsg.): Intertemporale Allokation. 1984.
Band 11 Helmut Meder: Die intertemporale Allokation erschöpfbarer Naturressourcen bei fehlenden Zukunftsmärkten und institutionalisierten Marktsubstituten. 1984.
Band 12 Ulrich Ring: Öffentliche Planungsziele und staatliche Budgets. Zur Erfüllung öffentlicher Aufgaben durch nicht-staatliche Entscheidungseinheiten. 1985.
Band 13 Ehrentraud Graw: Informationseffizienz von Terminkontraktmärkten für Währungen. Eine empirische Untersuchung. 1984.
Band 14 Rüdiger Pethig (Ed.): Public Goods and Public Allocation Policy. 1985.
Band 15 Eberhard Wille (Hrsg.): Öffentliche Planung auf Landesebene. Eine Analyse von Planungskonzepten in Deutschland, Österreich und der Schweiz. 1986.
Band 16 Helga Gebauer: Regionale Umweltnutzungen in der Zeit. Eine intertemporale Zwei-Regionen-Analyse. 1985.
Band 17 Christine Pfitzer: Integrierte Entwicklungsplanung als Allokationsinstrument auf Landesebene. Eine Analyse der öffentlichen Planung der Länder Hessen, Bayern und Niedersachsen. 1985.
Band 18 Heinz König (Hrsg.): Kontrolltheoretische Ansätze in makroökonometrischen Modellen. 1985.
Band 19 Theo Kempf: Theorie und Empirie betrieblicher Ausbildungsplatzangebote. 1985.
Band 20 Eberhard Wille (Hrsg.): Konkrete Probleme öffentlicher Planung. Grundlegende Aspekte der Zielbildung, Effizienz und Kontrolle. 1986.
Band 21 Eberhard Wille (Hrsg.): Informations- und Planungsprobleme in öffentlichen Aufgabenbereichen. Aspekte der Zielbildung und Outputmessung unter besonderer Berücksichtigung des Gesundheitswesens. 1986.
Band 22 Bernd Gutting: Der Einfluß der Besteuerung auf die Entwicklung der Wohnungs- und Baulandmärkte. Eine intertemporale Analyse der bundesdeutschen Steuergesetze. 1986.
Band 23 Heiner Kuhl: Umweltressourcen als Gegenstand internationaler Verhandlungen. Eine theoretische Transaktionskostenanalyse. 1987.

Band 24 Hubert Hornbach: Besteuerung, Inflation und Kapitalallokation. Intersektorale und internationale Aspekte. 1987.

Band 25 Peter Müller: Intertemporale Wirkungen der Staatsverschuldung. 1987.

Band 26 Stefan Kronenberger: Die Investitionen im Rahmen der Staatsausgaben. 1988.

Band 27 Armin-Detlef Rieß: Optimale Auslandsverschuldung bei potentiellen Schuldendienstproblemen. 1988.

Band 28 Volker Ulrich: Preis- und Mengeneffekte im Gesundheitswesen. Eine Ausgabenanalyse von GKV-Behandlungsarten. 1988.

Band 29 Hans-Michael Geiger: Informational Efficiency in Speculative Markets. A Theoretical Investigation. Edited by Ehrentraud Graw. 1989.

Band 30 Karl Sputek: Zielgerichtete Ressourcenallokation. Ein Modellentwurf zur Effektivitätsanalyse praktischer Budgetplanung am Beispiel von Berlin (West). 1989.

ALLOKATION IM MARKTWIRTSCHAFTLICHEN SYSTEM

Band 31 Wolfgang Krader: Neuere Entwicklungen linearer latenter Kovarianzstrukturmodelle mit quantitativen und qualitativen Indikatorvariablen. Theorie und Anwendung auf ein mikroempirisches Modell des Preis-, Produktions- und Lageranpassungsverhaltens von deutschen und französischen Unternehmen des verarbeitenden Gewerbes. 1991.

Band 32 Manfred Erbsland: Die öffentlichen Personalausgaben. Eine empirische Analyse für die Bundesrepublik Deutschland. 1991.

Band 33 Walter Ried: Information und Nutzen der medizinischen Diagnostik. 1992.

Band 34 Anselm U. Römer: Was ist den Bürgern die Verminderung eines Risikos wert? Eine Anwendung des kontingenten Bewertungsansatzes auf das Giftmüllrisiko. 1993.

Band 35 Eberhard Wille, Angelika Mehnert, Jan Philipp Rohweder: Zum gesellschaftlichen Nutzen pharmazeutischer Innovationen. 1994.

Band 36 Peter Schmidt: Die Wahl des Rentenalters. Theoretische und empirische Analyse des Rentenzugangsverhaltens in West- und Ostdeutschland. 1995.

Band 37 Michael Ohmer: Die Grundlagen der Einkommensteuer. Gerechtigkeit und Effizienz. 1997.

Band 38 Evamaria Wagner: Risikomanagement rohstoffexportierender Entwicklungsländer. 1997.

Band 39 Matthias Meier: Das Sparverhalten der privaten Haushalte und der demographische Wandel: Makroökonomische Auswirkungen. Eine Simulation verschiedener Reformen der Rentenversicherung. 1997.

Band 40 Manfred Albring / Eberhard Wille (Hrsg.): Innovationen in der Arzneimitteltherapie. Definition, medizinische Umsetzung und Finanzierung. Bad Orber Gespräche über kontroverse Themen im Gesundheitswesen 25.–27.10.1996. 1997.

Band 41 Eberhard Wille / Manfred Albring (Hrsg.): Reformoptionen im Gesundheitswesen. Bad Orber Gespräche über kontroverse Themen im Gesundheitswesen 7.–8.11.1997. 1998.

Band 42 Manfred Albring / Eberhard Wille (Hrsg.): Szenarien im Gesundheitswesen. Bad Orber Gespräche über kontroverse Themen im Gesundheitswesen 5.–7.11.1998. 1999.

Band 43 Eberhard Wille / Manfred Albring (Hrsg.): Rationalisierungsreserven im deutschen Gesundheitswesen. 2000.

Band 44 Manfred Albring / Eberhard Wille (Hrsg.): Qualitätsorientierte Vergütungssysteme in der ambulanten und stationären Behandlung. 2001.

Band 45 Martin Pfaff / Dietmar Wassener / Astrid Sterzel / Thomas Neldner: Analyse potentieller Auswirkungen einer Ausweitung des Pharmaversandes in Deutschland. 2002.

Band 46 Eberhard Wille / Manfred Albring (Hrsg.): Konfliktfeld Arzneimittelversorgung. 2002.

Band 47 Udo Schneider: Theorie und Empirie der Arzt-Patient-Beziehung. Zur Anwendung der Principal-Agent-Theorie auf die Gesundheitsnachfrage. 2002.

Band 48 Manfred Albring / Eberhard Wille: Die GKV zwischen Ausgabendynamik, Einnahmenschwäche und Koordinierungsproblemen. 2003.

Band 49 Uwe Jirjahn: X-Ineffizienz, Managementanreize und Produktmarktwettbewerb. 2004.

Band 50 Stefan Resch: Risikoselektion im Mitgliederwettbewerb der Gesetzlichen Krankenversicherung. 2004.

Band 51 Paul Marschall: Lebensstilwandel in Ostdeutschland. Gesundheitsökonomische Implikationen. 2004.

Band 52 Eberhard Wille / Manfred Albring (Hrsg.): Paradigmenwechsel im Gesundheitswesen durch neue Versorgungsstrukturen? 8. Bad Orber Gespräche. 6.–8. November 2003. 2004.

Band 53 Eberhard Wille / Manfred Albring (Hrsg.): Versorgungsstrukturen und Finanzierungsoptionen auf dem Prüfstand. 9. Bad Orber Gespräche. 11.–13. November 2004. 2005.

Band 54 Brit S. Schneider: Gesundheit und Bildung. Theorie und Empirie der Humankapitalinvestitionen. 2007.

Band 55 Klaus Knabner / Eberhard Wille (Hrsg.): Qualität und Nutzen medizinischer Leistungen. 10. Bad Orber Gespräche, 10.–12. November 2005. 2007.

Band 56 Holger Cischinsky: Lebenserwartung, Morbidität und Gesundheitsausgaben. 2007.

Band 57 Eberhard Wille / Klaus Knabner (Hrsg.): Wettbewerb im Gesundheitswesen: Chancen und Grenzen. 11. Bad Orber Gespräche. 16.–18. November 2006. 2008.

Band 58 Christian Igel: Zur Finanzierung von Kranken- und Pflegeversicherung. Entwicklung, Probleme und Reformmodelle. 2008.

Band 59 Christiane Cischinsky: Auswirkungen der Europäischen Integration auf das deutsche Gesundheitswesen. 2008.

Band 60 Eberhard Wille / Klaus Knabner (Hrsg.): Die besonderen Versorgungsformen: Herausforderungen für Krankenkassen und Leistungserbringer. 12. Bad Orber Gespräche über kontroverse Themen im Gesundheitswesen. 15.–17. November 2007. 2009.

Band 61 Malte Wolff: Interdependenzen von Arzneimittelregulierungen. 2010.

Band 62 Eberhard Wille / Klaus Knabner (Hrsg.): Qualitätssicherung und Patientennutzen. 13. Bad Orber Gespräche über kontroverse Themen im Gesundheitswesen. 20.–21. November 2008. 2010.

Band 63 Eberhard Wille / Klaus Knabner (Hrsg.): Reformkonzepte im Gesundheitswesen nach der Wahl. 14. Bad Orber Gespräche über kontroverse Themen im Gesundheitswesen. 12.-13. November 2009. 2011.

Band 64 Eberhard Wille / Klaus Knabner (Hrsg.): Dezentralisierung und Flexibilisierung im Gesundheitswesen. 15. Bad Orber Gespräche über kontroverse Themen im Gesundheitswesen. 18.-19. November 2010. 2011.

Band 65 Eberhard Wille / Klaus Knabner (Hrsg.): Strategien für mehr Effizienz und Effektivität im Gesundheitswesen. 16. Bad Orber Gespräche über kontroverse Themen im Gesundheitswesen. 2013.

Band 66 Timo Wasmuth: Gesundheitsausgaben: Determinanten und Auswirkungen auf die Gesundheit. Theoretische Modellierung und empirische Analyse. 2013.

Band 67 Eberhard Wille (Hrsg.): Wettbewerb im Arzneimittel- und Krankenhausbereich. 17. Bad Orber Gespräche über kontroverse Themen im Gesundheitswesen. 2013.

Band 68 Christian Maier: Eine empirische Analyse der Anreize zur informellen Pflege. Impulse für Deutschland aus einem europäischen Vergleich. 2015.

Band 69 Eberhard Wille (Hrsg.): Versorgungsdefizite im deutschen Gesundheitswesen. 18. Bad Orber Gespräche über kontroverse Themen im Gesundheitswesen. 2015.

Band 70 Anke Schliwen: Versorgungsbedarf, Angebot und Inanspruchnahme ambulanter hausärztlicher Leistungen im kleinräumigen regionalen Vergleich. 2015.

Band 71 Eberhard Wille (Hrsg.): Verbesserung der Patientenversorgung durch Innovation und Qualität. 19. Bad Orber Gespräche über kontroverse Themen im Gesundheitswesen. 2015.

Band 72 Eberhard Wille (Hrsg.): Entwicklung und Wandel in der Gesundheitspolitik. 20. Bad Orber Gespräche über kontroverse Themen im Gesundheitswesen. 2016.

Band 73 Eberhard Wille (Hrsg.): Neuerungen im Krankenhaus- und Arzneimittelbereich zwischen Bedarf und Finanzierung. 21. Bad Orber Gespräche über kontroverse Themen im Gesundheitswesen. 2017.

Band 74 Eberhard Wille (Hrsg.): Reformbedarf im Krankenhaus- und Arzneimittelbereich nach der Wahl. 22. Bad Orber Gespräche über kontroverse Themen im Gesundheitswesen. 2018.

Band 75 Eberhard Wille (Hrsg.): Nach der Regierungsbildung – vor den Reformen im Krankenhaus- und Arzneimittelbereich. 23. Bad Orber Gespräche über kontroverse Themen im Gesundheitswesen. 2019.

www.peterlang.com

www.ingramcontent.com/pod-product-compliance
Ingram Content Group UK Ltd.
Pitfield, Milton Keynes, MK11 3LW, UK
UKHW021828210426
5322IPUK00004B/74